全国教育科学规划教育部重点课题
“学生自主能力培养研究”(课题批准号:DIA110281)
子课题“在课堂教学中提高学生自主学习能力研究”
(课题编号:ZZNL2016—204)

“三段·六重”讲评课模式探究和学生自主学习能力培养

张彩虹　佟明晶　主编

中国农业大学出版社
·北京·

图书在版编目(CIP)数据

“三段·六重”讲评课模式探究和学生自主学习能力培养/张彩虹，佟明晶主编．—北京：中国农业大学出版社，2019.10

ISBN 978-7-5655-1965-9

Ⅰ.①三…　Ⅱ.①张…②佟…　Ⅲ.①课堂教学-教学研究-中学　Ⅳ.①G632.421

中国版本图书馆 CIP 数据核字(2017)第 317651 号

书　　名　“三段·六重”讲评课模式探究和学生自主学习能力培养

作　　者　张彩虹　佟明晶　主编

策划编辑　张　蕊　　**责任编辑**　张　玉

封面设计　郑　川

出版发行　中国农业大学出版社

社　　址　北京市海淀区学清路甲 38 号　　**邮政编码**　100083

电　　话　发行部 010-62733489，1190　　读者服务部 010-62732336

编辑部 010-62732617，2618　　出　版　部 010-62733440

网　　址　http://www.caupress.cn　　**E-mail** cbsszs @ cau.edu.cn

经　　销　新华书店

印　　刷　北京鑫丰华彩印有限公司

版　　次　2019 年 10 月第 1 版　　2019 年 10 第 1 次印刷

规　　格　787×1 092　　16 开本　　17.25 印张　　430 千字

定　　价　68.00 元

编　委　会

前　言

我国正处在改革发展的关键阶段，提高国民素质、培养创新人才的重要性和紧迫性日趋明显，党的十九大报告指出：“建设教育强国是中华民族伟大复兴的基础工程”，要“坚定实施科教兴国战略、人才强国战略”。可见，中国未来发展、中华民族伟大复兴，基础在教育，关键靠人才。

2007年10月党的十七大报告中，做了关于“优先发展教育，建设人力资源强国”的战略部署，就人才培养开展了广泛调研与讨论。2010年4月，中共中央、国务院印发《国家中长期人才发展规划纲要(2010—2020年)》，确立了到2020年我国人才发展的总体目标，即培养和造就规模宏大、结构优化、布局合理、素质优良的人才队伍，确立国家人才竞争优势，进入世界人才强国行列，为在21世纪中叶基本实现社会主义现代化奠定人才基础。2010年7月，中共中央、国务院颁布实施《国家中长期教育改革和发展规划纲要(2010—2020年)》，纲要指明了教育事业科学发展的方向，开启了我国从人力资源大国向人力资源强国迈进的历史新征程。

人才从哪里来？首先是通过教育培养出来，教育肩负着人才成长所需的知识传授、技能培养、三观塑造等全面育人的使命。然后才是工作岗位和社会实践、历练与定向培养。学校教育奠定人才发展的根基。课堂教学是学校教育的主要渠道，也是培养人才最重要的过程，优质的课堂教学可以成就人才，劣质的教学则会泯灭人才，所以，课堂教学研究和课堂教学改革始终是教育研究和教育改革的主要内容。

在《国家中长期人才发展规划纲要(2010—2020年)》中还明确了人才队伍建设的主要任务，即：“一是突出培养造就创新型科技人才，努力造就一批世界水平的科学家、科技领军人才、工程师和高水平创新团队，注重培养一线创新人才和青年科技人才；二是大力开发经济社会发展重点领域急需紧缺专门人才，为发展现代产业体系和构建社会主义和谐社会提供人才智力支持；三是统筹推进党政人才、企业经营管理人才、专业技术人才、高技能人才、农村实用人才、社会工作人才等各类人才队伍建设，培养造就数以亿计的各类人才，数以千万计的专门人才和一大批拔尖创新人才。”社会发展需要多层次人才，更需要多领域专门人才和各领域里的拔尖人才。作为教育工作者，我们应该看到教育者在培育人才方面的责任，要有学校教育与社会需求对接的意识，这样，学校与社会相结合，才能更快地培养出更多高素质的人才，才能形成我们的人力资源优势。

2017年10月18日，党的十九大报告中对决胜全面建成小康社会，全面建设社会主义现代化国家新征程的论述中，指出：“从二〇二〇年到本世纪中叶分两个阶段来安排。第一个阶段，从二〇二〇年到二〇三五年，在全面建成小康社会的基础上，再奋斗十五年，基本实现社会主义现代化。第二个阶段，从二〇三五年到本世纪中叶，在基本实现现代化的基础上，再奋斗十五年，把我国建成富强民主文明和谐美丽的社会主义现代化强国。”这个梦想需要一代接着一代干，现在的“60”、“70”后，正成为社会的中坚力量，“80”、“90”后正在日益成长，到2035年、2050年，那个时代的社会中坚力量是目前正在中小学校园里的学生，“青年兴则国家兴，青年强则国家强。青年一代有理想、有本领、有担当,国家就有前途,民族就有希望。中国梦是历史的、现实的,也是未来的;是我们这一代的,更是青年一代的。中华民族伟大复兴的中国梦终将在一代代青年的接力奋斗中变为现实。""科教兴国、人才强国"之所以是国家战略,就是因为它的前瞻性。承担起培育未来社会所需的有用之才,是教育的重要责任。

然而,教育是一个复杂而长期的过程,思想教育、知识教育、技能教育通常不能截然分开,而是伴随着教育事业的发生各有不同的侧重。例如,自信,不是一种具体的知识,也不是思想道德问题,更不是某种技术或能力,但自信心这种心理因素却决定人生发展的高度和里程,所以自信心的培养并不亚于某种具体的知识技能。

我们要培养孩子的自信心,不是老师说几次"你自信点,没问题!"学生就真的有自信了,自信要在学生一次次成功的体验中获得,一次次经历挫败,如何获得自信?特别对于幼小的心灵,一旦经历过多次失败,重拾自信是很难的。

所以,自信心的培养不是简单的一个"你能行,自信点!"学生就自信了,他需要在漫长的一个又一个过程中体验成功。而教育是一个复杂的体系,一项能力的提升,一种品格的锤炼,一种习惯的养成,都需要一种教育载体,而教育最基本的载体就是课程。

人才的培养不仅仅是可以量化的成绩,还有很多像自信心这样比成绩更宝贵的因素,再如自我反思的能力,解决问题的方法,灵活机智的思维,自主管理与学习能力等。为了把十八大和十八届三中全会提出的关于立德树人的要求落到实处,2014 年教育部印发了《关于全面深化课程改革落实立德树人根本任务的意见》,提出"教育部将组织研究提出各学段学生发展核心素养体系,明确学生应具备的适应终身发展和社会发展需要的必备品格和关键能力"。经过百位专家成立的课题组历时 3 年研究,《中国学生发展核心素养》研究成果于 2016 年 9 月 13 日在北京发布。核心素养以培养"全面发展的人"为核心,分为文化基础、自主发展、社会参与三个方面,综合表现为人文底蕴、科学精神、学会学习、健康生活、责任担当、实践创新六大素养,具体细化为国家认同等 18 个基本要点。中国的基础教育从应试教育到素质教育,从素质教育到核心素养的培养,不断在深入,只有在教育过程中融入了除知识本身外,优秀人才所必备的多项素质和能力培养,教育才真正实现了育人功能,如果我们为了中考、高考这些具有决定性的考试目标,不断追求成绩,在教育过程中稍不注意,就会将学生制造成知识容器,而我们人脑对知识的存储远远赶不上电脑的存储速度和容量,所以,对于未来人才的培养,仅注重知识是远远不够的,这已经毋庸置疑,但是毕竟文化知识的学习还是学校教育的主旋律,即使现在提出的核心素养的 3 个方面也把文化基础放在了第一位,其他素养都是伴随文化知识学习的过程而产生的,所以,如何在文化知识学习过程中,培养学生的各种素养是值得我们探索的课题。

课程,是学校完成育人功能的主要载体,包括教学内容、教学目标、教学过程、教学评价等一系列内容。一所学校,要实现全面育人的目标,就要构建多种课程体系,如德育课程、校本课程、实践课程、环境课程等,但最主要的还是国家课程的有效实施,而课堂教学是全面实施素质教育的主渠道。

在国家的新课改精神指导下,提高课堂教学效率,实现课堂教学从有效到高效的转变,成为教学改革的热点。2013 年,唐山市教育局下发了《高效课堂建设指导意见》,我校作为唐山市高效课堂建设实验校,在探索课堂教学的有效和高效改革工作中付出了很多努力。素质教育与考试分数并不相悖,考试检测是学习成果的一种体现方式,所以,教学离不开检测,而适当合理的检测则有助于教学反思，并为下一阶段教育行为调整提供依据。那么，如何利用好检测？多年的教学经验告诉我，频繁的、不恰当的检测评价和检测讲评会挫伤一大批孩子的自信心，绝大多数学生会成为被分数打击的对象，更有很多学生被无情地划到差生行列，或许人生就此发生改变，这是一个很可怕的事情。国家复兴需要自信，国家复兴需要人才，各种人才也要自信，除了学校教育通过各种课程培育和树立学生的自信外，文化知识的学习是所有学生都回避不了的必修课，如何让更多的学生在文化课的学习过程中获得自信？特别是如何通过文化课学习培养发现问题和解决问题的能力，这是在课堂教学中，夯实文化基础的过程中，培育人才所需重点关注的问题。所以，为了解决这个问题，在唐山市教育局的指导下，滦县第三中学开展了以讲评课研究为契机的课堂教学实践探讨，探索了“三段·六重”讲评课教学模式。在研究过程中，于2016年承担了全国教育科学规划教育部重点课题“学生自主能力培养研究”的子课题“在课堂教学中提高学生自主学习能力的研究”，把已经开展的讲评课研究纳入课题研究与管理，使研究更加科学规范，并在课堂教学和日常管理中纳入了“自主学习与自主管理”的自主能力培养研究。通过以上课堂教学研究，学生的学习能力、管理能力以及自主能力、学习效果都得到了明显提升，教学成绩很快步入高位运行的快车道，连续多年综合考评全县第一，向着“领导放心、人民满意”的高水平教育目标又迈进了一步！因此，对在本阶段课堂教学实践研究过程中给予大力帮助的唐山市教育局初中教研室领导、“学生自主能力培养研究”总课题组领导、县政府主管领导、滦县教育局和初中教研室老师表示衷心感谢！对参与本次讲评课研究、自主学习研究、自主管理研究的广大教师和为此付出心血的教师表示感谢！经过3年多的研究，现将讲评课研究的成果整理出版，希望能对更多的一线教师有所启发。此项研究，虽历经几载，多次打磨，但鉴于水平和能力所限，还是存在很多不足，诚望大家批评指正！

张彩虹

2018年1月

目　录

第一篇　“三段·六重”讲评课模式解读

张彩虹

一、讲评课与课堂教学的关系

课堂教学主要包括新授课、复习课、讲评课三大主要课型。新授课是学习知识、培养能力的过程，学生们在认知与能力上实现了从无到有的改变；复习课是巩固知识提升能力的过程，学生们实现了知识与技能从弱到强的变化；讲评课则是通过对检测结果的讲评实现对前两个阶段学习效果的评价，肯定前期教与学过程中师生双边的正确因素，纠正师生在教学过程中的偏颇，保障后续教学的顺畅与高效，所以，讲评课虽然占的课时不多，但它在课堂教学中的作用非常关键。讲评课，通常以讲评学生作业、练习、试卷为主要内容，最典型的讲评课就是试卷讲评课。从 2015 年 4 月开始，我校以讲评课为突破口，进行高效课堂教学模式的研究，经过三年的实践，在市、县教研室和总课题组的专业指导下，逐步形成了“三段·六重”讲评课模式。

二、“三段·六重”是什么

（一）三段

三段，就是课前、课中、课后三个阶段。讲评课虽然只通过一堂课呈现，但讲评课却需要一个过程，课前、课中、课后都有大量工作要做。

1. 课前阶段

要提高讲评课效率，课前我们要求教师做到“三个精心准备”，那就是试卷分析、数据统计和习题精选。

（1）试卷分析。课前教师要做的第一个准备是试卷的“两纵两横”分析。第一个纵横要分析学生，试卷的分析要落实到每个学生身上，学生方面要纵向分层找共性，依据学生成绩要纵向分层，对好、中、弱不同层次的学生，查找同一层次学生呈现的共性问题，对学生分层次推进；同一层次的学生要横向比较找个性，分析水平相当的学生个性化问题，做到因材施教。（图 1）

第二个纵横要分析试题反映的知识点，因此，试题方面要横向扫描找漏洞，卷面上考察的知识点是比较全面的，对问题呈现集中的地方，查漏补缺；对试卷中典型问题要纵向深剖，难点、重点问题要集中精力解决，迁移拓展。（图 2）

（2）数据统计。课前教师要做的第二个准备就是做好学生答题情况统计。阅卷过程，教师可以掌握一定情况，但不够精准，为此我设计了错题统计表，将试卷的每一道题都呈现在表格中，学生将答错的题目打上标记，全班同学的错题情况，就直观地呈现在一张统计表中，然后根据各班情况再做好年级同学学科统计，这样有助于教师科学准确地分析。（图 3）

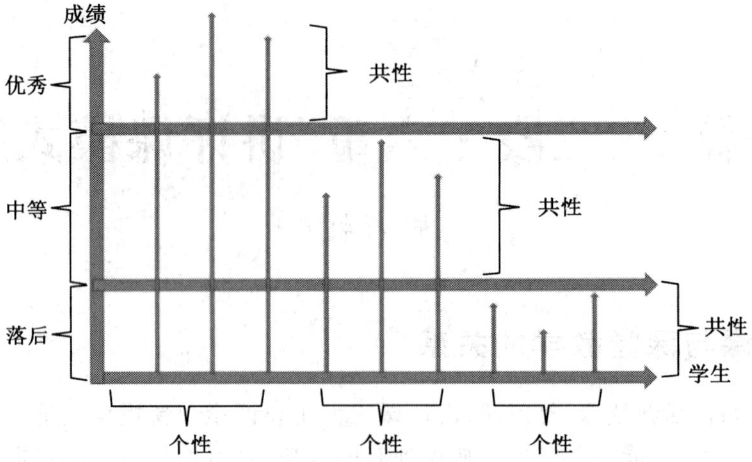

图 1　学生的纵与横

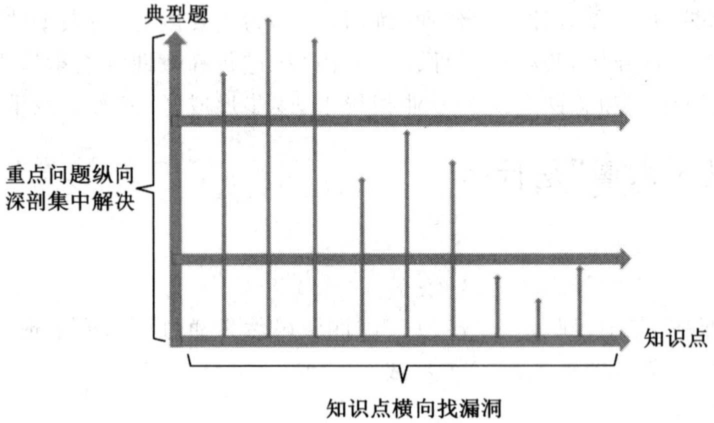

图 2　试卷的纵与横

2014—2015 学年第二学期摸底考试九年级语文学科错题统计表　　老师　　时间

班级	姓名	学号	第一部分									第二部分																		第三部分	总分
			1	2			3	4	5			一			二					三				四							23	
				(1	(2	(3			(1	(2	(3	6	7	8	9	10	11	12	13	14 (1	14 (2	15	16	17 (1	17 (2	18	19	20	21	22		
1																																
1																																
1																																
1																																
1																																
1																																

图 3　学科错题统计表

随着网上阅卷系统的出现，很多数据可以直接采用系统分析结果，而且网阅数据也非常翔实，包括总分分析、单科分析、班级对比、试题汇总、分数段统计、排名比例分析、校分析报告、班级考试基本表现、全题质量报告、知识点和能力分析报告、教师教学质量分析报告、学科分析报告……诸多项目。但是很多教师并不善于应用这些数据，还是习惯于拿起试卷就讲，这些数据能够很精准地呈现问题，花些时间研究数据是非常值得的，正所谓磨刀不误砍柴工。

（3）习题精选。课前教师要做的第三个准备就是精心选编巩固性拓展练习。针对知识方面的典型问题、学生出错集中的地方，选编两三个同类的或变式的、有价值的习题，制成投影或印成学案供课上使用，达到做一题、通一法、会一类的效果。

2. 课中阶段

课中阶段，也就是课堂教学，这是最核心的环节，讲评成败就在于此。课中要在“六重”的指导原则下完成讲评课三大任务，那就是整体分析、有效讲评、注重教法。

（1）整体分析。教师要从难度系数、年级情况、班级情况等方面向学生说明本次考试的总体情况，让学生找准自己的位置。

（2）有效讲评。这是讲评课最重要、最核心的部分，要求师生以“六重”为指导原则逐题进行考试情况分析和讲评，先点评某题的整体情况，再通过学生读试卷、质疑、答疑、变式巩固等环节完成一道题目的讲评。

（3）注重教法。我们虽然提出“六重”，但高效课堂不等于模式，没有模式也可能高效，所以我们提倡教师们既重视“六重”，又不要被“模式”禁锢，要懂得教学有法，教无定法，贵在得法，在“六重”原则下要敢于探索灵活多变的课堂结构与教学方法（关于“六重”详见后文）。

3. 课后阶段

课后，要重视错题整理与反复测试。

（1）错题整理。讲评课后，学生要完成两项任务。一是做好各科错题整理工作，把错题整理到错题本上，写出错因、时间、考查知识点等因素（图 4）；二是做好错题统计。我们设计了错题统计本（图 5），主要是帮助学生进行归因，通过错题统计整理，起到全面分析试卷、分析前一

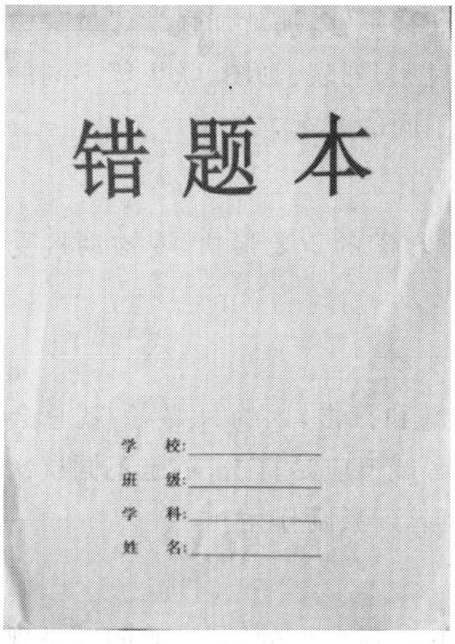

图 4　错题本

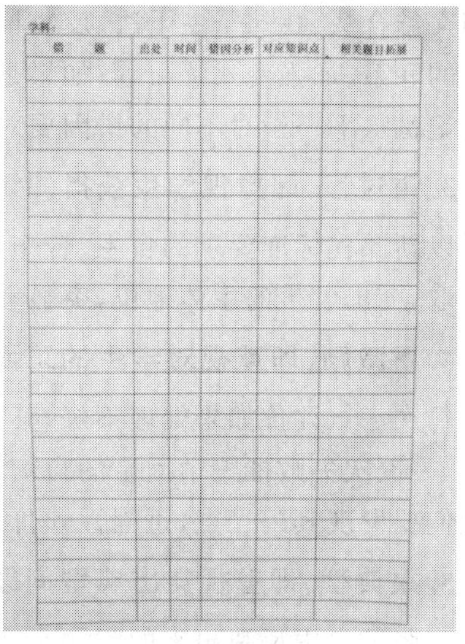

图 5　错题统计本

阶段学习过程中的问题所在，便于学生更清楚地认清自身的问题。人们常常是被一块石头绊倒多次，错题的归纳与整理就是要以往鉴来。

(2)讲评课后，教师也要完成两项工作。一是要把典型问题旁批在试卷上，既是对知识点的总结，更是对教学方法、学习方法和策略的注解。二是反复测试。对于出错较多的典型题目，每隔两周要测试一下，因为出错的地方往往会反复出错，通过反复检测达到彻底扫清障碍的作用。

只有将课前、课中、课后三个阶段落在实处，讲评课才是一个完整的过程。

(二)六重

六重，就是重归因、重方法、重过程、重激励、重典型、重迁移。

1. 重归因，即重视正确归因

每道题的出错，都有内在的原因，讲评课上首先要明确问题出在了谁的身上，深刻认识到为什么出了错误。例如，问题出在学生身上，是学生的审题能力不足，知识迁移不够，记忆不准确，做题过程不仔细，写字慢或思维不顺畅，还是时间不够……亦或问题出在老师身上，是知识点没有讲透，还是指导练习不够？是教师讲得太多，没给学生消化时间，还是只顾着做练习而忽视了学生某些方面的能力培养？是出题者脱离了教学实际超出了范围，还是题目出的有问题？总之，要找出问题所在的原因，通常问题是多方面的，特别体现在师生身上的问题较多。其实，学生身上所反映的各种问题，也是在教学过程中与教师的种种教学习惯相关。所以，讲评课上首先要解决的问题就是正确归因。只有找到了教学过程中的问题，才可以对前期问题进行有效补救，对后期教学未雨绸缪。策略主要是对照错题统计本自主归因；教师帮助归因；同伴互助归因。

2. 重方法，即重视指导方法

针对不同的错题的原因，给予恰当的方法指导。例如审题错了，就要指导如何读题目，学会图文结合法、找句子主干法、反复推敲法等；如果是知识迁移不够，那就加强学习过程中知识内在的联系、加强变式练习等；如果是记忆不准确，要通过对比、列表、画图、联想等不同的方法提高记忆水平……对不同的错因要对症下药，使学生学会不同的处理方法。

3. 重过程，即重视学生获得知识、方法、能力的途径

以新课程标准要求的自主、合作、探究学习方法为课堂教学的重要形式，变被动接受为主动获取，突出学生的主体地位，突显教师的主导地位。

4. 重激励，即重视对学生的正面评价和阳性强化

每次考试评价如果处理不好，其实对大多数学生是刺激和打击，因为只要考，就总会有优有劣，一次次失败摧毁学困生的自信和求知的欲望，所以，考试不应是打击，对于不同层次的学生我们要发现其闪光点，过程性评价要多表扬少批评，从而起到激励作用。

5. 重典型，即重视突出典型问题

一张试卷中反映出来的问题是多方面的，但一定会有几种最典型的问题，对问题呈现最集中的重点题目、题型要重点处理，切忌面面俱到、从头到尾对答案。

6.重迁移，即重视典型题的拓展迁移

对重要题型要注意变式拓展，对典型题目通过变换问题、变换内容、变换形式等诸多方法，通过解析一道题收获一类题的解题思路，培养学生举一反三、触类旁通的能力。

这就是“三段·六重”讲评课模式概要。其实，这里还有很多细节的东西有待梳理和落实，特别是讲评课的“六重”，每一个都可以做为一个课题深入研究，在下一阶段的课堂教学探究中，还将继续深化、细化，力求更具操作性。

三、“三段·六重”讲评课探究历程

（一）研究背景

2012年12月，我县（指唐山市滦县，今为滦州市）迎接四年一度的“省教育教学督导评估”，课堂教学是评估的重点项目。为了确保我县的课堂教学在评估工作中顺利过关，教育局成立课堂教学督导小组，在正式评估前进行了三轮模拟拉练，我（指本书主编张彩虹）当时任县直组组长。其中有一次拉练听课，正是期中考后，听了县直学校的两节试卷讲评课，我非常感慨。因为这两所学校正在如火如荼地进行“高效课堂”改革，但两节课所呈现的形式与结果却并未见高效，最典型的问题有两个：第一个问题，就是对讲评课的认识不足。整堂课教师带着学生将试卷从第一题开始对答案，一直到最后一题，这种单调的课堂结构，学生们收获的只是知道试题答案的对错，多会做几道题，可是题是永远做不完的，学生们需要在纠错过程中分析得失原因、拓宽解题思路、提高掌握和应用知识、分析和解决问题的能力。第二个问题，也是最大的问题，就是无效的小组合作。教师每对一题的答案，都让孩子们站起来讨论，互相对照着把错题改正过来，然后让小组同学汇报结果。听完两节类似的“讲试卷”课，我就深深反思，是讲课教师没重视这次活动、以讲试卷应付差事，还是真地就不知讲评课应该怎么讲？是不是我校的教师考试后也都这样讲评试卷？经过多种渠道调研，我发现讲评课的确存在很多问题，于是开始着手讲评课的研究。

（二）研究设想

1.考试与讲评的关系

考试，是对教师教学过程的检测，检测教师在新授与复习中有无漏洞、有无含混，通过一张试卷检验教师的教学过程与教学水平；考试，是对学生学习过程的检测，测试学生对知识的理解与运用能力，检测学生的思维方式与学习方法。

讲评，是通过对试卷中呈现出来的师生双边的问题进行反思，找出问题呈现的特点，分析造成问题的原因，找出解决问题的方法，保障后续教学的成效。

所以，考试是对师生前期教学过程检测的手段，也是查找不足的途径；讲评是对检测结果的分析，也是“前覆后戒”的警醒。

2.讲评课的课堂导向——“四重”

在认真分析了讲评课与考试的关系后，对讲评课的课堂教学提出了四个注重的课堂导向，即重归因、重方法、重典型、重迁移。后来在县教研室熊文利老师的指导下，我们又补充为"六重"，增加了重过程、重激励。因为前边已经有详细解释，这里不再赘述。

3. 课前分析统计与课后整理

为了上好讲评课，使讲评课做到有据可依，我们尽量用数据说话。课前做好"两纵两横"分析，做好学生答题情况统计，课后做好错题整理和错题统计。前边也有论述，此处不赘述。

(三)研究过程

经过调查与研究，对讲评课有了以上明确的思路与设想后，于 2014—2015 学年第二学期开始进行实践研究，本次研究经过了五个实践阶段。

1. 初次探索

首先我找了一部分有热情的青年教师进行实践，逐个做好铺垫后，于 2015 年 4 月 28 日，对讲课教师和备课组长分头召开了讲评模式探究会，强调了讲评课的重要性，使与会教师明白质量检测既是对"教"的检测，又是对"学"的检测，对检测结果要引起足够重视，而对检测结果最好的分析方式就是讲评课。提出了对讲评课模式的四个导向，即重归因、重方法、重典型、重迁移，培训了课前分析统计与课后整理技术，首次推出了精心设计的试卷错题统计表，要求课后使用错题本。通过细致培训，九大学科的 12 名青年教师和 9 位教研组长对讲评课有了初步认识，与我的思想接轨。

2015 年 5 月 5—7 日，以 2014—2015 学年第二学期期中考试为契机，召开了"三中、安中、小中联谊校'讲评课模式探究'主题教研"(图 6，图 7)，九大学科精选的青年教师进行了试卷讲评课新课型的尝试，学科教研组长组织教研，对讲评课中呈现的优势与不足进行研讨。县教研室各科教研员全程参与了教研，对"四重"讲评课模式给予了肯定，重归因、重方法、重典型、重迁移的基本模式初步形成，熊文利老师又提出了"重过程、重激励"的原则，使"四重"讲评课升华为"六重"理论，更趋完美。

图 6　刘丽香老师讲授试卷讲评课

图 7 语文教师刘蕊讲授试卷讲评课

2. 二次实践

2015 年 11 月 11、12 日，以 2015—2016 学年第一学期期中考试为契机，再次召开了“三中、小中联谊校‘试卷讲评课’模式探究主题教研”（图 8，图 9），对“六重”指导原则的讲评课模式二次探究实践。本次研究以各科备课组长带一名青年教师为授课团队，更多骨干教师的参与使讲评课模式深入每位任课教师心中（图 10，图 11）。

图 8 英语教师王秋辉讲授试卷讲评课

本次教研培训会上，在“重归因、重方法、重过程、重激励、重典型、重迁移”的“六重”讲评课模式的基本前提下，又成功布署了课堂观察的听课任务。

通过为期两天的第二轮实践，达成了三个预期目标：一是教师对“六重”讲评课模式有了全面认识，课堂结构更加完善；二是通过主题教研教师们对课例研究有了初步认识；三是学生们

图 9　地理教师裴佳佳讲授试卷讲评课

图 10　试卷讲评课培训

图 11　张彩虹校长针对本次讲评课进行培训

通过新型课堂模式收获了纠错归因、学习方法、典型分析、迁移应对等能力。

二次实践后的课型，使讲评课模式更加成熟，受到县教研室领导高度评价，并制成光盘全县推广。

3. 专业引领

教研机构指导。有了前两次的实践基础，全校教师对“六重”讲评课理论与操作模式有了一定认识基础，为了将试卷讲评课“课型”推向科学化、规范化，学校先后邀请县、市教研室领导来我校指导工作。

2015 年 12 月 11 日，学校邀请县教研室董文江主任和牛学仓副主任指导工作(图 12)。董主任针对高效课堂的小组建设和导学案的编写给予指导，牛主任对导学案使用中出现的问题做了详细地阐述。本次培训会，对下一步讲评课的研究内容进行了细化，对我校学生小组的建立形式提出了“同桌二人结对子，前后桌四人一小组，左右两小组结成八人一大组”的小组建议。

图 12 张彩虹校长针对本次讲评课进行培训

2015 年 12 月 15 日，以第二次月考为契机，召开了“滦县三中高效课堂建设‘讲评模式’推进教研”，唐山市教育局教研室宋仲元主任及王宝仓、葛明、冯国武、许爱民五位教学专家和县教研室领导老师来我校对本次活动莅临指导(图 13 至图 19)。活动中我校语、数、外、理、化、政、史、地、生九大学科以最佳水平展示了我校“六重”模式讲评课。市教研室宋主任和各位教研员对我校重归因、重方法、重过程、重激励、重典型、重迁移的“六重”讲评课模式给予充分肯定，宋仲元主任提出了在“六重”的基础上，增加“三段”的理论。三段，即课前、课中、课后三个阶段，在市、县教研室的专业指导下，我校“六重”讲评课模式提升为“三段·六重”讲评课模式，再次得到深化和升华。

图 13　唐山市教研室宋仲元主任对三中英语试卷讲评课进行专业指导

图 14　唐山市教研室宋仲元主任对三中英语试卷讲评课进行专业指导

图 15　唐山市中学教研室宋仲元主任、滦县初中教研室英语教研员熊文利老师、三中张彩虹校长和英语教师一起听讲评课

图 16 唐山市中学教研室数学教研员王宝仓老师通过试题分析
向三中数学教师讲授数学教学实质

图 17 唐山市中学教研室物理教研员冯国武老师指导三中物理试卷讲评课

图 18 唐山市中学教研室化学教研员许为民老师指导三中化学教学工作

图 19　唐山市中学教研室历史教研员葛明老师对三中试卷讲评课进行指导

本次活动中，宋仲元主任听完三中王秋辉、张雪慧两位教师的讲评课后，对我校的讲评课做出了详细的点评和专业化的指导，对下一步课堂教学模式研究提供了专业引领，根据笔记整理，宋主任指导意见如下：

(1)宋主任充分肯定了我校教师的精神面貌，教师干劲足，课堂整体效率高，并从五个方面分析了课堂高效的原因。

①课堂教学过程中坚持了学生的“主体性”原则，试卷讲评课上能让学生大面积动起来，是我们长期以来所期待的，今天的课堂中做到了这一点。

②教师具有良好的学科素养，教学语言、教学理念、教学方法等基本功非常扎实。

③教学设计丰富，宋主任强调，好的教学设计有四要素，即通过精心设计，学生在课堂上能学到知识(词汇、语法、功能、理念)，能提升能力(听、说、读、写)，多数学生能愉悦、主动参与，不同层面学生都能有所收获。而展示课的教师都在朝这四个方面努力，且效果较好。

④合理的知识整合，一张试卷中浓缩了方方面面的知识，要提高课堂效率，就要精心整合。

⑤教师运用了适当的媒体手段，课堂容量大、节奏快、密度高，富于趣味性。基于以上五点，宋主任对展示的讲评课课堂教学整体效果给予肯定。

(2)宋主任对展示课中呈现的亮点从五个方面给予点评。

①教学策略有效，教学过程中重点处理单选、阅读、书面表达，处理前对学生有明确的标准和要求，既有学法指导，又有应试技巧点拨，将答题策略与方法不失时机、润物无声地传授给学生，高效课堂也要由成绩体现。

②选编巩固练习题目精炼，针对错题多的薄弱部分能增加练习，让学生当堂巩固。

③探究活动有效，贯彻了学生主体性的教学原则，引导学生自读、研讨试卷，能让学生适度动起来。宋主任强调，课改强调学生的主体性地位，但学生活动要有度，过多学生活动和探究也不行，到任何时候，教师的主体地位不能丢，课堂中只有一个成年人，那就是教师，教师的主

体是不能丢的，深层次、拔高的指导还得靠教师。

④习作欣赏恰到好处。

⑤重视作业处理，将做错的题整理在错题本上是一个有效的方法。总之，本次呈现的“讲评课模式”很有启示，值得深入研究。

(3)宋主任针对本次讲评课中出现的问题提出了两方面的建议。

①建议月考出卷时引入难度系数，并以中考为例，讲解了什么是难度系数，并指导教师们整张试卷、每个大题都要有难度系数。例如，听力、单选、完形、阅读、书面表达等均要设置恰当的难度系数，通过统计就可以清楚地看到哪一类题出问题多，所以讲评课要有科学规范的专业知识来引领，防止难度过大导致学生两极分化。

②关于讲评课模式的“三段论”建议，三段，即课前、课中、课后三个阶段，每个阶段要有明确的任务。

第一阶段，课前的主要任务有两项。第一项是教师要仔细认真研读试卷，因为卷面上凝结着命题人的心血，通过研读和阅卷情况确定讲评的要点，同时做好数据统计分析，数据分析也要引入难度系数，并且要阳性强化，过程性评价要多表扬、少批评；第二项任务是教师要精心选编巩固性拓展练习，针对知识方面的典型问题选编题目，制成投影或印成卡片供课上使用，针对学生出错集中的地方，选两三个同类的或变式的题目课上练习。

第二阶段，课上的主要任务有三项。一是教师宣布本次考试的总体情况，如难度系数，年级成绩怎么样，班级成绩怎么样，让学生能找准自己的位置；二是逐题进行考试情况分析，分析过程中要充分利用试卷，不要过分依赖多媒体，要进行有意义的小组探究，不要无效的小组活动。在逐题分析过程中要条理清楚，宋主任建议教师先点评某题的整体情况，再通过学生读试卷、质疑、答疑、变式巩固等环节完成一道题目的讲评；三是高效课堂不等于模式，没有模式也可能高效，所以建议教师们不要被“模式”禁锢，要敢于探索灵活多变的课堂结构与教学方法。

第三阶段，课后的任务有三项。一是要把考试出错的题目写在错题本上，也要把好句子、好方法写在典型题本上，优劣一目了然；二是每过一个阶段，要定期把纠错本上的典型题再考一考、测一测，并且可以多次检测，以达到无漏洞、无死角。并以辜鸿铭学习英语的方法为例，强调学习语言要下功夫，要反复；三是试卷留白的地方加批注，也要有备课笔记，任何拿着试卷从第一题讲到最后一题的做法都是不符合教育规律的。

唐山市中学教研室宋仲元主任和各位教研员对我校讲评课模式的肯定和建议，为我校的课改提供了专业化指导，使我们的研究更趋于科学化和规范化。

4. 交流提升

迁安市迁安镇第一初级中学和滦县第三中学是教学友好学校，两校以教学研究为基础，时常开展教研互动。为了检验试卷讲评课的研究成效，进一步提升教学品质，两所学校以讲评课为教研主题进行了两次深度教研互动。2016 年 1 月 8 日，迁安市迁安镇第一初级中学 32 位教育同仁在李书业校长的带领下与我校交流互动(图 20 至图 22)。我校推出的“三段·六重”试卷讲评课教学模式受到迁安镇第一初级中学教育同仁的高度评价，并留下宝贵意见。课改教研交流，不仅使我校讲评课模式再次得到磨合，也为两校的教学友谊建立了牢固的学术桥梁。

图 20　迁安市迁安镇第一初级中学校长李书业带领学校全体领导班子来滦县第三中学研讨交流，佟明晶校长携领导班子热情接待

图 21　迁安镇第一初级中学副校长胡益军带领骨干教师来三中听课交流

图 22　迁安镇第一初级中学数学教师与滦县第三中学数学教师进行教研

5. 全面推广

经过三轮实验,并与兄弟学校交流互动,“三段·六重”试卷讲评课经过反复打磨后,日臻成熟,逐渐在滦县第三中学全面铺开,数千名学生和教师受益。

滦县教育局本着互相交流共同提高的目的,于 2016 年 4 月 15 日,在滦县第三中学召开“滦县初中高效课堂推进暨精细化教学管理现场会”,将第三中学历经两年多反复实践取得的“三段·六重”试卷讲评课教学研究成果向全县范围推广。唐山市中学教研室,昌黎、迁安、唐海部分学校应邀参加了会议。滦县初中教研室、初中校长及主抓教学管理的中层人员、各校教师代表,共 400 余人参加了活动(图 23 至图 29)。

图 23 滦县初中教研室副主任牛学仓主持现场会

图 24 全县 400 多名校长和主管主任参会

图 25　副校长张彩虹做"创新模式抓落实，精细管理促发展"报告

图 26　宋仲元主任和熊文利老师指导英语讲评课

图 27　与会领导、教师参观教学管理档案资料

图 28 唐山安市中学教研室副主任宋仲元(左 2)、唐海二中校长孙建文(右 1)
迁安一镇中校长李书业(右 3)与滦县三中校长佟明晶(右 2)交流意见

图 29 秦皇岛市昌黎第四中学副校长李英和同事参观滦县第三中学师生书画作品

本次现场会共分四个环节:一是教学管理资料及校本课程展示,教学楼内设置两大展区,全面、规范、科学地展示各种教学资料;二是观摩试卷讲评优质课例,会议展示了九个学科共46节试卷讲评课例,授课教师展示了“三段·六重”试卷讲评课模式,为教学改革提供了积极的引领作用;三是分学科教学研讨,授课教师说课、反思,各校教师代表评课,市教研室教研员进行总结指导;四是高效课堂精细化管理汇报,校长佟明晶和副校长张彩虹分别就学校管理和教学改革做了经验报告。市、县教研室对现场会给予充分肯定,与会领导和教师通过课堂观摩和深入研讨,体会到滦县第三中学与时俱进的创新精神与魄力,对"三段·六重"试卷讲评课研究成果高度评价,并留下宝贵意见。

2016 年 7 月,《在课堂教学中提高学生自主学习能力研究》通过全国教育科学规划教育部重点课题《学生自主能力培养研究》总课题组审议立项,12 月 28 日召开开题大会,中国教育科学研究院研究员刘永福、中国自主学习研究执行院长刘桂旺、滦县教育局副局长陈强、县初中教研室主任董文江及全体教研员出席了会议。在课题研究的引领下,讲评课研究又上一个新台阶,学生自主学习能力的培养研究也更科学合理(图 30 至图 36)。

图 30　讲评课研究纳入课题管理开题大会

图 31　刘桂旺秘书长宣读立项证书

图 32　中国教育科学研究院研究员刘永福老师为滦县第三中学颁发全国自主教育联盟会员单位牌匾

图 33　中国教育科学研究院研究员刘永福老师为课题做指导

图 34　滦县第三中学副校长、课题负责人张彩虹做开题报告

图 35　课题组成员与课题组专家合影留念

第一排左起：于鹏洋　张彩虹　徐国清　陈　强　刘桂旺　尹　旺　刘永福　佟明晶　董文江　邢太敏　商笑波　汪增满

第二排左起：贺海生　石继庆　王春萍　王艳平　于宝敏　王彩云　何晓红　王淑娟　宋建春　杜薇薇　高东香

第三排左起：张翠艳　张雪惠　佟德利　李增艳　刘俊杰　柴大伟　李洪新　郭建红　梁金花　史小平　王淑会

图 36　课题组成员与课题指导专家首都师范大学教科研室主任、特级教师张文娣(左五)及中国自主学习研究执行院长刘桂旺(右五)合影留念

2017 年 4 月，在唐山市高效课堂教学现场会上，我校的教科研主任、英语教师张雪慧代表学校做了讲评课经验介绍(图 37 至图 39)。唐山市教研室宋仲元主任也对“三段·六重”讲评课给予推介，并在会上印发了研究资料。

图 37 张雪慧主任在唐山市初中英语高效课堂现场会上作“三段·六重”讲评课介绍

图 38 唐山市初中高效课堂现场会上印发讲评课资料

图 39 唐山市初中教研室副主任宋仲元在现场会上介绍讲评课内涵

2017 年 6 月 13 日，承办全县高效课堂现场会，唐山市教育局副局长杨文、唐山市电教馆副馆长崔冬、滦县教育局副局长陈强、初中教研室主任董文江出席会议，来自全县的初中校长和教学干部、骨干教师参加了会议。会上，副校长张彩虹作了“培养学生自主能力，推进智慧课堂教学”的主题报告，重点讲了一学期以来，在探索培养学生自主能力的研究过程中，如何以课堂教学的自主学习、日常管理的部委建设两个抓手开展扎实深入推进教研教改工作，特别是以智慧课堂建设，助力学生自主能力培养和高效课堂建设的腾飞，与会领导和教师给予高度评价（图 40）。

图 40 唐山市教育局调研员杨文、唐山市电教馆副馆长崔冬、滦县教育局副局长陈强、初中教研室主任董文江出席大会

（左起：董文江 佟明晶 杨文 陈强 崔冬 张彩虹）

四、"三段·六重"讲评课研究成效

经过四年来的反复实践，在市教研室和县教研室的指导与关心下，在全国教育科学规划教育部重点课题"学生自主能力培养研究"总课题组的指导下，以及各兄弟学校的友情参与和帮助下，我们在课堂教学改革中，以讲评课课型为依托，进行高效课堂教学模式研究，探索了一条符合我校实际的讲评课教学模式，逐渐形成了"三段·六重"讲评课模式的雏形。每学期以期中、期末和两次月检测四个重要节点为契机，带动日常作业讲评，对提高课堂教学质量起到了有效推动作用，每学期教学成绩在全县教育质量检测中遥遥领先。

所以，讲评课决不仅仅是一节课，它涵盖着阶段检测的所有内容，时间短、容量大，是承上启下的重要教学形式。讲评课实质上是新授课、复习课等一个阶段内课堂教学的反思。在一个学期的教学过程中，有几次重要的驻足，不断回头望，把每个教学节点都夯实，后续的教学才能开展得更加顺畅。如果忽视讲评课，只顾向前冲，结果只能是问题越积越多，漏洞越来越多，最终顾此失彼、焦头烂额。所以讲评课的课时虽少，但却是教学过程中的关键环节，"三段·六重"讲评课与其说是一种课型模式，更不如说是一种理念，是一种可以操作、确实有效的教学思路。

在四年的实践探索过程中，各学科都在课堂实践中积累了大量经验和资料，在学校整体指导原则下，各俱学科特色的讲评课模式日渐完善，学校教务处、教科研室积极筹备，各备课组长认真组织落实，汇集了"三段·六重"主导思想的九大学科试卷讲评课模式、教研活动记录、教案、评课、反思以及市县两级教研员的精彩点评，编辑成《三段·六重讲评课模式探究》专刊（图 41）。

在校长佟明晶的大力支持与市、县教研室的指导下，我们在高效课堂建设中，以讲评课为突破口，探索了一条符合我校实际的讲评课教学模式，这一历程，凝聚了我校教务处、教科研、年级组、教研组、备课组所有教研部门以及每一位教师的智慧与付出，高效课堂建设没有最好，

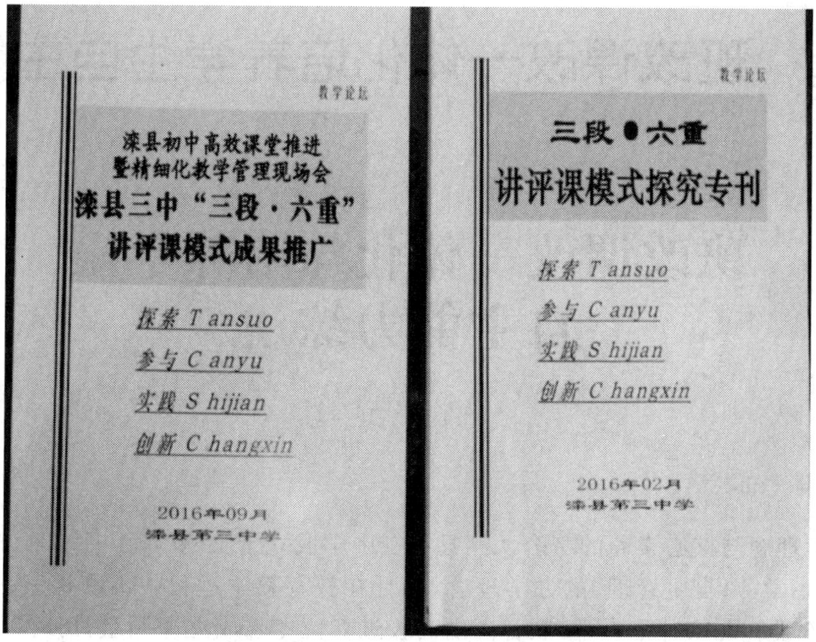

图 41 两本“三段·六重”讲评课专刊

只有更好，滦县第三中学的教学改革任重道远，“科研兴校”的办学理念将激励着三中人始终走在课改前沿，凝心聚力谋发展，教研教改谱新篇，滦县第三中学会以“三段·六重”讲评课模式为基础，在高效课堂建设中开辟出更多、更广的教研新思路。

现将讲评课研究成果汇集成册，希望对教育同仁有所启迪，当然这种课型还有很多不成熟的地方，希望得到各方的指正，以便我们在教学研究过程中能更扎实有效地做出更大贡献。

第二篇　班改课改一体化培养学生自主能力

班改课改一体化与培养学生自主能力综述

张彩虹

学校办学理念与核心素养的契合。滦县第三中学成立于1999年1月1日，建校伊始学校就明确了“自主学习、自主管理”的办学理念，并且在教育教学过程中不断探索落实。2016年9月，由教育部委托北京师范大学，联合国内高校近百位专家成立课题组，历时三年完成的《中国学生发展核心素养》研究成果正式发布。核心素养以培养“全面发展的人”为核心，分为文化基础、自主发展、社会参与三个方面，综合表现为人文底蕴、科学精神、学会学习、健康生活、责任担当、实践创新六大素养，具体细化为国家认同等18个基本要点。其中的自主发展层面所包含的“学会学习、健康生活”与我校“自主学习、自主管理”的办学理念高度吻合，这也让我们在办学过程中的探索工作更加有了底气。

班改课改一体化推进，全面培养学生自主学习与自主管理的自主能力。为了提高学生的自主能力，学校开展了以重质疑、重探究、重习惯、重表达“四重”为抓手的自主学习能力培养研究，深入推进课堂教学改革；开展以部委制建设为抓手的培养学生自主管理能力培养研究，深入推进班级管理改革，并以班改做为课改的保障。

课堂教学中融入学生自主学习能力培养的教改研究

张彩虹

从2015年4月开始讲评课研究实践以来，一直在学校内部探索的基础上寻求专业和科学的指导。2016年初有幸与全国教育科学规划教育部重点课题“学生自主能力培养研究”总课题组取得联系，并于2016年4月开始申请加入课题研究，并于7月获得了《在课堂教学中提高学生自主学习能力的研究》的子课题立项。自从加入课题研究以后，在原有“三段·六重”讲评课研究成果的基础上，学校课堂教学中又融入了以自主学习的研究。

一、研究过程中的核心概念

(一)课堂教学

课堂教学又称班级教学，与“个别教学”相对，是学校教育教学的重要组成部分，是实施课程教学的主要渠道。16世纪随着资本主义和新兴工业的发展，社会对人才的需求急剧增加，班级授课形式开始出现。17世纪捷克教育家J.A.夸美纽斯总结了前人和自己的实践经验，并在其所著的《大教学论》(1632)中，加以论证，从而奠定了班级教学的理论基础。此后，班级教学在欧洲许多国家的学校逐步推广。中国采用班级教学最早始于同治元年(1862)清朝政府在北京开办的京师同文馆。20世纪初废科举、兴学校以后，逐步在全国采用班级教学的组织形式。

由于课堂教学中，学生的年龄、认知水平相近，所以可以采用统一的内容、时间、进度、方法等，大大提高了知识传递的效率，且便于统一组织教学和提供学生间的相互交流。班级教学也存在着一定的局限性，相对个别教学主要是因为班级人多，不能充分适应学生的个别差异，照顾每个学生的兴趣、爱好和特长；同时又难以充分照顾优、差生的学习和发展；而且课堂教学中最高的效率就是讲授法，但讲授法最大的弊端就是容易使学生处于被动接受知识的地位。

正是因为课堂教学有这样的优点和不足，所以，全国在课程改革的进程中出现了各种高效课堂的模式，近年也出现了走班制等新兴的教学组织形式。

(二)自主学习

自主学习是与传统的接受学习相对应的一种现代化学习方式，是以学生作为学习的主体，通过学生独立地分析、探索、实践、质疑、创造等方法来实现学习目标。国外的实用主义教育家杜威提出的儿童中心论、做中学、情景驱动与问题导向等理念，人本主义心理学家马斯洛的自我需求理论和罗杰斯的自我理论，认知、结构主义的认知结构理论及倡导的发现学习方法等都为自主学习提供了理论依据。

现代社会的飞速发展对人才的自主学习能力提出了更高的要求。当今世界伴随科技与知识的更新，人们在工作中所需的职业知识已经远远不是学校学的东西能够满足的，每个人必须终身学习，而自主学习能力将成为我们的必备基本素质，而这种能力的形成，最关键的是在学校课堂教学中习得。

新的课程体系，随着社会的进步和知识更新速度的加快，也对教师提出了挑战。当然，任何教育都不可能将所有人类知识传授给学习者，教育的任务必然要由使学生学到知识转成培养学生的学习能力，培养学生的学习能力成为现代社会学习的本质。

我国 2001 年颁布的《基础教育课程改革纲要(试行)》论及新课程改革的具体目标时，首要的一条就是："改变课程过于注重知识传授的倾向，强调形成积极主动的学习态度，使获得基础知识与基本技能的过程同时成为学会学习和形成正确价值观的过程"，这一目标使"改变学习方式，倡导自主学习"成了二十一世纪新课程改革的亮点。在论及教学过程时指出："改变课程实施过于强调接受学习、死记硬背、机械训练的现状。倡导学生主动参与、乐于探究、勤于动手；培养学生搜集和处理信息的能力、获取新知识的能力、分析和解决问题的能力以及交流与合作的能力。"正是基于国家对新课程改革的指导方向，在全国各地掀起了课改热潮，自主、合作、探究成为了课改的核心词。2016 年发布的《中国学生发展核心素养》研究成果中，核心素养就是指学生的自主发展，其中就包涵学会学习和健康生活。所以，自主学习、学会学习，是伴随各种文化基础学习过程中所必备的学习能力。

(三)能力培养

能力，是完成一项目标或者任务时所体现出来的素质。能力包括感知能力、记忆力、想象力、思维能力、注意力等智力因素，也包括对音乐、绘画、数学、语言等不同学科体现出的特殊能力，还包括创造、管理等在不同领域里体现出来的多种能力。而能力的形成是伴随任务而形成的，没有完成任务的过程，就不会形成能力，而没有能力也无法完成任务。

所以，自主学习的能力是伴随学习任务而不断培养起来的，而学校教育，最容易实现的就是在完成课堂教学任务的过程中培养学生自主学习的能力。

"钱学森之问"是留给所有教育人的课题。国家复兴需要自主、创新的人才，个人发展也需要主动学习的能力。目前我校的教学成绩在县里处于领先地位，但从人类发展的角度、从国家对人才需求的角度、从学生未来发展的角度来讲，这个时代更要求我们培养学生学会学习、学会自主学习的能力。

二、课堂教学中培养学生自主学习能力的策略

(一)情境-质疑

创设情境，培养学生学会质疑。亚里士多德说过："思维从问题和惊奇开始。"社会发展需要创新型人才，学会发现问题、提出问题，是培养创新型人才的第一步。当前学生习惯于被动接受教师传递的教学信息，缺乏主动发现问题的能力。如何在课堂教学中培养学生学会发现问题、提出问题的能力？我们在教学中提出了创设问题情境来引导学生发现问题、提出问题。

教学情境，各学科、各个知识点都可以创设情境，给学生发现问题的场景和机会，从而通过课堂实践培养学生从没有问题到能提出问题，从不会提问到能准确提问，从表层提问到深层提问。

（二）方法-探究

传授方法，培养学生学会探究。“授人以鱼，不如授人以渔。”教育界都深知教给学生学习方法的重要性。但是学生在教师精细化的课堂讲解过程中，习惯于被动接受教师教给的知识，缺乏自主探究能力。如何培养学生自主解决问题的能力？首先，在学习方式上，我们在课堂教学中提出了以学生独立学习为主，兼顾对学和群学的合作式学习方式，因为独立学习是培养学生独立思考的重要契机，没有深度思考，特别是没有自主思考，就急于合作，会导致相当一部分学生充当优秀学生的听众，还是不能独立解决问题。在独立学习和独立思考的基础上，适度开展对学和群学，旨在培养学生的合作意识和能力。其次，在学习方法上，针对不同学科和不同知识点，重点培养学生学会归纳与演绎推理等思维方式，培养学生学会比较、分析与综合、抽象与概括等整理方法，通过这些思维和学习方法培养学生解决问题的关键能力。

（三）平台-表达

给予平台，培养学生学会表达。语言、书面、肢体等不同的表达方式都是对思维活动的呈现，特别是语言表达方式，就是思维活动最直接的外化方式。如何才能了解学生的思维活动状况？给予学生表达的平台！最好的方式就是在课堂上给予学生说话的机会，无论是学生讲解还是回答、提问，要给每个学生表达的平台，让每个学生都能学会用语言精准表达自己的思想。首先，要求学生语言表达措词准确、逻辑清楚。其次，要求学生表达声音洪亮，保证让班内每个同学听得见；口齿清楚，让每个同学听得清；站姿挺拔，说话形体端庄；与教师目光对视，眼神交流，从容自信。在文字表达方面，开展写字课和最美作业评比，让文字表达美观、准确。每个学生在不同学科会有不同程度的优势，所以，我们确立不同学科重点跟踪的培养目标，让在不同学科有优势的学生都有在课堂上展示才华的机会，锻炼其语言表达能力；学校以学科为单位，构建学生讲课平台，确定学生试讲题目与范围，跟进式对重点培养目标进行指导，让学生的思维历程以精准的语言、文字等方式呈现出来，从而不断修正思维方式，培养学生的语言和书面表达能力，提高思维能力。

（四）激励-习惯

正面激励，培养学生良好的习惯。养成良好的自主学习习惯是提高学习质量的保障，而一种良好习惯的养成是在长期学习过程中反复强化才能形成的，所以需要培养学生富于学科特色的思维习惯，如时间的统筹、书写的规范、知识的整理、学习的专注等多方面的习惯，需要在学习过程中反复强化才能养成，对学生表现出的良好行为要及时给予正面评价，从而激励其把偶尔表现出的点滴良好行为长久保持下去，形成长期的学习习惯。

三、课堂教学中培养学生自主学习能力过程中，师生共同取得成效

通过在课堂教学中培养学生学会质疑、学会探究、学会表达、养成良好学习习惯这四方面的研究和实践，达到了改变教师教学策略、改变学生学习方式、培养学生自主学习能力、提高学生学习质量四项目标。

教学策略的改变引导学生学习方式的改变。当前中小学课堂中最大的问题就是教师"问",学生"答",导致学生不会提问,久而久之,学生形成了依赖和被动接受知识的思维定势。课堂教学中为了培养学生的自主学习能力,首要问题是改变教师教学策略,我们建立了以教师为主导,以学生为主体,以引导学生自主合作探究为主线,以学生能力建构为目标的课堂教学策略,特别是通过教学情境设置,引导学生从被动地听转为学生主动提问、主动回答,从而改变学生由被动接受转为主动学习的学习方式。

学生提出问题是教师改变教学策略的源泉和动力。要想让学生能够主动提出问题,教师就必然要改变传统的以讲授为主的教学方式,教师要给学生提供引发问题的情境和机会。教师利用任务驱动的教学策略,通过学生课下自学和课前独学的方式,引导学生感知、理解、辨析学习素材,学生在教师营造的充满学生支持、教师激励的氛围中,提出自己的看法或困难,这种多元化、发散性的回答是学生再次深入学习的素材和动力,也必然成为教师改变教学策略的源泉和方向。

学会质疑、学会探究、学会表达是达成学生自主学习方式的必备条件,也是提高学生自主学习能力的重要途径。为了保障学生学会自主学习,在课堂教学过程中我们努力遵循培养学生发现、提炼问题,概括、阐述问题,思考、解决问题的思路,并不断实践。因为教师提出的问题是出于教学经验或者应试需要,不是源于学生的认知水平,永远不能替代学生的思维,所以相当数量的学生不能产生自主学习的兴趣。我们通过情境创设,激励学生提出问题,激发他们去个体思考、合作探究。自主学习的起点是学生质疑,在思考、合作、交流、探究过程中享受学习过程,无论成功失败,都将是学生自主学习的下一个起点,在良性循环中,学生的自主学习能力得到了显著的提高。

养成良好的自主学习习惯是提高学习质量的保障。课堂教学中通过学生质疑、探究、表达、积累、反思等过程,学生在个人思维、语言表达、合作释疑等方面得到综合性全方位的提高和发展,从而养成良好的自主学习习惯,学生的学习质量获得了可持续性的稳步提高。

学生自主学习能力的提高促进学习质量的提高。学生被动学习最大的问题就是学生思维活动少、学习节奏缓慢、时间消耗多、学习效率低。而通过一系列的教学措施改变学生的学习方式,使学生变被动学习为主动学习,提高了学生的学习能力,也提高了学习效率。例如,学生被动回答问题,学生的思考范围只能局限于问题内部,最多只能做到"青出于蓝而止于蓝",而学生主动提问,学生的思考范围不仅局限于所学内容的范围里,甚至还会超出所学范围,这样才能做到"青出于蓝而胜于蓝"。所以,在课堂教学中不断培养学生主动学习的能力与意识,能使学习质量得到稳步提高。

部委制建设实现学生自主管理能力培养的班改探索

郑 巍

为了进一步深化我校教学改革，推动高效课堂建设科学有序地发展，充分实现课堂教学改革的最大效益，我校必须全面推进班改。班改是课改的保障，不仅全方位提高学生素质，而且全面提高学生学习质量。因此，我们推行“班改课改一体化”方案，实现教育教学改革实效最大化。特别是通过部委制建设实现班级管理改革，提高学生自主管理的自觉性，营造良好的班风和校风，让教师从学生管理的琐事中解脱出来，把更多精力投入到教研和教学中。

一、班改的三个目标

1. 培养学生高度的学习自觉性，使学生形成“三种意识”，提高“五种能力”

①三种意识。主人意识：使学生清楚自己是班级的主人、学校的主人、学习的主人、成长的主人；责任意识：使学生懂得自己的行为要由自己负责，要对小组负责、对班级负责、对学校负责，进而达到对社会负责；荣誉意识：使学生愿意为小组添荣誉、为班级争光彩、为学校树形象。

②五种能力。自控能力：通过变他控为自控、变他律为自律，从而提高自我控制和自我管理的能力；处事能力：通过自主管理过程的磨炼，提高交往能力、沟通能力、协调能力、合作能力；学习能力：通过自主、合作、探究和互相帮助，提高学习能力；组织能力：通过对班级事务管理的思考、策划、协调、实施，提高组织能力；创造能力：在管理过程中会不断出现新情况、新问题，而解决这些问题要有新思路、新方法，从而使学生的创造能力得到提升。

2. 让教师从烦琐的班务中解脱出来，在新课程研究和教学上投入更多的精力

班级自主管理是在教师的指导下学生管理学生，自己管理自己。班级通过小组管理，对学习、纪律、卫生、行为、诚信等进行自主管理，改变班主任和教师事必躬亲的状况，在新课程研究和实施高效课堂方面投入更多的时间和精力。

3. 营造积极向上的学风和端正的班风，净化和美化学校环境和文化氛围

由于学生自主性的提高，在学习、纪律、卫生等方面能充分发挥主动性和能动性，使校风、班风、学风更加端正、积极。

二、班改方案

班改是指在团体动力学指导下，组建班级部委，划分合管小组，形成权责清晰、运行高效的班级管理团队。班级部委制改革以班级为主体，以小组为核心，实行团队管理和小组管理。形成"班级自主、全员参与、班主任和教师主抓"的管理氛围，切实做到人人有事管，事事有人管。基本流程如下：

小组建设—部委建设—科学考核—奖优促后。

(一)班级小组建设

组长：学习组长、行为组长、生活组长、评价组长、活动组长、行政组长。

原则：同组异质、异组同质、优化组合、优势互补、利于帮扶、合作共赢。

流程：学生分层—优选组长—科学组队；明确组规—岗前培训—高效运转。

①学生分层

A 层　1 号与 2 号成绩优秀、自信自强 、乐于助人、善于思考、刻苦自律、感召力强。

B 层　3 号与 4 号成绩较好、动力不足、缺乏毅力、甘于现状、比上不足、比下有余。

C 层　5 号与 6 号成绩较差、信心不足、目标不清、行为懒散、主次不分、习惯不好。

②优选组长 、科学组队

原则：优选组长，自荐与推选相结合；科学组队，双向选择优化组合。

流程：第一步，学生自主、自愿竞选组长；第二步，全体学生民主确定组长；第三步，双向选择，优化组合，确定小组成员(每层次选 2 人，共 6 人)

③明确职责、岗前培训

第一步，每小组的小组长确定组员分工；第二步，每小组集体讨论确定组牌、组名、组规、组训等小组建设项目；第三步，明确各岗位职责、细化奖惩细则。

(二)班级部委建设

班级部长架构：行政部长、学习部长、生活部长、行为部长、活动部长、评价部长。

①行政部长

A. 负责班级全面工作，团结全体班级部长，团结同学，严于律己，在班级部长和同学中起表率作用。着重抓好班上的纪律、学习等方面的工作。

B. 把班级中出现的问题和成绩及时汇报给班主任。

C. 处理各种偶发事件，并采取相应措施，把处理意见汇报给班主任，或请班主任指导解决。

D. 和其他各位班级部长一起做好每周的班级考评工作。

②评价部长兼团支书

A. 负责书写班级日志，包括班里存在的问题及取得的成绩(交班主任审阅)。

B. 督促行为部长管好课堂纪律，协助行政部长工作，当行政部长不在时代理其工作。

C. 检查记录本班同学执行班规班纪情况，促进班级优良风气的形成。

D. 负责督促各班级部长和组长完成本职工作。

E. 负责校团委工作。

③学习部长

A. 在课代表生病时，接替课代表的工作。

B. 负责对各课代表及学习组长的管理和考核，并评定他们的工作表现。

C. 及时和课代表一起沟通学生和老师之间的教与学，抓好同学的学习成绩。

D. 提高自身素质，掌握良好的学习方法并做好推广工作。

E. 负责每日督促学习组长记录组内学习氛围及抄袭作业的现象。

F. 主动帮助同学，在班中建立良好的学习风气。

④生活部长（卫生、后勤）

卫生生活部长：

A. 及时督促生活组长管理本组值日生每天清洁卫生，力争带领全班同学夺得流动红旗。

B. 负责管理分配和检查值日工作，不得造成扣分。

C. 合理安排人员，亲自监督并亲自加入值周。

D. 值日完毕要全方位检查，要无漏洞。

E. 对值日中不负责的同学进行批评教育结合班规采取措施。

F. 负责督促宿舍长管理好宿舍纪律、卫生，不得造成扣分。

G. 确保督促每天每节课教室都整洁干净。

总务生活部长：

A. 负责督促生活组长做好日常检查项目的管理。

B. 负责对年级日常检查项目评分。

C. 负责记录班内公物保管明细及维修报送。

D. 组织领取校后勤发放的物品。

⑤行为部长

A. 管理好课间纪律，发现问题及时处理或协助班主任处理解决。

B. 管理好上课和自习纪律，记录违纪人员，并按班规惩罚。

C. 协助学校抓好日常纪律和集会纪律。

D. 以身作则，做好一周班级纪律记录，及时交给班主任。

E. 负责课间操值勤及清点人数。

⑥活动部长

负责管理班内所有活动，直接管理：体育委员、文艺委员、宣传委员等。

文艺委员：

A. 负责组织学校下达的各种文娱比赛，并带领全班取得佳绩。

B. 音乐课时配合老师的教学。

体育委员：

A. 体育委员必须准时在操场指定位置集合好本班队伍，组织同学积极做课间操。

B. 跑步时必须使全班保持好一定速度，口号响亮，与前后班保持一臂距离，使队伍整齐、安静。

C. 做广播体操时监督同学认真做操，把每一个动作做到位。

D. 离场负责本班队伍保持安静、整齐，并带到指定位置。

配合体育老师准时上好体育课：

A. 在老师到场前，把队伍整理好，清点好人数。

B. 带领同学做好各项准备动作。

C. 协助老师做好各项训练，遇特殊情况及时报告。

D. 课后，带领同学收拾好器材。

E. 学校组织各大型活动，体育委员必须积极配合，组织全班人员积极参加。

三、班改历程

2016年3月在滦县教育局组织的道德大讲堂上，佟明晶校长和张彩虹校长首次接触新德育理念和工作方法，深感其中很多工作方法适应初中阶段的学生管理。2016年5月12日，学校派副校长周强、年级主任郑巍随副局长陈强带领的团队去北京参加新德育行动研究培训，并深受启发和鼓舞。之后，在校内拉开了以部委制建设为抓手、以提升学生自主管理能力为目标的班改序幕。

1. 班改实验从一个班开始

2016年5月16日，培训团队回到学校，学校安排郑巍主任在自己的班里（2015级1班）进行了班改实验，成立部委制和分管小组，实行餐桌式座次，学生们实行全面的自主管理。7月份的期末考试中实验班成绩显赫，16个同轨班综合成绩第一名，7个学科成绩5科第一，在53个参考人数中38人有不同程度的进步，班级部委制管理模式在我校以一个班为试点，初见成效。

2. 师生培训，转变观念，落实行动，班改全面纳入学生自主能力培养研究

自主学习、自主管理是滦县第三中学的办学理念。为了提高学生的自主能力，学校开展了"在课堂教学中培养学生自主能力的研究"，并决定把以部委制建设为抓手的班改纳入课题管理，形成班改课改一体化推进的良好局面。任何一项改革都必需有群众基础，如何让更多教师加入到班改中来？学校成立了班改领导小组，佟明晶校长任组长，机构设在教科研室，常规工作由主管教学副校长张彩虹主抓，保障课改和班改同步进行。

师资培训，转变理念。2015年5月18日，对全校教师进行二次培训，全体参会教师认真聆听，受益匪浅，为班级部委制管理模式在我校的全面开展做好了铺垫工作。为了扎实推进班改工作，让更多教师感受到学生自主能力的潜力，在教学和管理过程中敢于放手让学生去学、去做。2016年6月7日，学校组织了"学生主体唤醒"专题研讨会（图42），会上首先展示了实验班"三阶段四环节"形式的月考成绩分析主题班会，参会教师是所有班主任和组长（图43，图44）。

图42　滦县三中"学生主体唤醒"专题研讨会

图 43　研讨会参会教师

图 44　参会教师认真聆听

此次本着通过班会实实在在地提升学生成绩的原则，采用正能量传递，把班里的每一个孩子唤醒，把权利还到每一个孩子手中。这次班会效果惊人，孩子们的踊跃发言及精彩表现得到了在场观众的一致赞许！在场老师也通过亲身参与，感受到了改革的益处。班会结束后，张校长现场主持了滦县三中“学生主体唤醒”专题研讨会。会上老师们展开了激烈的讨论，并争先恐后地积极发言，场面极其热烈。最后，张校长为此次活动做了精彩总结(图 45)。作为教学校长，她为三中的班改课改一体化再次指明了方向。

图 45　张彩虹校长总结发言

2016 年 6 月 14 日上午，在南录课室举行了滦县三中“学生主体唤醒”班改课改一体化动员会，本次会议由佟校长主持(图 46)。会后又成立了滦县三中班改课改“先锋班”，这个先锋班是由教师组成的一个特别的班级，全校七、八年级 32 个教学班级中，有 29 个班的班主任加入了班改课改一体化的队伍，这 29 个班级的老师跨年级、跨学科参与，学校特命名这支队伍为"先锋班"(图47),旨在让教师在班内实际感受部委制的运行方式,理解班改的目的和精髓,并通过对先锋班线上线下反复实操训练(图48,图49),让班主任和组长掌握部委制班改的管理模式。

图46 佟明晶校长主持动员会

图47 课改一体化的"先锋班"

图48 "先锋班"实操训练

图49 "先锋班"在认真学习

2016 年 6 月 14 日下午，全国知名德育专家，原北京市陈经纶中学副校长朱洪秋教授亲临我校指导班改工作。朱教授多年从事德育校长工作和德育干部培训工作，著有《中小学德育管理操作实务》，朱教授在全国德育领域有很大影响力（图 50）。

图 50　朱洪秋教授指导班改工作

学生培训，转变行为。在做完班主任培训后，接下来就是学生培训，我们力争达到教师会用，学生会做的目的。2016 年 6 月 20 日第八节课，初一、初二年级全体班主任带着她们班级的 6 大部委和 7 位学科带头人来到阶梯教室听取了班级部委建设培训会。会上，张彩虹校长为同学们进行了细心地讲解（图 51，图 52），希望孩子们在三中这缕清风的吹拂下能自主管理，自主学习，健康快乐地成长！

图 51　张彩虹校长为同学们讲解

图 52　同学们认真听讲

郑巍主任把所有的实践与经验毫无保留地讲述给在座的每一位老师和同学（图 53，

图 54),她想通过构建的班级部委架构真正让班主任们解放出来,让所有学生学会自主管理,自主学习,从而实现真正的高效学习!

图 53　郑巍主任讲授经验

图 54　同学们认真聆听

3. 年级试行,初见成效,班改由年级实验全面推广到全校运行

2016 年 9 月 5 日,2016 级新生部委会正式成立了。年级共设 6 个部门分别为:行政部、评价部、学习部、生活部、行为部、活动部。2016 年 11 月,初二年级全面推行部委制建设。2017 年 3 月,初三年级推行部委制建设。至此,以部委建设为抓手,以学生自主管理为目标的班改在学校各年级全面铺开。经过外出学习、班级试点、校内培训、年级运行、全校推行等一系列有条不紊的过程,结合总结经验、领导把关、专家指导等策略,滦县三中的班级部委制管理模式已由星星之火呈现燎原之势。通过主体参与、民主管理、团队合作、理想信念、激励评价等措施,唤醒学生主体性,推动学生自我管理、自我教育、自我发展。以部委制建设为抓手的班改成功地培养了学生的自主管理能力。

图 55

4. 班改成效

部委制运行以来，我们欣喜地看到了学生的成长：他们自己管理自己、自己评价自己、自己激励自己。他们更自主、更自理，班级凝聚力增强，同学责任心增强，组织能力有大幅度提高，学习成绩和人格修养齐头并进，全面提升。虽然收获颇丰，但是还有很多问题及不足之处，在今后的教育管理中，我们会不断总结经验，培养学生自主管理、自主学习意识，打造学生良好的行为品质，为学生的一生发展奠定基础。

第三篇　试卷讲评课案例

语文学科试卷讲评课教学模式

——“三段·六重”讲评课模式

弭瑞霞

语文课堂教学模式多种多样，教师们都会针对不同的教学内容采取不同的教学模式。例如，新授课、复习课、讲评课、阅读鉴赏课、作文指导课等。在教学过程中，主要是通过试卷得分情况了解学生对知识的掌握，因此试卷讲评课尤为重要。

“试卷讲评”指学生在完成考试之后，教师对试卷进行解剖、分析、点评，以达到帮助学生完善知识结构，提高解题能力，掌握学习规律的教学活动。关于这种课型，我们语文教师一直在研究和摸索中，最后归纳出了试卷讲评课的“三段·六重”模式。

“三段”就是课前、课中、课后三个阶段。“六重”就是讲评过程中重归因、重方法、重典型、重过程、重激励、重迁移。下面是我对语文试卷讲评课的介绍。

一、课前准备

教师要针对学生考试情况进行充分地统计和了解。例如，张桂增老师主讲基础知识和阅读，针对试卷当中各小题的得分率、失分率，卷面书写情况，试题各部分的成绩，试题所反映的考点等做了详细数据统计；崔秋霞老师主讲作文部分，为了使作文讲评更有针对性和实效性，崔老师仔细复评了每一个学生的作文，从立意、选材、写法、语言表达等多方面做了归纳，从不同层次的学生中筛选出好、中、差的作文，并做了情况统计和分析，为试卷讲评做了充分的准备。

二、课中“六重”

（一）重归因

要使学生全面深入地认识错误，教师应做好发现错误的工作。

讲评中抓住学生存在问题比较多的地方，让学生自我分析，明辨得失，找出失分原因，如丢题、要点不全、审题不清、不结合语境答题等。教师将学生作文中出现的问题详细的列出，归纳存在的现象，然后学生对号入座，查找自己作文中出现的问题，学生进行自我剖析后，查找病因，为下一步修改作文奠定了基础。这样，在教师有意地引导下，使学生从根本上寻找到“病源”，从而对症下药，积极地对待错误，为提出解决这类问题的方法奠定了基础。

(二)重方法

一份试卷,学生出错原因可能很多,讲评时一定要注意教给学生不同题型的答题技巧和方法并侧重指导,使学生能做到举一反三,这也是试卷讲评的目的之一。例如,陈淑云老师在讲评中分析“小乔初嫁了”中“初”的写法,又给学生出示了这个字几种解释,明确字意,让学生明白要想默写准确必须了解这个字的用法,这样才不至于出现书写的错误。在分析诗词赏析和记叙文简答的时候,陈老师归纳了各种题型的答题思路和技巧,使学生对各种题型有了更深入的了解,更全面的认识,培养了学生语文学习的能力。

我们知道,课堂破局的真正奥秘在于“学习能力”,只有会学才能减少对“教师”和“教”的依赖。所以教给学生学习的方法,让学生掌握这把钥匙,那么问题就迎刃而解了。

(三)重典型

我们知道一份试卷的合理结构是考题由易到难,由浅入深,由基础题到综合题逐步延伸的。因此,讲评时没有必要面面俱到,而应针对学生在答题中存在的主要问题,以及考试中要求学生掌握的重点知识和技能进行讲评。

崔老师在《谢谢你________》半命题作文讲评中,针对学生中共性的语言表达和情感抒发做了重点讲评,并且给学生做了下水文,以指导学生更好地修改。张桂增老师侧重讲评古诗词赏析题,现代文阅读方法技巧,讲评中有的放矢,主次分明,使学生能够掌握试卷中典型题型,触类旁通,并领悟“万变不离其宗”的内涵。

(四)重过程

试卷讲评课过程中,一定要注重学生对问题地吸收和理解,讲评试卷不是为了订正答案,而是在讲评过程中让学生对学过的知识达到真正的理解,要求在自主、合作、探究方法的指导下让学生做到学以致用。

张桂增老师将试卷讲评课设置了六个环节:晾晒成绩,找准位置;依据成绩,分析得失;探究典型,点拨提升;当堂练习,巩固提高;布置作业;教师寄语。在教学过程中,张老师抓住学生心理,遵循知识由易到难、考点由少到多的试题结构特点,注重学生的获得感。

(五)重激励

每个人都有自尊心和虚荣心,表现在课堂上就是期待得到老师的赏识和激励。老师的一个眼神,一个动作,一个微笑都会增强学生的自信心,使学生在愉悦的氛围中获取知识,同时更能培养学生良好的性格及品质。讲评过程中多表扬少批评,比如,崔秋霞老师在讲评《谢谢你________》半命题作文时,让学生将自己的优秀作文读给学生,而且当堂给学生以掌声。在学生修改作文后,崔老师对改的比较好的文章给予鼓励,让我们看到学生满满的自信和阳光的笑脸。可见,赏识和激励对孩子多么重要啊!

(六)重迁移

讲评的效果如何,附上一些相应的类型题进行巩固训练和适当的变式训练及延伸是很有必要的。

例如，陈淑云老师讲评《山居秋暝》诗词赏析题，授之以方法后又出示了《送友人》一诗，让学生根据讲过的不同题型每人出三道类型题，使学生更好地掌握诗词的答题技巧，做到很熟练地应对诗词赏析题。高东香老师在讲评《那是一首春天的歌》命题作文时，交给学生如何"抓细节、抒真情"写作技巧，让每个学生当堂训练，当堂展示自己的作品，收到了非常好的效果。

两位老师通过具体问题拓展外延把试题进行变化，在原有题目的基础上借题发挥，将答案要点增加、丰富；将考点扩展、深化；让学生在试题讲评中能有所发现，有所提高；并达到举一反三的良好效果。

三、课后反思

课后反思阶段，既包括学生反思，也包括教师反思。学生一定要做好错题积累和统计，将错题进行归因，真正了解错题的原因，为以后学习奠定基础。作为教师，更应该知道"没有反思的经验是狭窄的经验，只有经过反思的经验方能上升到一定的理论高度，并对后继教学行为产生影响(美国著名学者波斯纳)。"所以教师教完一堂课后，有必要对整个教学过程地设计与实施进行回顾和小结，将经验、教训和体会记录在案。每位教师讲评后都会做课后反思，"反思"教学过程中的"亮点""败笔""偶得"以及在下次试卷讲评课中如何去完善等。因为我们只有在反思中不断优化各种策略、方法和观念，才能真正地在反思中成长，使我们的试卷讲评课更加高效、扎实。

总之，试卷讲评课的宗旨就是巩固双基、培养能力、总结解题的方法规律，学会对试题的变式，从而提高学生分析问题和解决问题的能力，开阔解题的思路，发展学生的智力，使学生真正有所得。

2015—2016年第二学期摸底
九年级语文试卷讲评课教案

刘翠云

一、教学目标

(一)知识与技能

通过典型试题剖析、点拨及策略提示,强化基础积累,巩固答题策略,掌握复习方法。

(二)过程与方法

通过自查、合作交流、老师点拨等方式,总结答题规律及方法,形成规范的答题思路,提高解题能力。

(三)情感态度和价值观

养成勤于思考、注重积累的良好习惯,培养学生持之以恒的学习精神。

二、教学重点

针对典型失分题,给予有效策略和解题方法指导。

三、教学难点

引导学生学会深入理解问题,准确把握考点,合理迁移变通。

四、教法学法

教法:以小组合作探究为主,辅以谈话法、案例分析法、讨论法。
学法:小组合作探究、阅读讨论、检查纠错等方法。

五、教学时数

1课时。

六、教学过程

导入新课:

近段时间热播的电视剧《亮剑》,深深吸引了老师,“两军相逢勇者胜,勇者相逢智者胜”的亮剑精神,不但是军人的军魂,更是我们学生应该学习和具备的精神之一,备战中考不仅需要勇气,更需要智慧,今天,我们就一起来探讨如何智慧应对2016年中考语文典型试题。

(一)晾晒成绩,对号入座

1.教师介绍试卷结构及总体答题情况

同学们,本套试卷卷一内容符合中考题型,包括四大版块:基础知识以及运用(23分)、古代诗词阅读(6分)、文言文阅读(15分)、现代文阅读(26分),这是对学生初中阶段语文学习综合能力的一次考察。下面我们来看一下咱们班这次总体答题情况。

[屏显:九(7)班卷一各部分成绩分析]

	积累与运用(23分)	古诗阅读(6分)	古文阅读(15分)	现代文阅读(26分)
最高分	20分	6分	13.5分	21.5分
平均分	15.1分	4.6分	8.7分	16.7分

学生对照“九(7)班卷一各部分成绩分析表”横向、纵向对比自己的得失情况。

2.教师引导学生分析各部分具体得分情况,表彰这次考试中涌现出来的优异之星和进步之星

九(7)班卷一考试成绩分析(70分)

[屏显:九(7)班考试成绩分析]

分数	70分	60~69分	50~59分	40~49分	30~39分	30分以下
人数	0	6	14	9	6	1
优异之星	齐白杰　孟　怡　刘思源　王珊珊　刘卓扬　王　浩					
进步之星	赵紫嫣　曾庆轩　杨　帆　罗　霄					

(二)依据成绩,分析得失

师:同学们,不忘初心,砥砺前行,为了更好的查缺补漏,下面我们对照“九(7)班卷一考试成绩分析表”横向、纵向对比自己的得失情况,剖析错误原因。

剖析错误原因:

1.学生个人剖析

2.小组讨论找规律

主要原因,学生归结为:

①基础知识不牢固,一些该得的分数没有得到。如按原文填空考查题、古诗词的赏析题还有不少人出错。

②平时归纳的做题方法没有及时掌握。学生面对似曾相识的问题,依旧出现审题、表达错

漏的现象,所以老师讲到的方法还要注重落实。

③最大的问题是学生不能深入文本,仔细探究,问题的答案仅仅停留在表面。学生筛选有效信息的能力比较差,把握不准一段话的重点,缺少一定的分析、整合的能力。

④思维不缜密,考虑问题不周到或语言组织能力不够,导致丢分很多。

师生共同总结本次考试呈现的优缺点:(屏显)

优点:

①卷面整洁、书写清楚工整。

②诗文默写得分率高、病句辨析掌握较好。

③说明文阅读理解不错。

④答题时间把握合理。

不足:

①知识掌握不扎实。

②审题不细心;答案不扣题点;要点不全面。

③缺乏依据考点答题的意识。

(三)探究典型,点拨指导

同学们,磨刀不误砍柴工,为了更好地查缺补漏,下面我们对这次考试中出现的典型试题失分严重的5题第(2)问、7题、19题、20题、21题进行探究,从中摸索并归纳解题方法,得出规律。

5题(2)为摸底中学生的心理健康状况,河北省基础教育质量监测与评价中心日前在唐山市10所中学对2 134名中学生进行了心理健康综合测评。下面是调查结果统计表,请用简洁的文字写出该图的主要信息。(3分)

唐山市中学生心理健康综合测评调查统计表

心理健康状况	所占比例	日常表现
心理健康状况非常好	2.06%	几乎表现不出不良情绪
心理健康状况良好	64.39%	有时会出现一些不良情绪或适应问题,但属于正常范围,不会对学习生活造成影响
心理健康状况不良	29.99%	焦虑情绪和适应问题已对学习生活造成影响
心理健康状况较差	3.56%	表现出较多的不良情绪和明显的适应问题

【直击考点】说明、归纳图表所反映的主要内容,并形成自己的认识。

【考题形式】用简洁的文字写出图表的主要信息。

【有效策略】看标题,知整体;析数据,找极端;得结论,要全面。

【拓展链接】2015年我国成年国民手机阅读内容调查表

内容	手机报	小说	游戏	QQ微信	博客微博	视频	邮件	学习工作
比例	34%	50%	33%	68%	24%	23%	8.2%	15.1%

要求:用简洁的语言写出该图表的主要信息。

7题:“金樽清酒斗十千,玉盘珍羞直万钱”两句描写了怎样的场面?作用是什么?(2分)

【考点直击】古代诗词阅读。
【考点分析】考查诗词的理解能力。
【解题思路】描绘了隆重而丰盛的宴会场面,反衬作者内心的苦闷以及抑郁茫然的心情。
【变式训练】“一题多点”“一点多题”
1.分析句中加点词“斗十千”“直万钱”的表达效果。
2.作者为什么在诗的前两句使用夸张的手法描绘隆重而丰盛的宴会场面?
3.修辞和表达情感角度赏析诗的前两句。

现代文阅读 19、20、21 题。

【考点直击】记叙文阅读。
【失分原因】知识点掌握不扎实,不能深入文本理解内容。
【有效策略】抓住知识点,守住基础,掌握方法。

20题:③④两段的划线句子中连用了四个“那么”,这样写有何用意?

运用反复的修辞,突出地表现了祖母和父亲昔日对我的关爱,以及“我”对他们深切的思念之情。

【失分原因】
(1)要点不全。
(2)修辞方法把握不准。
(3)不注重结合语境答题。
【答题技巧】铭记三种意识:原文意识、品读意识、要点意识。
【巩固迁移】

19题:联系上下文,简要赏析下面句子的表达效果。

“也像极了孩提时代每天傍晚到家看到的她,倚门龙钟,张望着孙子们晚学的归来”。动作描写,生动形象地写出了倚门张望等候孙子的祖母,身体衰老、行动不便的特点,表现了祖母对孙子们的关爱之情;进一步流露出我对祖母的思念之情。

21题:文章题目为《黄昏雨》,行文中也多次写到雨,这样安排有何用意?

①交代了当时的天气情况,渲染了迷蒙冷寂的氛围,烘托了“我”对逝去亲人的思念之情。

②前后呼应,使文章结构严谨。

【巩固迁移】审题不清,抓不准关键词。
【温馨提示】静心阅读,细致分析题干,严格围绕题干中的“关键词”确定答题点。

(四)当堂练习,巩固提高

请同学们找到《爱在身后二十米》做第3题、第4题。

3 题:结合语境,赏析文中第⑼段画横线的句子。(3 分)
4 题:第(5)段划线句子是什么描写,有什么作用?(3 分)

学生做题,教师巡视,学生展示答案,学生评价,教师点评。

(五)错题积累,温故知新

将典型错题及答策略整理在典型题集本上。

七、总结反思

【失分给你的启示】
【满分给你的经验】

八、结语激励

中考在即,箭在弦上,望同学们在以后的学习生活中做一名智慧型的考生,学在得法,贵在心悟,勤能补拙,不当学奴!

【板书设计】

有效策略:瞻前顾后,重语境
牢记题型,重题点
错题常看,重常识

铭记三种意识:原文意识,品读意识,要点意识

2015—2016 年第二学期摸底
九年级语文试卷讲评课说课

刘翠云

我说课的内容是 2015—2016 学年度第二学期摸底九年级语文试卷讲评课，作为毕业班的语文教师，我深谙高效教学是保证教学质量的生命线，尤其临近中考，更不应该让学生沉浸在题海中，课堂上老师又带着学生将试题从第一题开始对答案，一直到最后一题。我们应该注重引导学生做好类型题的比较，在比较中厘清答题思路，归纳答题方法，用方法指导实践，让高效学习法在探究中生成。

下面，我从试卷分析、教学目标、重点难点、教法学法、教学流程、教学理念等几个方面来具体谈谈本课的设计思路。

一、试卷分析

本节课的教学内容是九年级语文摸底试卷中“积累与运用”“阅读”这两部分典型试题。其中“阅读”部分既包括古代诗词阅读、文言文阅读，又包括现代文阅读，这几部分内容在知识上相互联系，既考查基础知识的积累与运用能力，又考查对文本的理解感悟能力。

本套试卷注重对学生基础知识、阅读理解、知识迁移能力、答题技巧、审题的考查，试题难易适中又有一定的梯度。

二、教学目标

知识与技能目标：通过典型试题剖析、点拨及策略提示，强化基础知识的积累，巩固答题策略，掌握复习方法。

过程与方法：提高分析、归纳能力，在反思交流中学会迁移、拓展。

情感态度和价值观：养成勤于思考、注重积累的良好习惯，培养持之以恒的精神。

三、教学重点、难点

(1)针对典型失分题，给予有效策略和解题方法指导。

(2)引导学生学会深入理解问题，准确把握考点，合理迁移变通。

其中，教学重点侧重答题方法的指导，而教学难点则侧重于如何让学生从难以理解和掌握的知识分析中养成良好的学习品质。

四、教法与学法

根据试卷考查的目标性，本节课我充分利用学生自学纠错、小组合作探究、教师点拨等方法体现教师主导、学生主体的课堂特点，努力使学生主动积极地参与到课堂学习活动中来。

五、教学流程

为了让学生清楚地了解自己在知识积累、能力培养、方法运用等方面的优势与不足，我根据摸底考试反映出来的具体问题，特将本节课设计为以下几个环节：

导入新课：我用“两军相逢勇者胜，勇者相逢智者胜”的亮剑精神导入，从而让学生明白备战中考不仅需要勇气，更需要智慧，在严峻的中考形势下应做一名智慧型考生。首先进入第一个环节：

（一）晾晒成绩

教师介绍试卷结构并屏显“九(7)班卷一各部分成绩分析”。学生深入思考并认真分析自己的情况对号入座。

教师引导学生横向、纵向比较分析自己答题的得失。表扬这次考试中涌现的优异之星和进步之星，激励这些孩子再接再厉，也为其余学生树立奋起直追的学习榜样。

（二）依据成绩，分析得失，剖析错误原因

学生先进行个人剖析，然后小组讨论找规律。我会勉励学生总结学习经验，力求择善而从，以亮剑精神迎接一个月之后的第一次模拟考试。

（三）探究典型，点拨指导

通过对典型试题失分严重的5题第(2)问、7题、19题、20题、21题进行分析。这个环节，老师先引导学生明确考点，然后进行探究，从中摸索并归纳解题方法，得出规律。接着进行“一题多点”“一点多题”的训练，从而培养学生举一反三的能力。对于现代文涉及的19题、20题、21题，教师先出示学生的答案，再出示标准答案，引导学生明白：要想阅读得高分就要静心阅读，仔细品读，答案尽量不脱离原文，并且有要点意识，答题要全面。

（四）当堂练习，巩固提高

在上面三个环节的基础上，我选择了叙事散文《爱在身后二十米》的3题、4题，将考点扩展、深化、增加难度，让学生在试题讲评中巩固所学的知识，开阔解题的思路，从而提升学习能力。

六、教学理念

本节课的设计思想是依据“三段·六重”讲评课模式，巩固双基，培养能力，总结解题的方法规律，学会对试题的变式。每个教学环节，注重对学生审题能力、答题技巧的点拨，让学生从始至终都明确“明考点、悉典例、重迁移、提能力”的学习目标，并且针对学生答题时脱离文本，思考不深，表述不准的实际问题，答题时要求学生应兼具三个意识“原文意识”“品读意识”“要点意识”，从而做到举一反三，融会贯通，提升能力！

2015—2016 年第二学期摸底九年级语文试卷讲评课课堂实录

刘翠云

一、教学过程

(一)情境导入

师:近段时间热播的电视剧《亮剑》,深深吸引了老师,“两军相逢勇者胜,勇者相逢智者胜”的亮剑精神不但是军人的军魂,更是我们学生应该学习和具备的精神之一,备战中考不仅需要勇气,更需要智慧,今天,我们就一起来探讨如何智慧应对 2016 年中考语文典型试题。

(屏显:“两军相逢勇者胜,勇者相逢智者胜”,做一名智慧型考生)

师:首先,让我们先来明确本节课的学习目标。(屏显)

学习目标:通过对典型试题剖析、点拨及策略提示,巩固答题策略,学会迁移、拓展,掌握复习方法。

生:齐读学习目标。

师:知己知彼,才能百战不殆,就让我们看看本次考试答题情况。(屏显:晾晒成绩,找准位置。知己知彼定目标)

(二)晾晒成绩,对号入座

师:介绍试卷结构。

同学们,本套试卷卷一内容符合中考题型,包括四大版块:基础知识以及运用(23 分)、古代诗词阅读(6 分)、文言文阅读(15 分)、现代文阅读(26 分),这是对学生初中阶段语文学习综合能力的一次考查。下面我们来看一下咱们班这次总体答题情况。

[屏显:九(7)班卷一各部分成绩分析]

卷一各部分成绩分析

	积累与运用(23 分)	古诗阅读(6 分)	古文阅读(15 分)	现代文阅读(26 分)
最高分	20 分	6 分	13.5 分	21.5 分
平均分	15.1 分	4.6 分	8.7 分	16.7 分

生:倾听、思考、分析。

师:分析完咱们班总体答题情况,咱们再来看一下各部分具体得分情况和这次考试中涌现出来的优异之星和进步之星。

[屏显:九(7)班考试成绩分析]

九(7)班卷一考试成绩分析(70 分)

分数	70 分	60～69 分	50～59 分	40～49 分	30～39 分	30 分以下
人数	0	6	14	9	6	1
优异之星	齐白杰　孟　怡　刘思源　王珊珊　刘卓扬　王　浩					
进步之星	赵紫嫣　曾庆轩　杨　帆　罗　霄					

师:同学们,卷一部分满分为 70 分,其中 60 分以上的共 6 人,他们是:齐白杰、孟怡、刘思源、王珊珊 、刘卓扬、王浩(获得优异之星的同学逐一站起来,其他学生鼓掌以示鼓励);跟上次考试相比,这次考试的进步之星是:赵紫嫣、曾庆轩、杨帆、罗霄(获得进步之星的同学逐一站起来,其他学生鼓掌以示鼓励)。

师:一分付出,一分收获,由于前段时间这些同学付出了努力,并注意了方法技巧,他们获得了成功,希望下次有更多的同学站在领奖台上!

(三)依据成绩,分析得失

师:同学们,不忘初心,砥砺前行,为了更好地查缺补漏,下面我们对照“九(7)成绩分析表”横向、纵向对比自己的得失情况。剖析错误原因:

学生个人剖析,写在卷子上。

同小组讨论找规律,然后派代表发言。

生 1:诗文默写,出现了错别字。记叙文阅读审题不细、不准。

生 2:前段时间没全力复习,懒散,导致诗词、文言文失分太多。

生 3:答题不严密,表达不准确,得分率不高。

师:刚才同学们剖析得很深刻,也很具体,希望你们能记住教训,吸取他人的优点,迎接一个月之后的第一次模拟考试。下面我们一起来总结本次考试呈现的优缺点:(屏显)

优点:

①卷面整洁、书写清楚工整;

②诗文默写得分率高、病句辨析掌握较好;

③说明文阅读理解不错;

④答题时间把握合理。

不足:

①知识掌握不扎实;

②审题不细心,答案不扣题点,要点不全面;

③缺乏依据考点的答题意识。

(四)探究典型,点拨指导

同学们,磨刀不误砍柴工,为了更好地查缺补漏,下面我们对这次考试中出现的典型试题失分严重的5题第(2)问、7题、19题、20题、21题,进行探究,从中摸索并归纳解题方法,得出规律。

[屏显:5题(2)]

5题(2)为摸底中学生的心理健康状况,河北省基础教育质量监测与评价中心日前在唐山市10所中学对2 134名中学生进行了心理健康综合测评。下面是调查结果统计表,请用简洁的文字写出该图的主要信息。(3分)

唐山市中学生心理健康综合测评调查统计表

心理健康状况	所占比例	日常表现
心理健康状况非常好	2.06%	几乎表现不出不良情绪
心理健康状况良好	64.39%	有时会出现一些不良情绪或适应问题,但属于正常范围,不会对学习生活造成影响
心理健康状况不良	29.99%	焦虑情绪和适应问题已对学习生活造成影响
心理健康状况较差	3.56%	表现出较多的不良情绪和明显的适应问题

(学生阅读思考并解答此题)

师:好,我们来看看此题考查的是什么考点?

生:《中考说明》第4页,综合性学习第3点"说明、归纳图表所反映的主要内容,并形成自己的认识"(屏显)【直击考点】说明、归纳图表所反映的主要内容,并形成自己的认识。

师:考题的形式呢?

生:用简洁的文字写出图表的主要信息(屏显)【考题形式】用简洁的文字写出图表的主要信息。

师:我们来看一下这几位同学的答案。

生1:唐山市中学生大多数学生心理健康状况良好。

生2:心理健康状况非常好和状况较差的学生不多。

生3:心理健康状况非常好的占2.06%,心理健康状况较差的占3.56%。

(其他学生阅读思考以上答案)

师:我们再来看一下所给答案:(屏显)

唐山市中学生大多数学生心理健康状况良好(1分);心理健康状况非常好和较差的学生极少(1分);同时有将近1/3的学生心理健康状况不良(1分)。

师:思考"生1""生2"的答案为什么得1分,"生3"为什么不得分?

生:"生1""生2"的答案不全面。"生3"既不全面,又出现了数字。

师:好,同学们分析得非常好,对于这类图文转换的题,作答时,我们应注意:首先读表头,了解整个图表的内容;然后再分析数据,找极端值;得结论时,要全面,不要丢"点"。切记:不要用表中的数字来回答。

【有效策略】(屏显)

①看标题,知整体

②析数据，找极端

③得结论，要全面

师：我们来做道题，巩固一下。（屏显）

【拓展链接】2015年我国成年国民手机阅读内容调查表

内容	手机报	小说	游戏	QQ微信	博客微博	视频	邮件	学习工作
比例	34%	50%	33%	68%	24%	23%	8.2%	15.1%

要求：用简洁的语言写出该图的主要信息。（学生阅读思考并解答此题）

生：我国成年国民手机阅读内容丰富，以娱乐、消遣为主，阅读与工作、学习培训的人数较少。

师：同学们的悟性真高！解答此类题时，一定要纵向、横向比较，结论要全面。

师：下面，我们来看第7题"金樽清酒斗十千，玉盘珍羞直万钱"两句描写了怎样的场面？作用是什么？此题考查的是哪个考点，如何确定解题思路？

屏显：7题"金樽清酒斗十千，玉盘珍羞直万钱"两句描写了怎样的场面？作用是什么？

生：《中考说明》第2页，古代诗词阅读中对诗词名句的理解能力。

［屏显：**【**考点直击**】**古代诗词阅读。］

【考点分析**】**考查诗词的理解能力。

师：谁来解答此题？

生：描绘了隆重而丰盛的宴会场面，反衬作者内心的苦闷以及抑郁茫然的心情。

师：同学们，老师想问一下，这个考点，除了这种问法，还有其他的考法吗？（学生思考拟题）

生1：分析句中加点词"斗十千""直万钱"的表达效果。

生2：作者为什么在诗的前两句使用夸张的手法描绘隆重而丰盛的宴会场面？

师：同学们拟得非常棒，我们平时在识记知识时，不能死记硬背，要培养自己举一反三的能力，并注意"一题多点""一点多题"的训练。

［屏显：**【**变式训练**】**"一题多点""一点多题"］

(1)分析句中加点词"斗十千""直万钱"的表达效果。

(2)作者为什么在诗的前两句使用夸张的手法描绘隆重而丰盛的宴会场面？

(3)试从修辞和表达情感角度赏析诗的前两句。

师：刚才，我们探究了两道题，老师从你们的表情上看到了豁然开朗的神情，下面我们来看现代文的答题情况及应对措施。

［屏显：现代文阅读：］

20题第③④两段的划线句子中连用了四个"那么"，这样写有何用意？

师：看此题考查的是哪个考点？如何确定解题思路？

生:《中考说明》第2页,了解常见的修辞方法,体会它们在具体语境中的表达效果。

师:我们来看一下两位同学的答案。

[屏显:生1:写出了祖母和父亲的慈祥、亲切。]

生2:运用排比的修辞,写出了祖母和父亲的慈祥,加强语气。]

师:我们再来看看参考答案:

[屏显:运用反复的修辞,突出表现了祖母和父亲昔日对我的关爱,以及我对他们深切的思念之情。]

师:他俩失分的原因是什么?

生1:答案太简单,要点不全。

生2:修辞方法辨析不对。

生3:不注重结合语境答题。

师:因为我们在做现代文阅读时,知识点掌握不扎实,不能深入文本理解内容,才导致失分。那么,在今后的练习中,我们应注意什么呢?

[屏显:【有效策略】瞻前顾后,重语境;牢记题型,重题点;错题常看,重常识。]

师:同学们,做阅读时一定要仔细品读题干所涉及的文段,快速准确把握中心,然后再依据题干中的关键词确定答题点。再来看一下19题。

19题:联系上下文,简要赏析下面句子的表达效果:也像极了孩提时代每天傍晚到家看到的她,倚门龙钟,张望着孙子们晚学的归来。

(学生思考)

生1:这是一道赏析题,赏点是比喻,写出了祖母的衰老,表现了我对祖母的爱。

生2:我认为不是比喻,回归原文可见。应该从动作描写的角度赏。

师:好,同学们,回原文,再仔细品读句子所在的段落,哪个赏点对?生异口同声:动作描写。

师:仔细品读内容及情感。

生:回原文,默读。

生1:写出了祖母的衰老,但表现的不是"我对祖母的爱"而是祖母对孙子们的关爱之情,我对祖母的是思念之情。

师:一起来看一下答案。

[屏显:动作描写,生动形象的写出了倚门张望等候孙子们的祖母身体衰老,行动不便的特点;表现了祖母对孙子们的关爱之情;进一步流露出我对祖母的思念之情。]

师:好,真不错!渐入佳境了。同学们,做阅读分析题时,一定要注意回归文本,从文字中体悟作者的情感。除了要有原文意识之外,答题时还要分清答案要点,要具备要点意识。

[屏显:铭记三种意识:原文意识,品读意识,要点意识。]

师:让我们带着这三种意识,做21题。

21 题：文章题目为《黄昏雨》，行文中也多次写到雨，这样安排有何用意？

师：细读题干，回归原文，再次品读原文，把写雨的地方勾画出来，思考作者这样安排的用意。

生：品读文章，勾画。

师：我看很多同学都完成了，谁先说？

生 1：这道题考查的是体味和推敲重要词句在具体语言环境中的意义和作用。

“雨”是环境描写，所以我考虑的是环境描写的作用。当时的天气是下雨天，并且是祭祀时，所以渲染了冷寂的氛围，衬托我对亲人的思念。

生 2：老师，题干中有“多次”，所以雨是不是线索？

师：同学们认为呢？

生 3：不能做线索，因为雨在第三段才出现，线索必须贯穿于整篇文章的思路，脉络。

师：确实动脑思考了。

[屏显：线索：是叙事性文艺作品中贯穿整个情节发展的脉络。它把作品中的各个事件连成一体，表现形式可以是人物的活动、事件的发展或某一贯穿始终的事物。]

师：还有其他的用意吗？题干中为什么提到多次？再次读写雨的句子。

生：第一次在第 3 段：“黄昏时候，门外的雨下起来了，丝丝缕缕，沥沥淅淅的。在这飘忽氤氲的雨雾里，惺忪睡眼中，我仿佛看到了逝别多年的祖母。”

第二次在第 4 段：“在这飘忽氤氲的雨雾里，惺忪睡眼中，我仿佛也看到了逝别短暂的父亲。”

第三次在第 5 段：“天色这时也暗下来，交缠纷飞的黄昏雨更模糊朦胧了，渐渐融入夜里……”

师：可以从情节上考虑。

生：前呼后应，推动情节发展。

师：思考得很仔细，很认真。我们来看一下答案。（屏显）

①交代了当时的天气情况，渲染了迷蒙冷寂的氛围，烘托了“我”对逝去亲人的思念之情。

②前后呼应，使文章结构严谨。

师：同学们做阅读时，应细致分析题干，过好审题关，落笔时严格围绕题干中的“关键词”确定答题点。

（五）当堂练习，巩固提高

请同学们找到《爱在身后二十米》并做第 3 题、第 4 题。

3 题：结合语境，赏析文中第⑨段画横线的句子。（3 分）

当父亲脱下长裤的一刻，我瞥见他的右腿上，有一块长长的伤疤，像一只黝黑的壁虎伏在腿上，特别的刺眼。

4 题：第（5）段划线句是什么描写，有什么作用？（3 分）

黑漆漆的夜，天边悬挂着两三颗孤星，阵阵山风吹过，让人不寒而栗。偶尔有一两声动物的嚎叫传来，尖锐而凄厉。

师:同学们做得差不多了,谁来展示一下?

生1:运用了比喻的修辞方法,把"伤疤"比作"黝黑的壁虎",表达了我对父亲的心疼和怜惜之情,突出表现父亲对我深沉的爱。

生2:我认为应该加上"写出了伤疤的形状长"。

师:真不错!答这样的题时一定要注意句子所写的内容,再考虑情感。

生3:运用了比喻的修辞方法,把"伤疤"比作"黝黑的壁虎"生动形象地写出父亲腿上伤疤既长又深,表达了我对父亲的心疼和怜惜之情,突出表现父亲对我深沉的爱。

师:不错!我们来看下一题。谁来?

生1:环境描写,交代了我上学山路的漆黑艰险,渲染了恐怖、孤寂的气氛,烘托了"我"紧张、害怕的心理。

生2:老师,此段描写在文章的开始部分,我认为这段描写还有情节结构上的作用,因为天黑,所以才有父亲送我上学这个情节,应该为下文这个情节做铺垫。

师:不愧是一号选手,答得真全面。

这段描写确实有这个作用。所以答句子的作用时应从内容和结构两个方面考虑。所以答案是:环境描写,交代了我上学山路的漆黑艰险,渲染了恐怖、孤寂的气氛,烘托了"我"紧张、害怕的心理。为下文父亲偷偷送我上学的情节以及抒发我对父亲的感激和忏悔之情做铺垫。

师:同学们,我们在做阅读答案时要注意全面,要有要点意识,不给阅卷老师任何减分的机会,只要我们用心,坚持练习,找到方法,我们每个同学都能做到刘卓扬同学这样!

(六)错题积累,温故知新

师:将典型错题及答题策略整理在典型题集本上,为我们及时的温故知新助力。

二、总结反思

师:同学们,经过对这几道典型试题的分析,我们有什么收获呢?

生1:做题时,要静心阅读,答案尽量不脱离原文,要有要点意识,要全面。

生2:深入理解文本,在理解的基础上记忆,举一反三,融会贯通。

生3:重视常识性知识。

师:同学们分析得都很细致、深刻,以后做阅读时应静心阅读,细致分析题干,过好审题关,落笔时严格围绕题干中的"关键词"确定答题点,并且组织答案时应铭记三种意识:原文意识、品读意识、要点意识。

三、结语激励

师:中考在即,箭在弦上,望同学们在以后的学习生活中做一名智慧型的考生,学在得法,贵在心悟,勤能补拙,不当学奴。下课!

2015—2016 年第二学期摸底九年级语文试卷讲评课教学反思

刘翠云

2015 年 4 月，我校开始进入语文试卷讲评课的实践阶段，张桂增、刘蕊两位青年教师首次进行了尝试，当时听课时，边听边思考张校长提出的“三段 · 六重”的模式导向，后来又由其他老师进行了三次实践，县、市专家进行了指导，“三段 · 六重”的模式趋于完美，三次听课、评课过程中感触颇深，感觉此课型非常适合自己所教的九年级下学期的语文课，因为此阶段进入总体复习阶段，开始做各县市的模拟题、各省市的中考题。我豁然开朗，此阶段的每节语文课不就是试卷讲评吗？从而开始在自己的语文课堂中进行尝试。

2016 年 4 月 15 日，我有幸参加了此阶段的试卷讲评课，围绕“三段 · 六重”的模式，并结合自己的教学实践，确定了自己本节课的教学环节和教学重点。上完课后，感觉自己从身体到灵魂，都受到了一次洗礼，那是思想理念的转变，更是业务水平的提高。

一、视野开阔了，掌握了更高的教学技能

此次的活动对我来说，是一次历练的过程，是一个新教学理念学习与旧教学理念碰撞与融合的契机。

试卷讲评课主要针对考试中出现的有共性的典型错误，通过评讲查“病情”，找“病源”，从而达到提高学生辨析能力的目的。在讲评方法上强调学生的积极参与，教师通过提问、设疑，帮助学生弄清楚错误根源。典型解剖的发散性讲评针对试卷中具有较大灵活性和剖析余地的典型试题，做进一步“借题发挥”，引起学生思维的发散，开拓视野，发散性讲评倡导一题多解，倡导从多角度思考分析问题。同时重视介绍解题者运用了哪些技巧和方法，进行了怎样的分析才完成了知识的迁移。这样就得让自己抛弃原来的教学理念，从学生实际出发，引导学生依据《文化课考试说明》，寻找每类题的答题规律，总结出各类题的答题技巧，从而让学生有规律可循，提高了学生的阅读能力，自己的教学技能在不知不觉中也提升了很多。

二、既节省了时间又有针对性，提高了课堂效率

叶圣陶先生曾说：“教是为了最终达到不需要教。”为了达成这个目标，教学不光是简单的传授知识，更需要教学生掌握方法，学会学习，不能只让学生“学到什么”，还要让学生“学会学习”，学生掌握了方法，终身受用，可以自己获取知识。“三段 · 六重”的试卷讲评课模式，就是侧重积极创造条件，为学生搭建交流的舞台，以发挥学生的主体作用。采用自主、合作和探究的学习方式，多让学生自己讲，要给学生表述思维过程的机会，增加教师与学生、学生与学生讨

论问题的时间；允许学生对习题的"评价"做出"反评价"。本题是怎么考的？解题的突破口在哪里？解题的最佳途径是什么？分析问题的思路要规范，这样才能更好地培养学生的解题能力，所得出的规律都是学生通过分析得出的，而不是教师强灌给学生的，这样既节省了时间又有针对性，提高了课堂效率，也提高了学生的成绩。

总之，这节试卷讲评课使我明白了自己在教学中的不足，明确了今后努力的方向，让我在提升能力的同时，更加坚信：在教学中思考、在实践中研究、让自己处于不断探索与追求的过程之中，这将是我今后所追求的目标。

2015—2016 年第二学期摸底九年级语文试卷讲评课教案

张桂增

一、教学目标

(一)知识与能力

在自我纠错和反思中强化基础知识积累,提高学生的分析、归纳能力。

(二)过程与方法

通过典型试题剖析、点拨,巩固答题策略,学会迁移拓展,掌握复习方法。

(三)情感态度与价值观

养成勤于思考、注重积累的良好习惯,培养持之以恒的精神。

二、教学重点

通过典型试题剖析、点拨,巩固答题策略,学会迁移拓展,掌握复习方法。

三、教学难点

引导学生学会深入理解问题,准确把握考点,合理迁移变通。

四、教学时数

1 课时。

五、教学过程

(一)晾晒成绩,找准位置

[屏显:出示统计表:]

表1 九(4)班摸底考试语文成绩分析表

分数	100分以上	90～100分	80～90分	70～80分	60～70分	60分以下
人数	2	8	9	9	4	5
优异之星	张东晨1　蔡江滢1　孟维佳6　李小潼9　孙雅馨11　郭怡明36 (姓名后的数字为该生单科语文成绩的年级名次)					
进步之星	赵晨　艾梦彤　王祎　董佳欢　张彬					
平均分	76.68分		难度系数	0.62		

表2 试卷各部分成绩分析

项目内容	知识积累与运用	古诗阅读	古文阅读	现代文阅读
满分	23分	6分	15分	26分
最高分	21分	6分	12分	25分
平均分	16.1分	3.8分	6.7分	23分

(二)依据成绩,分析得失

进　步	不　足
1. 卷面整洁度、书写水平提高了 2. 诗文默写、病句辨析得分率高 3. 说明文的阅读理解水平总体进步大 4. 答题时间把握合理	1. 知识掌握不扎实 2. 审题不细心,答案要点不全 3. 缺乏依据考点答题的意识

(三)探究典型,点拨提升

[屏显:第5题第(2)小题]

唐山市中学生心理健康综合测评调查统计表

心理健康状况	所占比例	日常表现
心理健康状况非常好	2.06%	几乎表现不出不良情绪
心理健康状况良好	64.39%	有时会出现一些不良情绪
心理健康状况不良	29.99%	已对学习生活造成一些影响
心理健康状况较差	3.56%	较多的不良情绪

【直击考点】说明、归纳图表所反映的主要内容,并形成自己的认识。

【考题形式】用简洁的文字写出图表的主要信息。

【技巧点拨】1.看标题、知整体

2.析数据、找极端

3.得结论、要全面

【巩固练习】用简洁的语言写出该图的主要信息。

2015年我国成年国民手机阅读内容调查表

项目	手机报	游戏	QQ、微信	视频	学习、培训	工作
比例	6.7%	16.9%	56.0%	18.6%	0.8%	1%

[屏显:第7题]

“金樽清酒斗十千,玉盘珍羞直万钱”两句诗描写了怎样的场面?作用是什么?(2分)

【直击考点】理解作品的基本内容和作者所表达的情感。

【变式训练】体验“一题多点”和“一点多题”。

1.分析句中加点词“斗十千”“直万钱”的表达效果。

2.作者为什么在诗的前两句使用夸张的手法描绘隆重而丰盛的宴会场面?

3.从修辞和表达情感角度赏析诗的前两句。

[屏显:第20题]

第③、④两段的划线句子中连用了四个“那么”,这样写有何用意?(3分)

生1:生动形象地写出了祖母和父亲的慈祥、亲切。

生2:运用排比修辞,写出了祖母和父亲的慈祥,加强了语气。

生3:运用反复修辞,突出地表现了祖母和父亲昔日对我的关爱,以及“我”对他们深切的思念之情。

【失分原因】

1.要点不全。

2.修辞方法辨识错误。

3.不注重结合语境答题。

【直击考点】体味和推敲重要词句在具体语言环境中的意义和作用。

【同点迁移】联系上下文,简要赏析下面句子的表达效果。

例句:“也像极了孩提时代每天傍晚到家看到的她,倚门龙钟,张望着孙子们晚学的归来。”

答案示例:运用动作描写,生动形象的写出了祖母的身体衰老、行动不便的特点,表现了祖母对孙子们的关爱之情;进一步流露出我对祖母的思念之情。突出了文章的主旨。

[屏显:第21题]

文章题目为《黄昏雨》,行文中也多次写到雨,这样安排有何用意?(3分)

答:①交代了当时的天气情况,渲染了迷蒙冷寂的气氛,烘托了“我 ”对逝去亲人(祖母、父亲)的思念之情。

②前后呼应,使文章结构更严谨。

【失分原因】审题不清,抓不准题干中的关键词。

【温馨提示】

1. 静心阅读,细致分析题干,严格围绕题干中的"关键词"确定答题点。

2. 铭记三种意识:原文意识,品读意识,要点意识。

(屏显:学在得法　贵在心悟　勤能补拙　不当学奴)

(四)当堂练习,巩固提高

教师出示类似试题,学生练习并选择性展示。

(五)布置作业

将典型错题及答题策略整理在典型题集本上。

(六) 教师寄语

考后多一分总结,考场少十分迷惘,勤奋是进步者的阶梯。

【板书设计】

"山重水复疑无路,柳暗花明又一村。"

积累、分析、归纳、策略、迁移、拓展、方法

2015—2016年第二学期摸底九年级语文试卷讲评课说课

张桂增

一、说教材

本节课的教学内容是九年级摸底考试语文试卷中“基础知识”“古诗词阅读”“现代文阅读”这几部分的典型试题。这几部分内容在知识上既相互联系又考点相通，既注重考查学生对基础知识的积累与运用，又渗透了审题和答题技能与技巧。

本套试卷注重对学生基础知识、阅读理解、知识迁移能力、审题及答题技巧的考查；重在考查学生综合理解与运用能力。

二、说教学目标的确定

(一)教学目标

包括知识与技能、过程与方法和情感态度三个方面：

(1)在自我纠错和反思中强化基础知识积累，提高学生的分析、归纳能力。

(2)通过典型试题剖析、点拨，巩固答题策略，学会迁移拓展，掌握复习方法。

(3)养成勤于思考、注重积累的良好习惯，培养学生持之以恒的精神。

我认为本节课的教学目标比较符合新课标的要求，更加切合本班不同层次学生的实际特点。

(二)教材的重点、难点

(1)针对典型失分题，给予有效策略和解题方法的指导。

(2)引导学生学会深入理解问题，准确把握考点，合理迁移变通。

教学重点侧重答题方法的指导，而教学难点则侧重从学生难以理解和掌握的知识分析中养成良好的思维习惯。

三、说学生

九年级第二学期开学一个多月以来，语文的阶段性复习使学生积累了一定的知识与答题经验。在平日多次考试讲评、巩固复习的基础上，学生有了对中考考点比较深刻的感知。学生要想顺利答好试卷，必须从审题、考点归类、题型归类等方面进行归纳、总结。

这次摸底考试，从试卷答题情况和失分率较高的试题分析，学生出现了好、中、差比例悬殊的情况。

四、说教法与教学手段

根据试卷考查的目标性，我采取了教师归纳失分原因、出示考点、引导总结答题策略等环节和步骤带领学生分层次的解读试卷，分析出题意图，然后让学生独立思考，再汇报讲解，从而展示自己的见解。这样，"教师先教先引路""学生后学后展示"的思路使得学生更主动、更积极地参与课堂学习，提高了课堂学习的效率。

五、说教学过程

根据摸底试卷反映出来的问题以及学生得分、失分的不同情况，为了进一步让学生清楚地了解自己存在的问题、自身的优势，我特将本节课的教学环节设计成如下几个环节：第一，晾晒成绩、找准位置；第二，依据成绩、分析得失；第三，探究典型、点拨提升；第四，当堂练习、巩固提高；第五，布置作业；第六，教师寄语。

这几个环节的设计紧紧抓住了学生的心理特点，同时也遵循了知识由易到难、考查点由少到多的试题结构特点。

六、说教学效果的预测

教学效果是教学目标的归宿和体现。教学效果的预测，既是教师实现教学目标的期望，又可实现教学目标的自我把握。我认为，学生在本节课上对自己本次考试的得失和答题情况等方面会有基本的把握与总结。特别是借助课前下发的答案，学生们会对自己的基础知识、审题、答题要点、答题技巧等有较深入的发现与归纳。同时通过小组讨论、合作探究、自主反思，学生会巩固答题技巧、提高审题能力、积累考试经验，也会对自己有横向、纵向的剖析，从而提升总体答题的能力。

2015—2016 年第二学期摸底
九年级语文试卷讲评课课堂实录

张桂增

【上课伊始，师生问好。教师、学生共同欢迎前来莅临指导听课的老师。】

一、教学过程

（一）情境导入

欣赏歌曲《相信自己》。

学生齐读《相信自己》的歌词：相信自己，你将赢得胜利，创造奇迹。相信自己，梦想在你手中，这是你的天地。相信自己，当这一切过去，你们将是第一。

师：相信自己！请同学们给自己第一次激励的掌声，好不好？走进本次摸底考试的语文试卷，走进这个小天地，相信同学们会和我一样感受到这份试卷带给我们答题、审题能力上的训练与提高。下面请同学们齐声朗读本节课的学习目标。

生：齐读"教学目标"。

（二）晾晒成绩，找准位置

师：带着这些目标，下面我们看一下，本次考试我们九(4)班的成绩情况。请同学们结合成绩分析，找准自己的位置，为我们下一次一模考试储备方法和技巧。[屏显]

师：首先是九(4)班的班级成绩按分数段得出的信息：100 分以上 2 人，接下来，10 分一段，依次为 8 人、9 人、9 人、4 人、5 人。那么我要着重表彰的是取得比较优异成绩的这些同学。我在他们名字后面注上了单科语文成绩在年级的排名。张东晨 1，蔡江滢 1，孟维佳 6，李小潼 9，孙雅馨 11，郭怡明 36。成绩优异，离不开自己的努力。还有一部分同学在语文学科上有很明显的进步，老师非常的欣慰，也替你们感到高兴。他们是赵晨、艾梦彤、王祎、董佳欢、张彬。我们祝贺他们！希望他们再接再厉！

师：本套试卷班级取得的平均分 76.68 分。难度系数 0.62。下面是我们本套试卷前四部分的得分情况：第一部分知识积累与运用，最高分为 21 分，接下来的三部分，依次为 6 分、12 分、25 分。每部分的平均分依次为 16.1 分、3.8 分、6.7 分、16.9 分。请同学们找准自己的目标。

（三）依据成绩，分析得失

师：取得了成绩，无论是进步还是退步，这是正常。但是在平时学习中我也看到了很多同学为了语文学习付出的努力。下面我们有请试卷四部分考取状元的同学分别到台前来分享他们的成功经验。下面我们欢迎第一部分的状元。

蔡江滢同学发言：第一部分我得分是21分。我认为我的进步，主要体现在以下三个方面。第一，我非常注重平时的积累。例如，试卷上第三题我将例句整理在了积累本上。有记叙文第一自然段"钱匣、臃肿、轮廓"以及第三自然段"氤氲"，还有第五段的"濡湿"，这些都是非常好的词。第二，我认为我的成绩还体现在每天都非常注重对作业的完成。我把每一次作业当成是考试来对待。针对病句和句子排序，还有综合性实践这类题，我注重把它们分散到每一天的复习中。如果有难懂或者不会的题，当天我会找老师问清并弄懂。这就是我认为我第一部分得高分的原因。谢谢大家！

艾欣宇同学发言：老师、同学们，大家好！这次我古诗阅读得了满分。这是我上初三以来第一次的满分，我感觉非常高兴。比起我以前的复习，我感觉我对古诗的理解有了进步和提升。以前我就是以背为主，现在老师常强调理解要深、要准。所以，现在我特别注重老师课堂上的讲解与分析。请老师相信我，我不会自满的。

郭怡明同学发言：老师、同学们，大家好！虽然这次古文部分我是咱们班最高分，但是我还有很多不足。通过这次考试的第十题和第十一题，我明白了自己的不足。比如第十一题中的"绝"字就让我明白了自己在平时不重视回归课本，不重视基础知识的积累。在今后的复习中，我会打牢自己的基础，虚心接受老师的意见，争取让自己的基础题不再丢分。谢谢大家！

孟维佳同学发言：老师、同学们，大家好！我的现代文阅读在记叙文部分失分较多。在考场上答题时，我很不自信。加上时间紧，后面又要写作文，所以我在基础部分失分较多。在下一阶段的复习中，我一定要做到老师所说的"眼愁手不愁"。不仅要在课堂上认真听老师讲解，还要在课下多做题，谢谢大家！

师：希望同学们借助他们的发言，从中能够反思自己。下面我们看一下本班这次在试卷答题总体状况上出现的一些进步。

第一，卷面整洁度、书写水平提高；第二，诗文默写、病句辨析得分率高；第三，说明文阅读理解总体进步大；第四，答题时间把握合理。这些都是我们进步比较明显的方面。

不足之处：第一，知识掌握不扎实；第二，审题不细心，答题不扣题点，要点不全面；第三，缺乏依据考点答题意识。面对我们的不足，老师选取了几个典型的试题。希望给你们及时点拨的同时能够提高你们答题审题的能力。

师：现在同学们准备好了吗？

生：准备好了！

(四)探究典型，点拨提升

师：接下来看一下试卷上的第五题的第(2)题。教师出示第五题第(2)题。在《中考考试说明》中，我们把此类题定义为什么考点？请同学们看屏幕，大家齐读。

全体同学齐读第五题第(2)题所展示出的"直击考点"这部分内容。

师：面对这样的考点，我们应该怎样去作答？请同学们看一看，这类考题的出题形式。

李小潼同学读"考题形式"。

师：审题抓哪个关键词？下面我们一起操练一下。这个表格给了我们哪些结论。请同桌，前后四人一组去研究它给我们的参考答案。结合着分值请从答案中发现答题的玄机和秘密。

学生四人一组，共同讨论研究合作。

师：董硕，首先说说你的发现。

董硕同学发言。

师：“大多数”这一结论是如何从表中发现的呢？

艾梦彤发言

师：从哪里知道的“一小部分”？

孙雅馨同学发言。

师：既然为参考答案，它仅供我们参考，我认为它还少一点。举个例子，我让同学参观我们九(4)班。同学们非常乖地推门而入，进来后就认真地参观。但有一个人很有智慧，他不先进来，而是留在了外面。他先注重看了一下整体，请你理解我举这个例子的用意。表中的数据，同时反映了一个关于表的整体上的什么问题？

张东晨同学发言。

师：根据刚才几位同学的答题，在你们重温了考场上答题思路的同时，我给大家总结了一下本题的答题技巧。请同学们看一下这句近乎于顺口溜似的“三步走”答题方略。

教师出示“技巧点拨”：(1)看标题，知整体；(2)析数据，找极端；(3)得结论，要全面。

学生齐读“技巧点拨”。

师：今天，老师教给了你一把钥匙。你明天就要有勇气去用它。下面我给大家一个新的考题。你能不能根据“三步走”答题方略来看一下本题可以得出什么样的结论？(教师引导学生逐一发现表中所体现的结论。)

教师出示第七题。刚才艾欣宇同学在发言时有一句话让我深有感触。“这一次的满分在我上初三以来是第一次。”可见古诗词部分是我们同学的“老大难”。课下好好背，课上好好写，考试就是没得高分。下面我们来看第七题，它会给同学们带来哪些收获呢？大家首先齐读第七题的问题。

师：读完题目之后，我们头脑中要呈现这本书《中考考试说明》。我们应该快速定位本题，它触及的考点是什么？

学生齐读“直击考点”内容。

教师引导学生解读考点。

王佳音发言。

师：这就是中考命题人给我们呈现的“一题多点”“一点多题”，这意味着试卷上同一个考点可以有不同的问法。

蔡浩然同学将课下自己修改的答案念给大家。

张东晨展示新问法。

郭怡明对其修正。

董佳欢、邱熙平、李小潼发言。

教师展示示例。

总结：如果同学们能够掌握变式摸透出题人的心理，这也是我们提高做题能力、提高成绩的训练点。了解了考题可以变式，大家会感觉有些题不是我们不会变通，而是我们在答题时没有掌握方法。其实“一题多点”“一点多题”完全可以渗透到现代文的主阵地中去。

教师出示 20 题。

师:对于20题我找来了咱们班三个同学的不同答案。对于第一位同学的答案,如果你做阅卷老师,你打算给几分呢?

同桌之间展开探讨交流。

杨澜同学评析。

蔡江莹同学评析。

师:第一位同学的答案少了两点分别是角度和情感。对于修辞,许多修辞有着共有的表达效果,比如说形象生动。而有些修辞,也有着它独有的魅力,如对偶、排比。老师教给过大家"三字品"的答题原则。即"看""读""品"。

出示第二位同学的答案,学生评析。

出示第三位同学的答案,学生齐读。

师:同学们,不但会把试题变式,现在也会审答案了。那么,考考自己,给你一个问题,你能不能准确审好题?

教师出示"失分原因"和"直击考点"。

学生读"失分原因"。对考题进行"同点迁移"。

师(出示21题):这是我们班失分率最高的一个题。

教师展示答案。

师:本题答案是从几个点进行组织回答的?为什么我们需要从两个方面来回答?引导学生抓"多次""雨"这些关键词。

师:审题不清,抓不住题干的关键语,怎么办呢?我给大家温馨提示一下。它没有固定策略,它没有刻板的技巧,它只有"一颗心"。有了考场上静下来阅读的"一颗心",有了考场上细致读题干、审题干的"一颗心",有了严格答题、落实关键词、组织要点的"一颗心""三心合一"就能怎么样呢?对!就能得高分。(教师出示"温馨提示")

学生齐读。

师:一份温馨的提示,还要铭记三种答题意识——原文意识、品读意识、要点意识。同学们找到试卷记叙文三、四两个自然段,品读四个"那么"词语的时候已经知道答题点要紧扣情感,品味出"我"对祖母和父亲的思念之情。那么,我们现在开始去品读。

孙雅馨同学品读示范。

董硕同学品读。

教师点拨:同学们在读的时候一定要站在"我"的角度体会"我"对外婆和父亲的情感。

(五)当堂练习　巩固提高

教师出示类似试题,学生练习并选择性展示。

(六)布置作业

将典型错题及答题策略整理在典型题集本上。

(七)教师寄语

考后多一分总结,考场少十分迷惘,勤奋是进步的阶梯。

2015—2016年第二学期摸底九年级语文试卷讲评课教学反思

张桂增

我们的课堂教学主要包括新授课、复习课、讲评课三大主要课型。新授课是学习知识、培养能力的过程。复习课是巩固知识、提升能力的过程。而讲评课则是通过对阶段性检测结果的讲评实现对新授课、复习课两个阶段学习效果的评价，进而肯定前期教与学过程中师生双边的正确因素，纠正师生在教与学过程中的偏颇，保障后续教师的教与学生的学更顺畅、更高效。

讲评课包括三个阶段：课前、课中、课后，即"三段"。讲评课的课堂更加注重教师对知识的教授、对学生的学法指导，侧重巩固与指导每个环节，课堂中更讲究过程的"六重"，即重归因、重方法、重过程、重激励、重典型、重迁移。

为了提高讲评课的效率，我在本节课的"课前阶段"努力做了三个精心准备，即试卷分析、数据统计和习题精选。

在对试卷进行"两纵两横"分析时，我首先依据这次考试的学生成绩纵向分析学生，找出好、中、弱不同层次的学生的共性。接着我又查找分析了同一层次学生呈现的共性问题，如基础知识掌握不牢、答题不会仔细审题、答题时缺乏要点意识等问题；对同一层次的学生进行横向比较时，我又发现了他们在答题时存在的个性问题，使我在精选习题和课堂提问时更有针对性，再一次纵向分析试题反应的知识点、考查角度、提问形式；横向找出学生存在的漏洞，从而筛选出试卷中典型的问题，作为我本节课重点要突破的问题。

课前，我绘制了错题统计表，并依据这个表所反映出的问题设计了"九(4)班摸底考试语文成绩分析表"和"试卷各部分成绩分析表"。将学生的成绩所处分数段和每部分得分情况呈现在表格中，让学生能结合表格进一步找出自己存在的个性问题，这样我不仅比较精准地掌握了学生的答题情况，也使学生课上的学习变得有的放矢。

课中阶段是讲评课最核心的环节。我分别围绕班级成绩、本次考试优点及不足、难度系数、年级情况等方面做出了整体分析，让学生找准自己的位置。在对每道典型试题讲评时，我注重对学生的激励与赏识，放手让学生思考、质疑、探究、交流、表达。我对学生进行组织、引导、点拨，这进一步促进了学生课堂上的积极探究、质疑、解疑。明确问题出在了哪里，深刻认识到为什么出了错误，让学生从审题能力不足、知识迁移不够、记忆不准确、做题过程不仔细、写字慢或思维不顺畅、时间不够等方面总结原因。在启发学生解题思路时，我引导学生阅读题干中的关键字、词、句，挖掘题目中的隐含条件，耐心点拨，并留给学生必要的思维空间，让学生悟深、悟透。在讲析巩固性拓展练习试题时，我主要针对试卷中出现的典型问题、学生出错集中的地方与他们进行探究。这些问题既有同类的又有变式的，注意变式拓展，对典型题目通过变换问题、变换内容、变换形式等诸多方法进行训练，在一定程度上提升了他们的迁移和拓展能力。

本节课上，为了巩固讲评结果，我留给学生对讲评内容的消化相对少了些，使得学生在古诗词拟题训练“失分启示”和“满分经验”时，问题的辐射面不宽，学生的展示汇报不深入，导致课堂气氛较紧张。

在试题的变式、拓展方面，我始终重视抓住典型题锻炼学生的口头表达能力和语言组织能力，这是本节课的亮点。但由于经典试题、典型试题较多，所以对试题的迁移、巩固性练习就显得相对不充分，这是本节课的不足，这一点，我会利用接下来的语文课专门进行专项性、针对性的练习和巩固的。

八年级语文素质教育质量检测试卷讲评课教学设计

景秋玲

一、教学目标

1. 知识与技能

强化基础积累，巩固答题策略，帮助学生查缺补漏，巩固所学知识。

2. 过程与方法

学生在自我改错的过程中，提高分析、归纳能力；在反思交流中学会迁移、拓展；在课堂讲解中掌握学习方法。

3. 情感态度与价值观

培养学生勤于思考、注重积累的良好习惯；培养持之以恒的精神。

二、教学重点

针对典型失分题，通过师生探讨，查找错因，教师给予学生有效策略和解题方法的指导。

三、教学难点

培养学生准确把握考点，结合文本，深入理解问题，合理拓展迁移的能力。

四、讲评方法

课前学生自主改错；课中教师讲解分析，师生共同讨论；课后学生归纳总结。

五、教学时数

1 课时。

六、教学过程

(一)综合分析，知己知彼

1. 学生自我分析

学生对照“八(8)班‘卷一’成绩分析表”横向、纵向对比自己的成绩得失情况。

2. 教师介绍试卷结构

本套试卷卷一内容符合中考题型，包括四大版块：基础知识以及运用（28 分）、古诗阅读（5 分）、文言文阅读（11 分）、现代文阅读（16 分），这是对学生初中阶段语文学习综合能力的一次考察。其中失分严重的是 2、3、4 题，11、13 题，17、19 题。

3. 教师总结本次考试中答题的优缺点

优点：

（1）基础知识积累与运用、古诗词赏析、文言文对比阅读，答得比较好。

其中答题较全面的学生有：牛巧慧 、刘子旭、张俊磊、马名扬。

（2）大多数学生卷面整洁、书写工整。

（3）时间把握合理。

不足之处：

（1）审题不清，基础知识掌握不牢固。

（2）根据题型、扣题点意识不强。

（二）全面衡量，明辨得失

（1）针对考试中基础题型出现错误的主要原因，学生归结为：

①基础知识掌握不牢固，失分现象较多。如诗词填空题、字音字形题、古诗词的赏析题等。

②课堂练习时归纳的答题方法掌握欠佳，再加上审题不清、审题不准，出错的地方依然较多。

（2）针对考试中阅读题目出现错误的主要原因，教师归结为：

①学生在考试时缺乏深入文本阅读的习惯，问题的答案仅仅停留在表面，筛选有效信息能力比较差，分析问题时很难抓住关键语句。

②学生思维欠缜密，考虑问题欠周到。答题时语言组织能力较差，意思表达欠准确完整，丢分现象较普遍。

（三）探究典型，点拨指导

针对试卷上"积累与运用部分"存在的问题，举例探讨，师生分析归纳方法。

【考题再现】

2 题：下列各组加点字注音完全正确的一项是（3 分）…………………………（　　）

A. 陨落（yǔn）　阔绰（chuò）　忧心忡忡（chōng）　一蹴而就（cù）

B. 踌躇（zhú）　吆喝（duō）　恪守（kè）　抑扬顿挫（cuò）

C. 匿名（nì）　吝啬（sè）　蓦地（mù）　深恶痛绝（wù）

D. 眷恋（juàn）　栖息（qī）　戏谑（xiè）　解剖（pōu）

3 题：下列各组词语中字形完全正确的一项是（3 分）…………………………（　　）

A. 张皇　倒霉　猝然长逝　销声匿迹

B. 蹂躏　弥漫　骇人听闻　天花乱堕

C. 褴褛　虔诚　高瞻远瞩　获益匪浅

D. 迁徙　拮据　循循善诱　狼狈不堪

【解析考点】字词积累题。

【查找错因】识记不准确、不牢固，积累少。

【归纳方法】

①根据字义判断。

②依据词性辨别。

③换词识别。

④辨别形近字。

⑤强制记住与声旁不一致的常见字。

教师补充提示：一、多留意、；二、多摘记；三、多归纳。

试卷中的第 4 题——排列语序题，学生作答的错误率较高。

【考题再现】

4. 依次填入下面一段文字横线处的语句，衔接最恰当的一组是（3 分）（　　）

铁路客车动车组先进的计算机网络控制技术________，________，________，________，________。列车防火系统也很先进，重要设施都附有防火装置。

①并与地面通信，实现地面对列车的监控

②能实现对动车组各个系统的控制

③一旦出现异常情况，动车组即可自动减速或停车

④同时对系统进行监视和故障诊断

⑤无须人为干预

A. ②①⑤④③　　B. ②④①③⑤

C. ⑤③④②①　　D. ⑤④①③②

【设题方式】

1. 直接给出一组顺序错乱的句子，设计若干选项，让考生选出排列最恰当的一项。

2. 先给出引导语，设计一定的语境，然后呈现拟填入的多个句子，要求考生从备选答案中选出排序最恰当的一个选项填入。

【有效策略】

抓住序字，确定中心；

梳理关系，找关键词；

逐句推敲，符合顺序。

【迁移训练】

填入横线上的句子，顺序最恰当的一组是（　　）

出土于河南新郑的莲鹤方壶是东周时期青铜礼器的代表器物。________；________；________；________。________。其造型宏伟气派，装饰典雅华美，堪称“国之重宝”。

①壶底还铸有两只卷尾兽，支撑着全器重量

②壶颈两侧有附壁回首的龙形怪兽双耳

③腹部的四角各攀附一条立体飞龙

④方壶通体满饰龙凤花纹，凝重而不失华丽

⑤壶冠呈双层盛开的莲瓣形，中间平盖上立有一只展翅欲飞的仙鹤

A. ⑤②③①④　　B. ④⑤③②①

C. ⑤③①②④　　D. ④⑤①②③

【温馨提示】

所选的语段材料一般层次都非常清晰。主要有空间顺序、时间顺序、逻辑顺序等多种。其中逻辑顺序最为复杂，常出现的有主次关系、总分关系、并列关系，以及由浅入深、由具体到抽象等，答题时一定要注意。

文言文对比阅读

【考题再现】

12 题：解释下面加粗的字。(8 分) **援**疑质理　　　　　　　礼**愈**至 衡乃与其佣作而不求**偿**　　　主人**怪**问衡 14 题：用现代汉语翻译下列句子(6 分) (1)故余虽愚，卒获有所闻。(2)主人感叹，资给以书，遂成大学。

【解析考点】课外文言文的解词、译句和简答题。

【查找错因】重点词语理解欠准确，简答题欠缺整体理解和把握。

【有效策略】

1. 词语解释——在熟记课内文言词语解释的基础上，联系上下文语境，考虑到词语特殊用法，得出正确答案。

2. 句子翻译——逐字逐句翻译，并适当调整语序。

3. 内容理解题——联系全文，考虑与课内文言文的关系，全面答题，或引用原文句子，或摘录原文关键的词语，或组织自己的语言回答。

【迁移训练——解释词语】

1. 遂去不返　(去：离开)　(返：返回)

【迁移训练——翻译句子】

1. 鼎，衡小名也。 2. 邑人挫服倒屣而去。

现代文阅读：《那年花开》

【考题再现】

17 题：根据文意，说说文题"那年花开"的含义。(4 分)

【解析考点】题目的含义。

【查找错因】缺少对文章题目的深入理解和扣知识点答题的意识。

【有效策略】分析题目的表层和深层含义，找准考点，掌握方法，巧妙作答。

【考题再现】

21 题：文中的徐老师是个怎样的人？请结合文段内容作简要分析。(4 分)

【解析考点】结合内容分析人物形象类题。
【查找错因】缺乏紧扣文本,评价人物的意识。
【梳理思路】从他做了什么事,结合文章内容分析他是怎样的人。
【有效策略】熟练掌握记叙文知识点,深入文本理解内容。

七、总结反思

学在得法,贵在心悟。
【失分给你的启示】
【满分给你的经验】

八、布置作业

在错题本上整理试卷上的典型错题,写好错因和答题思路。

九、板书设计

1.考题再现
2.解析考点
3.查找错因
4.归纳方法
5.拓展练习

八年级语文素质教育质量检测试卷讲评课说课

景秋玲

有效的试卷讲评能帮助学生了解自己的知识能力水平，查漏补缺，提高分析和解决问题的能力；还可以让每一个同学发现自己的亮点、优点，激发学习的热情和求知欲望。下面结合一节试卷讲评课，具体说说“三段·六重”讲评课模式的教学过程。

一、课前

（一）学生自查自纠

课前给学生发布任务，学生小组内自主修改完善试卷，找出自己在小组内解决不了的问题汇总给老师，留作课上重点讲评。有能力的学生还可以自己诊断错因，或总结答卷收获。

（二）教师系统分析

1. 试卷分析

本节课的教学内容是八年级语文第二学期质量检查试卷。分为“积累与运用”和“阅读”两部分，没有涉及作文。其中“阅读”部分包括古诗词阅读、文言文阅读和现代文阅读，这几部分内容在知识上相互联系，注重对学生基础知识、阅读理解、知识迁移、答题技巧和审题能力的考察，试题难易适中又有一定的梯度。

2. 数据统计

统计出各分数段学生人数，试卷各部分的平均分，让学生能够比较自己的得失，准确找到自己的位置；利用网上阅卷系统提供的讲评报告可以清楚地查阅每道题目的得分率及与年级的得分率差，了解本班这次考试的整体情况；再结合每道题目的得分率及学生汇总的答题情况，确定本节课重点讲解内容，为试卷讲评做充分的准备。

二、课中

根据检测试卷反映出来的问题以及学生得分、失分的不同情况，进一步让学生们清楚地了解自己存在的问题、自身的优势，特将本节课设计成如下几个环节：

（一）综合分析 知己知彼

先介绍本次考试的整体情况，做优缺点的详细分析。并对表现突出的同学给予表扬和鼓励。根据学生的考试情况，将最优秀的12名同学评为智慧之星，进步最大的12名同学评为潜能之星，目的是激励这些同学再接再厉，也为其余学生树立奋起直追的学习榜样；对成绩暂时落后的同学不做数据服务，这样既表扬了进步学生又保护了待优生的自尊心，体现了重激励。

（二）全面衡量，明辨得失

在老师整体分析的基础上，学生小组内交流自己的得失，互相取长补短。勉励学生总结学习经验，力求择善而从，以饱满的精神迎接之后的期中考试。请试卷四部分状元，分别是张书畅、张俊磊、刘子旭、牛巧慧同学分享他们的成功经验。也请本次考试失利的王超同学谈谈失利的原因，并为以后考试积累经验。

（三）探究典型，点拨指导

在教学过程中，按照解析考点、查找错因、归纳方法、拓展练习四个基本步骤设计，抓住了错误率较高的病句题、文言文对比阅读和现代文阅读中的题目含义和结合内容分析人物题进行有针对性的讲解。具体讲解题目时，利用网评试卷的优势，分层次展示学生答案的截图，请同学们做阅卷老师分别进行评分，极大地调动学生课堂上的积极性。身份角色的转换，也让学生对试题有更深入的探讨和体会。

三、课后

布置作业：1. 将错题收入错题本，并写出失分原因。

2. 归纳整理自己的答题方法和解题技巧。

做好错题统计，积累答题经验，及时弥补前一阶段学习的漏洞，也为下一阶段的学习打下坚实的基础。

四、重归因

对于出错较多的题目，学生进行自我剖析后，查找错因，从而对症下药，为解决这类问题奠定基础。

五、重典型

课堂上抓住错误率较高、典型性强的排列语序题、课外文言文词语解释及句子翻译、现代文阅读中的题目含义及结合内容分析人物形象等题目进行有针对性的讲解。

六、重方法

讲评过程中，带领学生们归纳各种题型的解题思路和答题技巧，使学生对各种题型有更全面、更深入地了解，帮助学生掌握解题的金钥匙，从而养成良好的思维习惯，提升语文学习的能力。

七、重迁移

讲解课外文言词语的解释时，带领学生们先将这个词迁移到课内，想想有没有学过类似的词语应用，再结合上下文理解词语含义。

每讲解完一道典型的题目，都会紧跟上拓展迁移的题目，达到举一反三的良好效果。

八、重过程

本节试卷讲评课设置了三大环节：综合分析，知己知彼；全面衡量，明辨得失；探究典型，点拨指导。在讲解典型题目时，按照解析考点、查找错因、归纳方法、拓展延伸四个基本步骤，注重学生的获得感。

九、重激励

每个学生都期待在课堂上得到老师地赏识和激励，所以学生们在课堂上的表现，我都及时予以回应。一个鼓励的眼神，一个亲切的动作，一个赞许的微笑都会增强学生的自信心，使学生在愉悦的氛围中获取知识，同时更能培养学生良好的性格及品质。展示优秀学生的照片，更是对所有孩子们的激励。

十、教学反思

纵观本节课的教学，始终围绕“三段·六重”原则，课前的教师分析试卷、统计错题、学生自查自纠，都为高效的上好这堂课做足了准备工作；在课中阶段，在“六重”原则的指导下，做到了重归因、重方法、重过程、重激励、重典型、重迁移，实现了讲评课堂的高效目的；课后，学生整理错题并做好错题统计，既及时弥补了前一阶段学习的漏洞，又为下一阶段的学习打下坚实的基础。

课上学生对自己本次考试的得失、答题情况等方面有了基本的把握与总结，特别是借助下发的答案，学生对自己的基础知识、审题、答题要点等有较深入的发现，然后通过小组讨论，会对自己有横向、纵向的剖析。

在试题的变式、拓展方面，我始终重视抓住典型题锻炼学生的口头表达能力和语言组织能力，这是本节课的亮点。但由于典型试题较多，所以对试题的迁移、巩固性练习就显得相对不充分，这是本节课的不足，这一点，我会利用以后的语文课再进行专项性、针对性的练习与巩固。在学生活动的自主环节，由于时间有限，学生对问题讨论探究，不够充分透彻，显得意犹未尽，以后我会尽量给学生安排更充分的合作探究时间。

总之，试卷讲评课的宗旨就是巩固双基、培养能力、总结解题的方法规律、学会对试题的变式，从而提高学生分析问题和解决问题的能力，开阔解题的思路，发展学生的智力，使学生真正有所得。

2015—2016年第二学期摸底九年级语文作文讲评课教案

崔秋霞

一、教学目标

(1)注重语言表达和情感抒发,做到中心明确。
(2)欣赏佳作,升格病文,提高写作能力。
(3)感受作文修改的魅力,学会感悟生活。

二、教学重点

注重语言表达和情感抒发,做到中心明确。

三、教学难点

感受作文修改的魅力,学会感悟生活。

四、教学过程

(一)导语

直接揭示本课教学内容,出示教学目标。
(1)注重语言表达和情感抒发,做到中心明确。
(2)欣赏佳作,升格病文,提高写作能力。
(3)感受作文修改的魅力,学会感悟生活。

(二)作文秀一秀

展示本次摸底考试中,学生作文成绩在40分以上(满分为50分)的典型作文,并由学生读佳作。

(三)佳作评一评

由学生依据评分标准评价欣赏的作文并总结高分秘诀。
(1)描写细腻,让人物在细节中彰显性格。
(2)以情感人,使读者感动。

(3)中心明确,突出主旨。

(四)苦恼诉一诉

让学生说说写作中的苦恼,对症下药,找出解决方案,鼓励积极写作。

五、本次作文指导

(1)文题解读。
(2)教师下水文展示。
(3)学生评价总结。
(4)语言表达要求。河北省《中考考试说明》中对作文语言的要求有两个方面:

第一,语言要通顺。最好的办法是:把自己写过的作文认真诵读,发现不通顺的语句,改到通顺为止。

第二,要有文采。根据同学平常的作文实例进行深入细致地剖析,提出三点建议,以期提高大家的语言运用能力。

①具体化

【失误段】还没有走出校门,便听到了一位声音沙哑,但很有穿透力的老大爷喊:"烤白薯——"我听到后飞一般地冲向大门。只见那是一位极其苍老、满脸皱纹但略显慈爱的老大爷在那里像松柏一样直直地屹立着。

【点拨】这段文字缺少语言描写、心理描写和环境渲染,因而无法展现生动具体的形象。文中尽是粗大的线条和轮廓,只能给人一种肤浅的感受。显然,这种叙述是不能吸引读者的。在文章中加入适当的描写,就能使人读起来如见其人、如闻其声、如临其境。

【升格段】还没有走出校门,远远地便听见"烤白薯——",那声音沙哑,饱含沧桑,在这穿透力极强的叫卖声中,我分明听出了他对事业的执着和坚韧!我飞一般地冲向门口,来到经过简易改造的烤白薯车旁,细细打量眼前这位老人:六十岁左右的年纪,面容苍老,皱纹深深地纵横在他的脸上,风吹日晒外加煤炭熏烤,脸上间或留有污痕,他满脸含笑,正弯腰趴在炉子的边缘,摆弄着里面接受熏烤的白薯,那份慈爱宛如侍弄娇嫩的婴儿。沧桑的外表下,我看到的是老大爷慈爱的内心……

②精美化

【失误段】此时,这声音没有沙哑和强硬,有的只是像春天般的温柔,像是一首歌,一首美妙和优美的歌曲,让人回味。尽管这是冬天,但这依然像春天一样,这首歌使我变得温暖。这是一首歌,一首能融动心灵的歌。

【点拨】此文段显得毫无文采,给人一种没表达完整的感觉,效果当然是事倍功半。如用抒情的语言去展现,就会给人以想象和回味的空间,达到意犹未尽的效果。用一个词写活一个人物,用一个细节揭示一种心理,需用上修辞手法。

【升格段】此时,听着这渐行渐远的声音,虽然依然沙哑,但沙哑中不仅饱含着对烤白薯的热爱、对生活的执着、对苦难的坚韧,还有对像我这样粗心孩子的宽容和理解,对陌生晚辈的关爱与呵护,这些善良的品格构成一首歌,一首春天的歌,一首美妙悠扬的歌曲,这首歌融化我的尴尬,平复我的愧疚,温暖我的冰冷,引领我的高尚,令我回味无穷,感激终生!尽管寒风依旧,但我不再寒冷,因为有老大爷的体贴,我的世界已经春暖花开!这是一首歌,一首融化冰雪、催人向善的春天的歌……

③个性化

【失误段】可我能感觉妈妈并没有出去，反而好像到了我的床前。我微微睁开眼，妈妈果然站在我的床边，眼睛愣愣地看着我。

【点拨】这样的语言实在没有新意，枯燥得令阅卷老师不想往下读。试想，陈旧的内容用平庸的语言表达出来能有什么吸引力呢？如果用另外一种新颖的语言来表达，定会令人耳目一新，新鲜的语言甚至可以将一篇内容平淡无奇的作文“点石成金”。我们可运用具有时代特色的新潮词汇，可对成语、俗语、诗词名句等进行巧妙地化用，这样的个性化语言往往能使文章熠熠生辉，光彩照人。

【升格段】眼睛愣愣地看着我，那是什么样的眼神啊！那是第一缕晨曦对娇花的抚弄，那是三月里的春风对碧水的温柔，那是夏日晚霞对嫩柳的辉映，那是秋夜月光对修竹的依恋，那是冬日里的朝阳与小草的交谈！

小结：抓住动情点，精心打造语言，必须抒写真实感受，把抽象的感受具体化、形象化，才能表达出浓浓的情意，从而深化文章的中心。

六、总结本课，布置作业

让平时的作文学习和训练有针对性，不断提高写作能力。修改自己的作文片段。相信只要努力锻造作文语言，就能为考场作文披上靓丽的外衣，增添夺目的光彩！

板书设计：言为心声。

2015—2016年第二学期摸底九年级语文作文讲评课说课

崔秋霞

本课是一节作文修改讲评课。为了使我的作文讲评课更有针对性，在课前准备阶段，我仔细复评了班上每一份学生的考场作文。从立意、选材、写法、语言表达等几个方面做出了归纳，又从不同层次学生的作文中筛选出了最典型、最有代表性的作文及问题，做好学生答题情况统计，为试卷讲评做好充分准备。

学生在本次摸底考试中出现的语言表达问题尤为突出。因此，我特确立了以下教学目标：注重语言表达和情感抒发，做到中心明确；欣赏佳作，升格病文，提高写作能力；感受作文修改的魅力，学会感悟生活。

我知道在课中阶段，讲评的成败就在真正的课堂教学过程中。课中，我首先总评了学生的写作情况。从学优生到中间生再到后进生，又包括男生、女生，这就完成了对学生的整体分析。

为了有效讲评，我又设立了“作文秀一秀”“佳作评一评”“苦恼诉一诉”的环节，充分调动学生的积极性。让孩子们在情感得以激发的基础上主动参与，形成听讲期待。

环节一：作文秀一秀

展示本次摸底考试中学生作文成绩在40分以上的典型作文（满分为50分）由学生读佳作，重在激励优秀，激发创作兴趣。

环节二：佳作评一评

由学生就评分标准评价欣赏的作文，并总结高分秘诀，旨在剖析作文的内容和表达应重视的一些问题。比如语言的组织，选材的详略，构思的安排等问题。最后就表达问题总结得分秘诀：描写细腻，让人物在细节中彰显性格；以情感人，使读者感动；中心明确，突出主旨。

环节三：苦恼诉一诉

让学生说一说写作中的苦恼，对症下药，找出解决方案，鼓励积极写作。本次作文指导注重讲练结合，突出时效性和可操作性，从学生的考场作文入手，再现审题过程，抓住关键词，找准突破口，确定写作内容。

一、文题解读

半命题作文《谢谢你，________》

找准“你”是谁，继而思考为什么要谢谢“你”，谢谢你给了我什么样的鼓励和教育，对我产生怎样的影响。分析完半命题后，确定自己的写作内容。

二、教师下水文展示

下水文仅提供写作片段，从两个角度进行创作。一篇以玉兰为对象，抒发感谢之情；一篇以同学为对象，赞美人物品质。两篇都采用抒情方式进行创作，为突出本课《言为心声》的教学重点作铺垫。

片段(一)

谢谢你，玉兰。生活中不只有苟且，还有诗和远方。望着这一树的繁华，我唯有敬意。没有松柏的苦寒，没有迎春的靓丽，更没有榆叶梅的喧闹，静静地，你与蓝天一同绽放。玉兰真的谢谢你，蕴蓄冬的凛冽，装满春的希冀，你披一身秀美华丽驻足，和我眺望天空的蔚蓝。谢你不为别的，只为在我失意时，偶然间看了你一眼，那与冷风相伴的挺拔身姿便印入脑海。面对工作的繁杂，我的内心曾经发疯似的懈怠、躁动、凌乱。那一刻，枝头的蕾安然静卧，不喧闹，不抱怨，不索取，不落寞，坚守在自己的枝头静待花开。玉兰，是你让我看到面对人生的不如意，应该不急不躁，应有一种“行到水穷处，坐看云起时”的洒脱；应有一种长风破浪、直挂云帆的执着；更应有一种落红化春泥的坚守。谢谢你，玉兰。你精彩地演绎着悠然，诉说着随性，绽放着从容。望着你，我心飞扬。

片段(二)

谢谢你，李欣泽。离别之际，你送我的笔记本我小心收藏。每每看到那歪扭的几个字“李欣泽祝老师身体健康”，便感动地泪雨来了。你曾经是我们的自豪，课堂上，残疾的左手赶不上作笔记，但你从不放弃；结结巴巴的发言让你的脸憋得通红，但你认真积极。你是我们所有人的榜样，你用跛足告诉我们生活是豪迈的跋涉。

谢谢你，许春兰。你还记得去一中加试的路上，同学们走得那样匆忙，以致忘掉冯薇薇掉队了，是你悄悄陪在她身边，默默走在队伍的后面；是你用不抛弃不放弃的同学情温暖了薇薇，温暖了我的眼睛，温暖了我们前行的路。

谢谢你，张美智子。考试落榜的消息让你有些失落，但有着邻家女孩般阳光的你很快调整了心态，既然选择了远方，就应日夜兼程。教室里，埋首钻研的背影，热切求知的眼神，废寝忘食在书山题海中攻克难题，摸底成绩的长足进步是你辛勤付出的最好证明。谢谢你，是你用勤奋书写了失败是成功之母的洒脱，是你用永不言弃演绎了中考不相信眼泪。

谢谢你李欣泽、许春兰、张美智子，还有很多的精彩故事，还有很多人，在短短的一年时间，用真情、真意、真心、真爱让我感动，收获了我作为教师的自豪。是你们，让我欣慰，让我自信，让我懂得生活多姿多彩，有爱才有珍惜，有爱才有未来。

三、学生评价总结

通过下水文的选材和表达让学生感受语言的优美，灵活运用修辞方法、抒情方式能达到较好的效果。

四、语言表达要求

《中考考试说明》中对作文语言的要求有两个方面：第一，语言要通顺。第二，要有文采。对照学生的作文语言，选出以下几种病文集中修改。从作文语言角度，提出合理化建议。

(一)具体化

【失误段】还没有走出校门，便听到了一位声音沙哑，但很有穿透力的老大爷喊：“烤白薯——”我听到后飞一般地冲向大门。只见那是一位极其苍老、满脸皱纹但略显慈爱的老大爷在那里像松柏一样直直地屹立着。

【点拨】这段文字缺少语言描写、心理描写和环境渲染，因而无法展现生动具体的形象。文中尽是粗大的线条和轮廓，只能给人一种肤浅的感受。显然，这种叙述是不能吸引读者的。在文章中加入适当的描写，就能使人读起来如见其人、如闻其声、如临其境。

【升格段】还没有走出校门，远远地便听见“烤白薯——”，那声音沙哑，饱含沧桑，在这穿透力极强的叫卖声中，我分明听出了他对事业的执着和坚韧！我飞一般的冲向门口，来到经过简易改造的烤白薯车旁，细细打量眼前这位老人，六十岁左右的年纪，面容苍老，皱纹深深地纵横在他的脸上，风吹日晒外加煤炭熏烤，脸上间或留有污痕，他满脸含笑，正弯腰趴在炉子的边缘，摆弄着里面接受熏烤的白薯，那份慈爱宛如侍弄娇嫩的婴儿。沧桑的外表下，我看到的是老大爷慈爱的内心……

(二)精美化

【失误段】此时，这声音没有沙哑和强硬，有的只是像春天般的温柔，像是一首歌，一首美妙和优美的歌曲，让人回味。尽管这是冬天，但这依然像春天一样，这首歌使我变得温暖。这是一首歌，一首能触动心灵的歌。

【点拨】此文段显得毫无文采，给人一种没表达完整的感觉，效果当然是事倍功半。如用抒情的语言去展现，就会给人以想象和回味的空间，达到意犹未尽的效果。用一个词写活一个人物，用一个细节揭示一种心理，需用上修辞手法。

【升格段】此时，听着这渐行渐远的声音，虽然依然沙哑，但沙哑中不仅饱含着对烤白薯的热爱、对生活的执着、对苦难的坚韧，还有对像我这样粗心孩子的宽容和理解，对陌生晚辈的关爱与呵护。这些善良的品格构成一首歌，一首春天的歌，一首美妙悠扬的歌曲。这首歌融化我的尴尬，平复我的愧疚，温暖我的冰冷，引领我的高尚，令我回味无穷，感激终生！尽管寒风依旧，但我不再寒冷，因为有老大爷的体贴，我的世界已经春暖花开！这是一首歌，一首融化冰雪、催人向善的春天的歌……

(三)个性化

【失误段】可我能感觉妈妈并没有出去，反而好像到了我的床前。我微微睁开眼，妈妈果然站在我的床边，眼睛愣愣地看着我。

【点拨】这样的语言实在没有新意，如果用另外一种新颖的语言来表达，定会令人耳目一新，新鲜的语言甚至可以将一篇内容平淡无奇的作文“点石成金”。我们可运用具有时代特色的新潮词汇，可对成语、俗语、诗词名句等进行巧妙的化用，这样的个性化语言往往能使文章熠熠生辉，光彩照人。

【升格段】眼睛愣愣地看着我，那是什么样的眼神啊！那是第一缕晨曦对娇花的抚弄，那是三月里的春风对碧水的温柔，那是夏日晚霞对嫩柳的辉映，那是秋夜月光对修竹的依恋，那是冬日里的朝阳与小草的交谈！

小结：抓住动情点，精心打造语言。必须抒写真实感受，把抽象的感受具体化、形象化，才能表达出浓浓的情意，从而深化文章的中心。

让平时的作文学习和训练有针对性，不断提高写作能力。相信只要努力锻造作文语言，就能为考场作文披上靓丽的外衣，增添夺目的光彩！

本节课重在指导语言表达，课前、课中、课后都有不同的任务，指导修改过程重视典型问题共同解决，总之，希望共同探索作文的指导之路。

2016年3月七年级语文素质教育质量检测试卷讲评课教案

宋红云

一、教学目标

(一)知识目标

通过典型试题剖析、点拨及策略提示,强化基础积累,巩固答题策略,帮助学生查缺补漏,巩固所学知识。

(二)能力目标

在自我改错的过程中,提高学生的分析、归纳能力;在反思交流中学会迁移、拓展;在课堂讲解中掌握学习方法。

(三)情感态度目标

培养学生学习认真的态度,勤于思考、注重积累的良好习惯;培养持之以恒的精神。

二、教学重点

针对典型失分题,通过师生探讨,查找错因,教师给予有效策略和解题方法指导。

三、教学难点

引导学生学会深入理解问题,准确把握考点,结合文本,合理迁移变通。

四、讲评方法

学生课前自主改错;教师课中讲解分析,师生共同讨论;课后学生整理总结。

五、教学时数

1课时。

六、教学过程

(一)晾晒成绩，知己知彼

1. 分析成绩

学生对照“七(11)班卷一成绩分析表”横向、纵向对比自己的成绩得失情况。

2. 教师介绍试卷结构

本套试卷卷一内容符合中考题型，包括四大版块：基础知识以及运用(28 分)、古诗阅读(5 分)、文言文阅读(11 分)、现代文阅读(16 分)，这是对学生初中阶段语文学习综合能力的一次考察。其中失分严重的是 1 题、2 题、4 题、11 题、13 题、17 题、19 题。

3. 教师总结本次考试中答题的优缺点

优点：

(1)基础知识积累与运用、古诗词赏析、文言文对比阅读，答得比较好。

其中答题较全面的学生有：田子妍　李兆麒　王婷　马超　李萱　刘广。

(2)大多数学生卷面整洁、书写工整。

(3)时间把握合理。

不足之处：

(1)审题不清，知识掌握不扎实。

(2)根据题型、扣题点意识不强。

(二)自主探究，发现问题

1. 本次考试中出现错误的主要原因，学生归结为如下两点

(1)基础知识不牢固，该得的分数没得。如诗词填空题、字音字形题、古诗词的赏析题还有不少人出错。

(2)平时归纳的做题方法没有掌握，再加上审题不清、审题不准，出错的地方依然较多，所以平时讲到的答题方法还要注重落实。

2. 本次考试中出现错误的主要原因，教师归结为如下两点

(1)学生在阅读中不能深入文本，仔细探究，问题的答案仅仅停留在表面，没有深入进去，筛选有效信息能力比较差，对一段话的重点把握不准，分析语句时抓不出其中的关键词语。

(2)思维不够缜密，考虑问题不周到。答题时语言组织能力差，意思表达不准确、不完整，导致丢分很多。

(三)解析考点，总结方法，巩固拓展

针对试卷上“积累与运用部分”存在的问题，举例探讨，师生分析归纳方法。

1. 试卷中的字音字形题，学生答题正确率低，分别是 1 题、2 题、16 题。

【考题再现】

(1)给下列加点字注音或根据拼音写汉字。(5 分)

归省(　　) qiè(　　)意　翘(　　)首　jì(　　)动　zhēn(　　)酌

娇 chēn(　　)　惊 è(　　)　qián 诚(　　)　挑剔(　　)　jīn(　　)持

(2)把下列各组字书写有误的词语圈出来并在横线上改正。(3 分)

A. 撺掇　神彩飞扬______　B. 磨蹭　并行不背______

C. 家券　见义思迁______　D. 疏俊　别出新裁______

16 题第②段加点词“名付其实”中的错别字是(　　)，正确的写法是(　　)(2 分)

【师生探讨】

(1)解析考点——字词积累题。

(2)查找错因——识记不准确、不牢固，积累少。

(3)归纳方法——如何巧记字音字形(学生根据平时经验进行总结归纳，全班分享)。

①根据字义判断。

②依据词性辨别。

③换词识别。

④辨别形近字。

⑤强制记住与声旁不一致的常见字。

教师补充提示：一多留意；二多摘记；三多归纳。

2. 试卷中的第四题——标点符号题，学生作答的错误率较高。

【考题再现】

4. 下列句子中标点符号使用错误的一项是(　　)(2 分)

A. 但在我是乐土：因为我在这里不但得到优待，又可以免念“秩秩斯干悠悠南山”了。

B. 是啊，它有什么理由在台儿沟站脚呢？台儿沟有人要出远门吗？山外有人来台儿沟探亲访友吗？还是这里有石油储存，有金矿埋藏？

C. 人流、汽车流、自行车流自成一体，互不干扰，“大道通天，各走一边，”纵情地行，痛快地跑，何等的顺畅、惬意！

D. 走进邮局，空旷旷的屋里，坐着一个十五六岁的少女。

【师生探讨】

(1)解析考点及错因——标点符号的使用。

(2)知识回顾复习。

关于冒号：

①提示语的后面，表示提示下文，冒号起提示作用，一管到底。

②总括语的前面，表示总括上文。

③同一句中不能两个冒号。

关于问号：

①选择疑问句。选择问句中间用逗号，只在句末用问号。

②连续问，各句后均用问号。

③有疑而无问的句子，句末标点不用问号。

关于引号：

①凡是把引用的话独立使用，然后句子结束，末尾的标点放在引号的里边；凡是把引用的话独立使用，句子没有结束，引用的话后面不用符号。

②凡是把引用的话作为作者自己话的一部分，标点放在引号外

关于逗号、顿号：

①同一层次的简单的名词性词语的并列，应用顿号，不同层次的用逗号。

②表示一个约数，两数字之间不用顿号，确数之间用顿号。

(3)巩固拓展——标点符号的用法（学生作答后并讲解理由）。

下列各句中标点符号使用全都正确的一项是（　　）

A.“学习就怕‘认真’二字。”张老师说：“‘态度决定一切’，确实很有道理。”

B.中国足球的球迷们现在真的感到很迷惘，面对这片绿茵场，不知道是继续呐喊助威呢，还是干脆掉头而去？

C.小说中动作描写很重要，老舍说：“当你写到戏剧性强的地方，最好不要写他的心理活动而叫他用行动说话，表现他的精神面貌”。

D.归隐是旧时文人理想中的一种闲散生活——躬耕、沽酒、题诗、作画、对弈……等，但说起来容易做起来难，古往今来很少有人情愿过这种生活。

针对试卷上“阅读”部分存在的问题，举例探讨，师生分析归纳方法。

1.古诗词阅读《游山西村》

【考题再现】

11.对《游山西村》一诗的赏析有误的一项是（　　）（2分）

A. 全诗紧扣一个“游”字，描绘了优美的农村风光，充满了浓郁的生活气息。

B. 一、二句写出了丰收的年景和农民热情好客的淳朴品性。

C. 五、六句描绘乡村春社前夕的热闹情景，“古风存”盛赞了他们性格的淳厚质朴。

D. 七、八句写主观心境：山西村夜晚中的景色更美，我若有时间，定在晚上乘月色出游。

【师生探讨】

(1)解析考点——诗词阅读中的选择题。

(2)查找错因——对诗尾联的内容理解有误。

(3)归纳方法——先整句理解，再逐小句判断，再逐词判断。

(4)拓展练习——诗词阅读中的选择题（学生作答后并讲解理由）。

下列说法有误的一项是(　　)

A. 诗歌朗读的节奏可以按音节兼顾意义来划分，例:“衣冠/简朴/古风存”。

B.“丰年留客足鸡豚“一句写出了农民热情好客、淳朴厚道的性格。

C. 全诗生动地描绘了优美的农村风光，充满了浓郁的生活气息。表现作者对恬淡、闲适的农村生活的喜爱。

D. 全诗都是写实，按时间推移展开叙述，层次清晰。

2. 文言文对比阅读

【甲】晋太元中，武陵人捕鱼为业。缘溪行，忘路之远近。忽逢桃花林，夹岸数百步，中无杂树，芳草鲜美，落英缤纷。渔人甚异之。复前行，欲穷其林。林尽水源，便得一山，山有小口，仿佛若有光。便舍船，从口入。初极狭，才通人。复行数十步，豁然开朗。土地平旷，屋舍俨然，有良田、美池、桑竹之属。阡陌交通，鸡犬相闻。其中往来种作，男女衣着，悉如外人。黄发垂髫并怡然自乐。

【乙】陶潜，字元亮，少怀高尚，博学善属文，颖脱不羁，任真自得，为乡邻之所贵。尝著《五柳先生传》曰:“环堵萧然，不蔽风日，短褐穿结，箪瓢屡空，晏如也。”其自序如此，时人谓之实录。甚亲朋好事，或载酒肴而往，潜亦无所辞焉。每一醉，则大①适②融然。时或无酒，亦雅咏不辍。性不解音，而③畜素琴一张，弦徽不具，每朋酒之会，则抚而和(hè)之，曰:“但识琴中趣，何劳弦上声!”(节选自《晋书》)

【师生探讨】

教师在做课下调查时了解到:学生们普遍觉得课外文言文晦涩难懂，读不懂大意，也没有耐心读下去。针对此种情况，教师给予阅读文言文方法上的指导。

翻译文言文小贴士

首先，结合所给注释通读全文，把握文章大意，做到心中有数。

其次，翻译中遇到疑难词句，可暂时放过，不求完全读懂，能明白文章的大致意思即可。

再次，读两遍以上，从整体上概括内容，提炼中心。

最后，推敲做题中涉及的难解词句，没设问题的待以后解决。

【考题再现】

12 题:解释下面句中加点的词。(2 分)

(1)缘溪行　缘:__________

(2)博学善属文　善:__________

13 题:用现代汉语写出下面句子的意思。(4 分)

(1)其中往来种作，男女衣着，悉如外人。

(2)但识琴中趣，何劳弦上声。

15 题:从【乙】文看，陶渊明的琴没有琴弦，他本人也不会抚琴，但朋友相聚，他却“抚而和之”。他真的是在抚琴吗?结合全文看，这反映了他怎样的性格?(3 分)

【师生探讨】

(1)解析考点——课外文言文的解词、译句和简答。

(2)查找错因——重点词语理解不准确,简答题缺少整体理解和把握。

(3)归纳方法——“对症下药”解答问题。

词语解释——迁移到课内学过的词语上一般是考查文言实词中一词多义的现象和常见的文言虚词。解题时,应先迁移到课内学过的文言实词的意思上,再联系上下文检验,意思通顺,则为正确答案。

句子翻译——应在直译的基础上意译。

方法:

①留——保留古今意义相同的词以及年号、人名、地名等专有名词。如“晋太原中,武陵人捕鱼为业”“陶潜,字元亮”等。

②删——无实际意义的文言虚词可不译。如:“晏如也”中的“也”可不译。

③补——增补,变单音节词为双音节词。如“颖脱不羁,任真自得”,把省略的成份增补出来。如:见渔人,乃大惊。(省略主语,翻译时需补充出来。)

④调——调整句序。有些特殊句式的句子和现代汉语的语序不一样,翻译时要作适当的调整。

⑤联——联系课内词语的意思;联系上下文的意思。

内容理解题——再读全文,从整体考虑作答。

第一,引用原文句子回答。

第二,摘录原文关键的词语回答。

第三,用自己的话组织文字回答。

(三种方法,采用第一、二种方法回答准确率较高。)

【拓展练习——解词】

(1)尝著《五柳先生传》。尝:(曾经)

(2) 性不解音,而畜素琴一张。畜:(通“蓄”储存)

【拓展练习——翻译句子】

(1)其亲朋好事,或载酒肴而往,潜亦无所辞焉。

(2)环堵萧然,不蔽风日,短褐穿结,箪瓢屡空,晏如也(晏如:安然自若的样子)。

3.现代文阅读:《年轻的国旗》

【考题再现】

17题:请具体说明第③段在文中的作用。(4分)

【师生探讨】

(1)解析考点——段落的作用。

(2)查找错因——缺少对文章的深入理解和扣知识点的意识。

(3)归纳方法——如何分析段落在文中作用。

第一,看段落所处的位置。

第二,从两方面考虑,即结构和内容上的作用。

开头:①概括该段段意,为下文…… 内容作铺垫。②总领全文,引出下文。

中间:①承上启下的过渡作用。②承接了上文内容,引出了下文内容。

结尾：① 总结全文，照应题目或开头，使文章结构严谨。

②点明中心，深化主题，升华情感，突出了(表现了)…… 中心(情感)。

第三，如果是环境描写段，就参照环境描写的作用答题。

【有效策略】找准考点，掌握方法，巧妙作答。

【考题再现】

19题：珍妮两次"脸红"的原因各不相同(2分)第⑤段中"珍妮的脸涨得通红"，原因是________________。 第⑨段中"珍妮红着脸低下头"，原因是________________。

【师生探讨】

(1)解析考点——原因类题。

(2)归纳方法：紧扣内容，揣摩心理。

(3)梳理思路：因为……(内容)而有……(心理)。

总结现代文阅读的答题方法：

(1)掌握知识点。

(2) 深入文本理解内容。

(四)总结反思

在同一块石头上绊倒两次的人是傻子；从做题中探究规律摸索方法的是智者。

(五)布置作业

在错题本上整理试卷上的典型错题，写好错因和答题思路。

(六)板书设计

①考题再现；

②解析考点；

③查找错因；

④归纳方法；

⑤拓展练习。

2016年3月七年级语文素质教育质量检测试卷讲评课说课

宋红云

一、说教材

有效的试卷讲评有助于学生了解自己的知识能力水平，查漏补缺，提高分析问题和解决问题的能力；还可以让每一个同学发现自己的亮点、优点，激发学习的热情和求知欲望。本节课的教学内容是七年级第二学期素质教育检测考试语文试卷中“基础知识”“古诗词阅读”“现代文阅读”这几部分中的典型试题。这几部分内容的特点是注重基础知识的考查，分为选择题和非选择题两部分，与期中期末和中考题型相符。本套试卷重对学生基础知识、阅读理解、知识迁移能力、答题技巧、审题、综合理解运用能力的考查。

二、说教学目标

教学目标包括知识与技能目标、过程与方法和情感态度三个方面的目标。

(1)通过典型试题剖析、点拨及策略提示，强化基础积累，巩固答题策略，掌握复习方法。

(2)提高分析、归纳能力；在反思交流中学会迁移、拓展。

(3)养成勤于思考、注重积累的良好习惯；培养持之以恒的精神。

我认为教学目标比较符合课标的要求，切合本班层次不同学生的实际。

三、说教材的重点难点

(1)针对典型失分题，给予有效策略和解题方法指导；引导自主探究，总结规律方法。

(2)引导学生学会深入理解问题，准确把握考点，合理迁移变通。

四、说学生

七年级学生经过了初中半年的语文学习，具备了一定的知识与答题经验。在几次考试的基础上学生有了对试题的深切感知。但是总体情况是时间短，锻炼少，题型见得不全，缺少答题技巧。学生要想顺利答好试卷，必须从审题、题型归类等方面进行归纳、总结。考试成绩好、中、差比例悬殊。

五、说教法与手段

这节课我主要采用讨论与练习巩固的方法进行教学，重在让学生思考、发现，再进行相关拓展练习，从而对所学知识进行巩固。根据试卷考查的目标性，我采取了教师归纳失分原因、揭示考点、答题策略等步骤引导学生分层次的解读试卷，分析出题意图，然后让学生独立思考，再汇报讲解，这样，教师边教边引路，学生边学边示范的思路能使学生更主动积极地参与课堂学习，提高学习效率，实现课堂的高效。

六、说教学过程

(一)课前自查自纠

课前给学生留下自查自纠的时间，自己诊断错因，得出诊断结果。由各小组组长汇总交教师，以便教师课前精心设计试卷讲评教案。

(二)归类解剖

试卷讲评课不能眉毛胡子一把抓，应该分门别类，同一个知识点相关的问题可以放到一起讲。对于学生在答题中出现的"常见病"和"多发病"，教师应归纳出存在的共性问题，记下较为典型的错例作为案例进行分析，多思考"为什么学生会在这里犯错"，以便发现学生思维上的误区和方法上的不足，从而在试卷讲评课上有针对性地加以弥补、纠正。根据试题反映出来的问题，以及学生得分、失分的不同情况，让学生们清楚地了解自己存在的问题、自身的优势。我将本节课的教学环节设计成如下几个：第一，晾晒成绩、知己知彼；第二，自主探究、发现问题；第三，解析考点、总结方法、巩固拓展；第四，总结反思；第五，布置作业。

在教学过程中，我按照解析考点、查找错因、归纳方法、拓展练习四个基本步骤设计。抓住了错误率较高的字音字形题、病句题、标点题、文言文对比阅读和现代文阅读中段落的作用和原因类题进行有针对性的讲解。

七、说教学效果

教学效果是教学目标的归宿和体现。教学效果的预测，是教师实现教学目标的期望。我认为，学生在本节课上对自己本次考试的得失，答题情况等方面会有个基本的把握与总结。特别是借助下发的答案，学生会对自己的基础知识、审题、答题要点等有较深入的了解。然后通过小组讨论，学生会对自己有横向、纵向的剖析。

试卷讲评课不能上成教师的一言堂，而应是师生交流、生生交流的群言堂。在试卷讲评课中不能单纯告诉学生结论、答案等，而要学生通过积极主动参与，拥有表述自己思维过程的机会，才有利于强化学生正确的思维方式，弥补自己思维方法的缺陷。

这节试卷讲评课做到了"三段·六重"原则。课前的教师分析试卷、统计错题、学生自查自纠，都为高效的上好这堂课做足了准备工作。在课中阶段，在"六重"原则的指导下，做到了重归因、重方法、重过程、重激励、重典型、重迁移，实现了讲评课堂的高效目的。课后阶段，学生整理错题并做好错题统计，既及时弥补了前一阶段学习的漏洞，又为下一阶段的学习打下坚实的基础。

2016年3月七年级语文素质教育质量检测试卷讲评课“修改病句”案例分析

宋红云

病句辨析与修改是中考语文的常见考点，主要考查同学们运用词语的表达能力和对语言材料的感悟能力。一般以客观选择题形式出现，这是一种比较传统的考查题型，它面广量大，以思维见长，是近年中考中常见的题型，也是学生最易失分的题目，这就要求学生学习过程中要重视这一类题的训练。

一、病句辨析与修改主要题型

选择病句或无语病的句子、判断语段中句子的正误、用修改符号修改病句等。

二、在近年全国各地的中考试题中，常见的句子语病如下

①成分残缺；②搭配不当；③词序颠倒；④表意不清；⑤重复啰嗦；⑥句式杂糅。

目前七年级学生对病句尚处于感性认识的阶段，而且这种认识是分散和不完全的，往往还不能自觉地综合应用，所以，这一专题的复习指导是非常必要的。

三、考题再现

下列句子中没有语病的一项是(　　)(2分)

A. 一个人自学能否成功，内因起决定作用。

B. 通过走访，使班主任找到了张晓明同学上学迟到的真正原因。

C. 校长在班会上认真倾听和记录了同学们有关改善伙食的意见。

D. 电视台采访了几个张老师的典型事迹。

四、方法指引

首先，跟着语感走。即通过语感进行检测，可很容易地审出杂糅、赘余、语序不当等语病。其次，用主干压缩法(即划分主谓宾法)。此法可很容易地解决搭配不当、成分残缺等问题。再次判断不出时还可以用同类比较法。最后，感觉拗口而查不出病因时，可举几个相类似的句子或短语进行类比，从而找出原因。

所以，做题思路通常是：先检查句子的主干，看是否缺成分 → 推敲词语运用，是否搭配 →

心里默读，看是否有不同的句式混用 → 综合思考，是否符合逻辑思维，特别注意常见的典型病症。

具体的方法有四种，即“增”“删”“调”“换”。“增”就是为成分残缺的句子增添字、词，补充成分。对应口诀：“成分残缺要增补”。“删”就是删除重复啰嗦、句式糅杂或前后矛盾的句子中多余的字、词、句。对应口诀：“重复啰嗦必须删”。“调”就是调整句中词语的顺序，使句子符合语言表达的习惯。对应口诀：“顺序混乱需调整”。“换”就是对用词不当、搭配不当、不合事理等病句中的字、词、短语进行更换。对应口诀：“词语不当果断换”。

五、解题思路

(1)运用分析语感的方法进行整句检测。

(2)依次分析、判断三个句子的病因，并对照口诀进行修改。

第①句，从“能否成功”和“内因起决定作用”中我们可以明显地发现有语意矛盾的毛病。修改时去掉“否”即可。

第②句，从主干中就可发现问题：“通过”表明前半句没有主语，“使”表明后半句也不能做主语，所以这个句子缺少主语将“通过”或“使”去掉一个。

第④句，从主干中没有明显发现问题。可是修饰词“几个”应该修饰“典型事迹”，而不是修饰“张老师”。所以，修改时应把“几个”和“张老师的”调换顺序。

在对考题中的病句题进行精讲解析的基础上再进行巩固训练，达到牢固掌握此种类型题的目的。

六、巩固拓展

下列句子中没有语病的一项是（　　）

A. 校党委讨论了发动全校师生开展爱国卫生运动。

B. 小李对自己能否学好电脑，充满了信心。

C. 经调查，某社区 18 岁以下青少年吸烟人数前年高达 120 人，经过广泛宣传教育，今年已下降到 60 人，正减少一倍。

D. 改革解放了生产力，释放出一个民族的青春活力。

最后，学生作答后再进行解析讲解。通过两道题的详细讲解，学生对此类型题既有了理论上的分析，又有了实践的机会，积累了做题经验。学生通过本节试卷讲评课掌握了病句题的答题方法。所以，考试后的试卷讲评课非常有必要，也是非常重要的。

2016年3月七年级语文素质教育质量检测试卷讲评课反思

宋红云

试卷讲评是提高学生复习质量的重要环节，高效的讲评才有利于发现学生学习中薄弱环节，有利于纠正学生知识点的错误，才有利于提高学生综合能力。所以不能把试卷讲评课变成对答案，变成面面俱到的讲解，而应该依据试卷的难度、错误率等多种因素来进行评讲。本节课前，我首先对试卷(除作文部分)的所有试题进行了仔细分析，分析试题的命题思路、考查角度和意图以及答题思路和技巧。分析学生的具体答题优缺点，分析学生在相同题目上出现的个性化问题，分析在不同题目中出现的共性问题。做到对试题的知识点和分布情况进行统计分析，判断试题的难易度。对于各项试题得分情况绘制了统计表，并且统计了试题答案的错误情况。这是直接掌握学生知识、思维和教学状况的必要手段。我认为，这些准备工作的实施使这节课更加有的放矢，重点突出。

在教学中我把试卷上同一知识点的题做典型题目，归在一起进行分析、讲评，例如，在基础知识部分，1题、2题和阅读部分的16题都属于字音字形题，将这一类题型放在一起讲解，在课上对学生进行组织、引导、点拨，促进学生积极探究、提出问题。但是学生由于紧张显得积极性较差，使得参与度不够。重视启发学生在解题思路上的分析和点拨，引导学生阅读题干中的关键字、词、句，挖掘题中的隐含条件，耐心点拨启发，并留给学生必要的思维空间，让学生悟深、悟透。

在试题的变式或延伸方面，由于典型题较多，所以本节课堂上对试题的迁移、巩固性练习比较少，这是本节课的不足，但是我会对试卷上的典型问题进行专项性的练习、巩固。

我在试卷讲评课后觉得还有以下几个方面可以改进。

第一，试卷的讲评要有更多的拓展，尤其是错误率较高的题目，错误率高说明这部分知识点学生掌握的程度达不到教学要求，可以补充类似的题目进行强化训练，也可以依据知识结构、能力培养、政治思维拓展的需要进行拓展，这样有利于学生对自身错误率较高的题目进行消化。

第二，试卷讲评过程中可以更大胆地放手给学生进行自我评价，表达自己的思维过程，这样可以充分地对照我对他们的诊断，看看是否恰如其分，还是有偏差，既可以增强我们对学生做题的诊断能力，了解学生的解题过程，纠正自我教学中的教学疏忽，也可以提高学生主动解决问题的能力。

第三,试卷讲评中,应对有创新、有独到见解的学生在课堂上加以及时的肯定、赞扬,激发他们内在的潜能,这个虽然在试卷批阅中有所体现,但我更认为大庭广众地赞美更能让他们体会到成就感,增强他们的自信,消除压抑感,激发他们内在的学习兴趣。

2018—2019年度第一学期期末一年级语文试卷讲评课教案

曾敬秋

一、教学目标

1. 知识与技能

通过对典型试题的剖析、点拨和策略讲解，强化知识积累，巩固答题策略，掌握复习方法。

2. 过程与方法

通过课前与家长合作自查、课上合作交流、教师点拨等方式，总结答题规律，规范答题思路，提高答题技能。

3. 情感态度与价值观

通过讲评，使同学们养成认真审题、勤于思考、善于分析、持之以恒的学习精神。

二、教学重点

抓住学生考试中的弱项，针对典型失分题，进行策略指导。

三、教学难点

准确把握期末考点，引导学生深入理解问题，进行知识迁移。

四、考情分析

参考人数42人，最高分100分6人，最低分63分，95～99分12人，90～94分12人，80～89分9人，70～79分1人，60～69分2人，总成绩为3 817分，及格率100%，优秀率71.5%，平均为90.88分。

五、试题分析

本试卷共五大板块，十三大题，选择声韵母和整体认读音节、连线、选择正确读音、读拼音写汉字、写笔顺、选择正确读音、辨字组词、找反义词、连词成句、积累背诵、口语交际、阅读和写话。

第一板块基础知识；第二板块积累背诵；第三板块口语交际；第四板块阅读；第五板块写话。第一、二、三、五板块得分率较高，只有第四板块阅读失分严重。

六、教法学法

教法:以小组合作探究为主,辅以案例分析法、讲解法、谈话法。

学法:小组合作探究、讨论,检查纠错。

七、授课类型

试卷讲评课。

八、教学课时

1 课时。

九、教学过程

(一)导入新课

1. 谈话导入

同学们,这是我们上学期期末语文测试卷,这节课我们牢记大屏幕上的这句话:我努力,我成功,我快乐!(屏显)

2. 基本情况介绍

本张试卷共有五大板块,十三个大题,内容立足教材、题量适中,主要测试学生的拼音、识字与写字、笔画的掌握、课文的掌握、理解和写句子等能力。虽然有几道题对于一年级学生来说相对难度较大,但从我们做题情况来看,成绩还算理想,来,让我们一起为自己的优秀和成功三击掌!

3. 晾晒成绩,对号入座

这份试卷质量是比较高的,基本上达到了检验我们教与学的目的。全班平均分 90.88 分。下面来看一看我们班的考试成绩分析。

分数	100	95～99	90～94	80～89	70～79	60～69
人数	6	12	12	9	1	2
优秀之星	张若欣、马天乐、胡子琪、王珊、刘爱、张涛、李爱学					
进步之星	高英敏、刘传奇、黄晓冉、石磊					

出错最多的几个题老师标了出来,大家一定要注意一下。

（二）依据成绩，分析得失

1. 同学们，以前我们参加过无数考试，为什么把题做错了，有哪些原因？大家小组讨论，找出规律。

2. 学生归纳，教师板书

（1）不会，没学好。

（2）马虎，会的没做对。

（3）审题不细，会的做错了。

3. 师生共同总结本次考试呈现的优缺点

【优点】

（1）整体呈现卷面整洁，书写清楚工整。

（2）选韵母、连线、写汉字等基础知识得分率高，基础知识掌握较好。

（3）作文相对来说失分较少，只有个别同学有减分现象。

【不足】

（1）韵母和整体认读音节的转换问题较大。

（2）连词成句和阅读失分较多。

（3）审题不细心。

（三）探究典型，点播指导

同学们，失败是成功之母，这次出现失误没关系，只要下次能够不再出现类似的问题，我们就成功了！

1. 我们先来研究第一部分“基础知识部分”

第三题在带点字的正确读音下打“√”。共三个带点字分别为：女孩的“孩”、爷爷的“爷”、医院的“院”，这三个字“孩”和“院”错的很少，只有爷爷的“爷”错的较多，爷爷[yé yié]，个别同学选择了 yié，原因在于韵母 ié 变成整体认读音节时，应去“i”加“y”，个别同学没有掌握好这一规律。

2. 第九题为“我能连词成句”

①往南 ②飞 ③燕子 ④一群 ⑤排队

正确答案应为：④③⑤①②

请大家自己结合答案，分析自己的答题情况，哪里答错了？为什么？

学生交流，教师归纳：共 5 个词，丢掉 1 个；词序排错了。

师生共同分析造成失误的原因：审题不清，马虎。

达成共识：知错就改。

3. “阅读部分”

请同学们先研究答案，然后请同学说说这一部分你的答题情况，可以说说自己做得很得意的题目，也可以说说自己做错的原因以及今后如何去做。

教师归纳小结，重点是 2、3 小题。第 2 小题，学生归纳能力差；第 3 小题用“——”画出小河爱旅行,都去了哪些地方?学生没在文中画出来。

(四)总结失分原因和答题攻略

【失分原因】

①基础知识个别同学掌握不牢。

②不会审题。

③平时缺少阅读训练。

【答题攻略】

①抓住知识点,守住基础,掌握方法。

②培养细心认真的学习习惯。

③养成阅读意识和习惯。

(五)知识的巩固和迁移,当堂练习和提高。

①将韵母和整体认读音节,在对比的基础上,小组内交流互相检查。

②小组内,组员之间随意说词连句。

③阅读课文,随意口头提出问题,并回答。

(六)课堂小节

让学生谈谈本试卷的收获。

【失分给你的启示】

【得分给你的经验】

(七)作业:

回家和妈妈谈谈今天这节课,你的收获是什么?并让妈妈给你买一本拼音版的《西游记》,每天阅读,养成阅读习惯。

【板书设计】

守住基础　掌握方法

细心认真　阅读有益

2018—2019年度第一学期期末一年级语文试卷分析与反思

曾敬秋

一年级第一学期期末检测结束了，这次测试从卷面上看，学生做的还不错，但是也反映出一些问题。为了提高教学成绩，特对本次测试的试卷分析如下：

一、考试总体情况分析

本班实考人数为42人，总成绩为3 817分，平均分为90.88分。最高分100分6人，最低分63分，95～99分12人，90～94分12人，80～89分9人，70～79分1人，60～69分2人，及格率100%，优秀率71.5%。学生的成绩不错，但也有不足之处。

二、试题结构

结构：本试卷共五大板块，第一板块基础知识、第二板块积累背诵、第三板块口语交际、第四板块阅读、第五板块写话，第一、二、三、五板块得分率较好，只有第四板块阅读失分最严重。

十三个大题，选声韵母和整体认读音节、连线、选择正确读音、读拼音写汉字、写笔顺、选择正确读音、辨字组词、找反义词、连词成句、积累背诵、口语交际、阅读和写话。用不同的形式考察了学生对本学期所学的字、词、句、朗读、写作等能力的测试，试题覆盖面较全，题量适中，题型不难。

三、典型错例分析

①第三题为在带点字正确读音下面打√。学生对爷爷[yé yié]拼音认识有误差，说明韵母和整体认读音节转换应作为重点进行讲解。

②第九题连词成句，有些同学不知道词语应该怎么搭配，以至于出错。

③第十二题阅读部分，学生阅读能力较弱，应加强阅读，培养语感。

四、学生反响

对于试卷的检测内容，优等生比较容易掌握；学困生答了一些基础题，也觉得很有成就感。

五、反思与对策

本次检测是对教学质量的监控，通过本次质量分析，我们一年级组的语文教师经过反思认为，在今后的教学中，我们还应该做好以下几方面的工作：

1. 注重良好习惯的培养

从卷面上看，学生的审题不够认真、粗心马虎等，是导致失分的一个重要原因。这些是长期不良习惯造成的结果，应当引起重视。其实培养良好的学习习惯，也是学生的一个基本素质，它将使学生受益终生。

2. 加强易错易混淆概念的辨析

从卷面上看，不论是在汉语拼音还是在识字、阅读上，都不同程度地出现学生对某些字词产生混淆的现象。在平常教学中，我们要加强对比练习，让学生在对比中自己辨析、掌握。

3. 注重阅读能力和观察能力的培养

(1)在今后的教学中，我们要注重培养学生的审题能力。尤其在阅读短文中，要教给学生读懂短文的方法。拿到一篇短文，先要读几遍，结合短文的题目，了解短文的大意；然后读懂短文后面的题目，做什么，怎么做，再一题一题认真解答。

(2)随着课程改革的不断深入，在教学内容的呈现形式上，出现了多种形式的练习题型，如图文题、短文阅读题、及综合运用等题型。这些题大多要求学生通过观察或阅读来解决。从答题情况来看，学生这方面的能力较薄弱，原因是学生的阅读能力和观察能力不强。因此，在今后的教学中，教师必须注意加强小学生这方面能力的培养。

4. 加强学困生的辅导工作

从本次试卷成绩看，还有一小部分学生成绩非常不理想。因此，在日常的教学中，必须重视对这些学困生的辅导工作，对这部分学生要有所偏爱，及时给予补缺补漏，以保证不同的人都能得到不同的发展。从而大幅度提高教学质量。

5. 写作能力培养

在写话方面，坚持每天写日记，为写作打基础，使学生的写作水平逐步提高

六、今后改进的教学策略

①更加重视书写端正、规范，卷面整洁。

②重视学习习惯的培养，仔细审题、仔细答题、仔细检查。

③注重在教学时让学生掌握好基础知识的答题要领。

④加强阅读训练，提高阅读方法。

⑤重视词语的积累，增大阅读量，提高说话、写话的能力。

总而言之，测试中出现的许多情况为我们一年级组语文教师进一步开展教学和教研工作，提供了很好的研究素材。我们将以积极的态度，将质量分析工作与实施新课程、开展发展性评价以及促进教师专业发展等工作进行有机的综合和研究，以便更深入地开展工作，准确把握语文教育的方向，努力使我校的小学语文课改朝着稳妥、有序、健康的方向发展！

语文教研组教学教研活动剪影

语文教师刘翠云讲授试卷讲评课

语文教师张桂增讲授试卷讲评课

语文教师宋红云讲授试卷讲评课

语文教师崔秋霞讲授试卷讲评课

语文教师弭瑞霞主持教学研讨

语文学科组集体教研活动

数学学科试卷讲评课教学模式

——“三段·六重”讲评课模式

王淑娴

考试是用来检验学生在某一阶段学习中存在的问题和不足的，而试卷讲评课就是要针对学生的问题和不足对知识进行梳理、整合、再运用，通过对典型题目的剖析拓展总结解题规律、提升解决问题的能力。为此，我们数学组通过一定阶段的摸索和实践，归纳出了适合我们学校的“三段·六重”讲评课模式。

总体要求：重归因、重方法、重典型、重过程、重激励、重迁移。

具体操作流程为：三段、六个基本环节。

一、课前准备

(一)学生自查自改环节

(1)简单错误，学生独立找出错因，自行解决。

(2)似是而非的题目从另一角度对问题进行思考，为组内的探讨交流做好思维上的铺垫。

(3)自己不能解决的问题先记下来，在老师的讲评过程中重点听。

(二)教师精心准备环节(教师为归因、方法、典型、迁移做好充足的准备)

教师提前绘制各题得分情况的统计图，计算各题的平均分，衡量全班对此类题的掌握情况。全班平均得分较低的题目，是学生的薄弱环节，分析学生失分原因，予以重点讲评。对学生错误较为集中或不会者较多的题目进行分析，找出错误根源，对典型题目要注意归因、迁移，编出针对性训练题。搜集学生试卷中的好的解法进行整理，准备向其他学生介绍。

二、课中学习

(一)概述测试成绩环节

课上用2～3分钟时间概述测试后成绩情况：简述测试的平均分、及格率、优秀率、低分率、达标率；表扬达到目标分、超出目标分的同学及最高分获得的同学，起到激励作用。

(二)讲解试题环节

(1)重点讲评典型性、方法性强的题目。课上做到“突出重点，突破难点，加强思路分析，讲究对症下药”。将较多的时间用在分析与思路启发上，板书必要的解题过程，规范学生的解题格式，不必面面俱到。对重点题目“一题多变”“一题多测”“一题多拓”，一定要学生充分体会思路的迁移作用。

(2)展示学生答卷中出现的好的思路，好的方法，其余同学予以借鉴；展示典型错误，剖析原因，起到纠错的作用。

(3)尽量请学生发言。错误让学生改，思路、解法让学生讲，锻炼学生的表达能力并体验成功的喜悦。

(三)课堂反思归纳环节

首先，教师归纳常规解题方法，强调通性通法；其次，给学生留5分钟反思时间，通过反思锻炼思维的广度和深度。

三、课后反馈

巩固、反馈环节

课后要扩大“战果”，布置有针对性的作业，对试卷中典型试题，学生出错较多的试题进行多角度的改造，使旧题变新题，并要求学生课后完成如下工作：

(1)在错题集上整理错题，要求学生写出：正确解答、错因、启示、相关知识。

(2)典型题集上整理一题多解，充分体会、内化。

(3)完成教师布置的针对性训练题。

总之，通过试卷讲评课我们要达到以下目的：纠正学生答题中的各种错误，掌握正确解法；通过试卷讲评引导学生学会学习、学会考试；让学生认识到自身与他人的差距，认识自身学习实际与学习能力的差距；对知识、方法做进一步的归纳，拓宽眼界，掌握通法。

2016年4月滦县初中毕业生升学摸底考试“抛物线平移”专题讲评课教案

高晓红

一、讲评目标

(一)知识目标

会用待定系数法求二次函数解析式、确定抛物线的对称轴及顶点坐标,体会二次函数的图像和性质,并对平移抛物线解决问题这一弱点进行补救。

(二)能力目标

通过变式拓展,强化思维训练,激励学生主动思考、积极探究,培养学生的创新精神。

(三)情感目标

鼓励学生从不同的角度思考问题、解决问题,增进学生对数学的理解和学好数学的信心。

二、讲评重点

开拓解题思路;强化解题策略;培养学生用数学知识分析解决问题的能力。

三、讲评难点

解决抛物线平移的相关问题,达到质的飞跃。

四、讲评过程

(一)相关知识链接

1. 将抛物线 $y=3x^2$ 的图像先向右平移4个单位,再向上平移3个单位所得的解析式为(　　)

A. $y=3(x+4)^2-3$　B. $y=3(x-3)^2+4$

C. $y=3(x-4)^2-3$　D. $y=3(x-4)^2+3$

2. 由函数 $y=-x^2$ 的图像平移得到函数 $y=-(x+4)^2-5$ 的图像，则这个平移是(　　)

A. 向左平移 4 个单位，向下平移 5 个单位

B. 向左平移 4 个单位，向上平移 5 个单位

C. 向右平移 4 个单位，向下平移 5 个单位

D. 向右平移 4 个单位，向上平移 5 个单位

(二)探究试题奥秘

摸底试卷：第 25 题(本题 11 分) 已知：抛物线 $y=ax^2+bx$，

(1)该抛物线向左平移 1 个单位，再向上平移 2 个单位得到 $y=2x^2$，则 $a+b=$______。

(2)如图 1 所示，若该抛物线经过点 $A(-3,3)$ 和 $P(-4,0)$，求此抛物线的表达式及其顶点坐标。

(3)已知点 $D(m,m-6)$在第四象限的抛物线上，且点 D 与点 D'关于 y 轴对称，求点 D'的坐标。

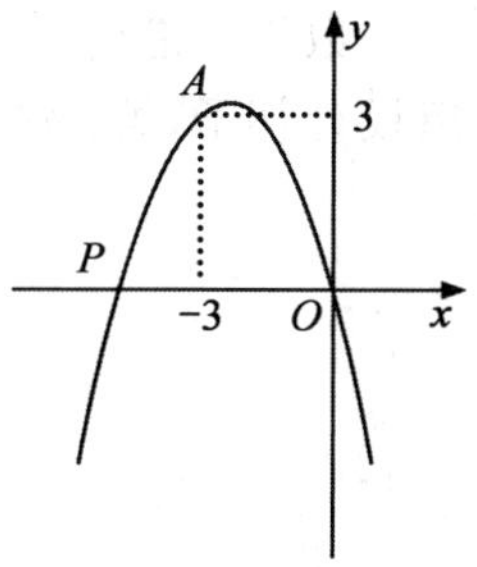

图 1

(三)精彩试题链接

(2015. 河北)(本题 11 分)如图 2 所示，已知点 $O(0,0)$，$A(-5,0)$，$B(2,1)$，抛物线 l：$y=-(x-h^2)+1$(h 为常数)与 y 轴的交点为 C。

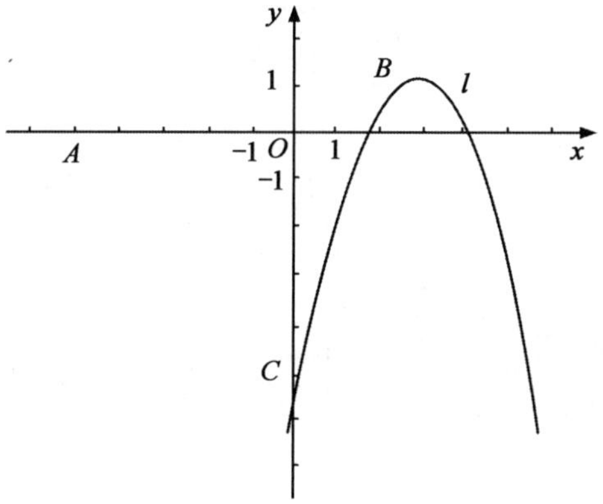

图 2

(1)l 经过点 B，求它的解析式，并写出此时抛物线 l 的对称轴及顶点坐标。

(2)设点 C 的纵坐标为 y_c，求 y_c 的最大值。

(3)当线段 OA 被 l 只分为两部分，且这两部分的比是 $1:4$ 时，求 h 的值。

(四) 能力提升

如图 3 所示，把抛物线 $y=x^2$ 沿直线 $y=x$ 平移$\sqrt{2}$个单位后，其顶点在直线上的 A 处，则平移后的抛物线解析式是(　　)。

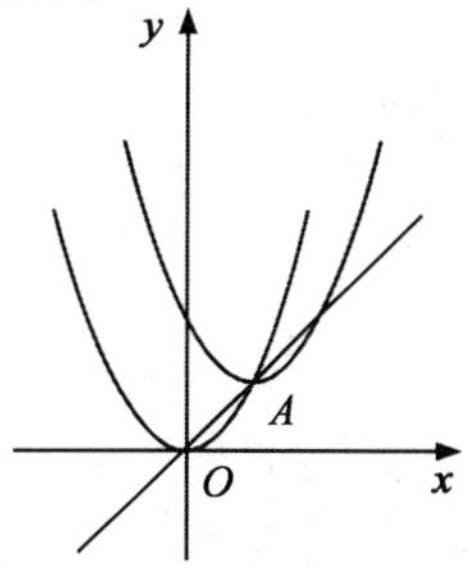

图 3

A. $y=(x+1)^2-1$　B. $y=(x+1)^2+1$

C. $y=(x-1)^2+1$　D. $y=(x-1)^2-1$

(五)教师寄语总结

一个错误实际就是一个盲点，对待错误的态度不积极，或者缺乏理想的方式解决错误，错误会在任何可能的时候发生，而且会经常重复发生，所以对待错误一定要"善待""严逮"。

(六)布置作业

数学走进生活：如图 4 所示，设计师以 $y=(x-1)^2+1$ 的图像为灵感设计杯子，若 $MN=9$，则 $AB=$______。

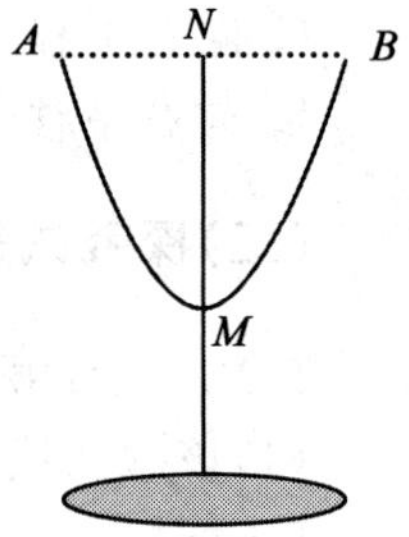

图 4

2016年4月滦县初中毕业生升学摸底考试“抛物线平移”专题讲评课说课

高晓红

一、讲评内容

讲解滦县初中毕业生升学摸底考试试题第25题。

二、讲评目标

(一)知识目标

会用待定系数法求二次函数解析式、确定抛物线的对称轴及顶点坐标，体会二次函数的图像和性质，并对平移抛物线解决问题这一弱点进行补救。

(二)能力目标

通过变式拓展，强化思维训练，激励学生主动思考、积极探究，培养学生的创新精神。

(三)情感目标

鼓励学生从不同的角度思考问题、解决问题，增进学生对数学的理解和学好数学的信心。

三、讲评重点

通过一题多解，开拓解题思路；通过变式训练，强化解题策略；通过数学建模，培养学生用数学的眼光分析解决问题的能力。

四、讲评难点

解决抛物线平移的相关问题，达到质的飞跃。

五、讲评关键

重视更改试卷中的错误，并对出错的知识点进行强化巩固。关注建模过程中学生数学思想方法的培养与应用。

六、讲评方法

(1)学生自我分析、纠正问题。

(2)同学间相互讨论错误问题原因。

(3)教师引导、分析问题,纠正错因。

(4)拓展练习,开拓思维,巩固知识点。

七、讲评过程

(一)相关知识链接

1.将抛物线 $y=3x^2$ 的图像先向右平移 4 个单位,再向上平移 3 个单位所得的解析式为( )。

A. $y=3(x+4)^2-3$ B. $y=3(x-3)^2+4$

C. $y=3(x-4)^2-3$ D. $y=3(x-4)^2+3$

2.由函数 $y=-x^2$ 的图像平移得到函数 $y=-(x+4)^2-5$ 的图像,则这个平移是( )。

A.向左平移 4 个单位,向下平移 5 个单位

B.向左平移 4 个单位,向上平移 5 个单位

C.向右平移 4 个单位,向下平移 5 个单位

D.向右平移 4 个单位,向上平移 5 个单位

设计意图:温故知新,为解决新问题做铺垫。

(二)探究试题奥秘

摸底试卷:第 25 题(本题 11 分)已知:抛物线 $y=ax^2+bx$,

1.该抛物线向左平移 1 个单位,再向上平移 2 个单位得到 $y=2x^2$,则 $a+b=$______。

2.如图 1 所示,若该抛物线经过点 $A(-3,3)$ 和 $P(-4,0)$,求此抛物线的表达式及其顶点坐标。

3.已知点 $D(m,m-6)$ 在第四象限的抛物线上,且点 D 与点 D' 关于 y 轴对称,求点 D' 的坐标。

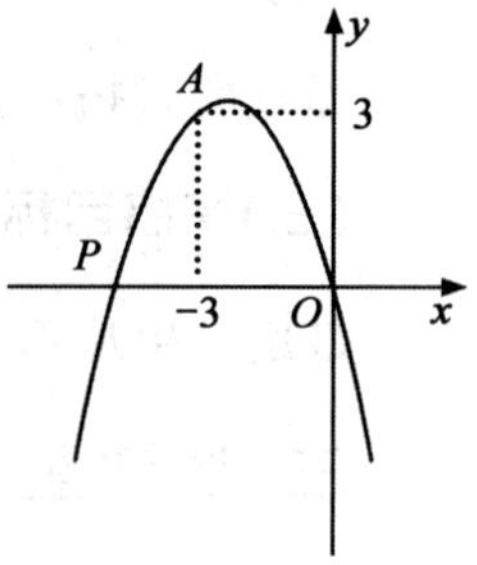

图 1

设计意图:分析学生在知识和思维方面的薄弱环节,找出试卷中出现的具有共性的典型问题,针对导致错误的根本原因及解决问题的方法进行讲评。从多层次、多方位剖析,在掌握常规思路和解法的基础上,启发新思路,探索巧解、速解和一题多解,让学生感到内容新颖,学有所思,思有所得。培养学生由正向思维向逆向思维、发散思维过渡,提高分析、综合和灵活运用数学知识的能力。

(三)精彩试题链接

(2015.河北)(本题 11 分)如图 2 所示,已知点 $O(0,0)$,$A(-5,0)$,$B(2,1)$,抛物线 l:$y=-(x-h)^2+1$(h 为常数)与 y 轴的交点为 C。

(1)l 经过点 B,求它的解析式,并写出此时 l 的对称轴及顶点坐标。

(2)设点 C 的纵坐标为 y_c,求 y_c 的最大值。

(3)当线段 OA 被 l 只分为两部分,且这两部分的比是 1∶4 时,求 h 的值。

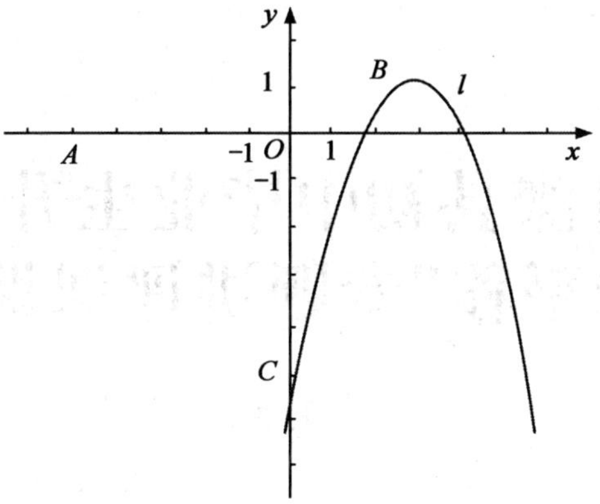

图 2

设计意图：此试题的选择，一是深化学生对知识的理解和应用，起到举一反三，触类旁通的作用；二是揭秘中考，拓宽学生视野，既巩固了本节课的重难点知识，同时又使学生领悟解决问题的策略，掌握并积累了有效的学习方法。

(四) 能力提升

如图 3 所示，把抛物线 $y=x^2$ 沿直线 $y=x$ 平移$\sqrt{2}$个单位后，其顶点在直线上的 A 处，则平移后的抛物线解析式是(　　)。

A. $y=(x+1)^2-1$　B. $y=(x+1)^2+1$

C. $y=(x-1)^2+1$　D. $y=(x-1)^2-1$

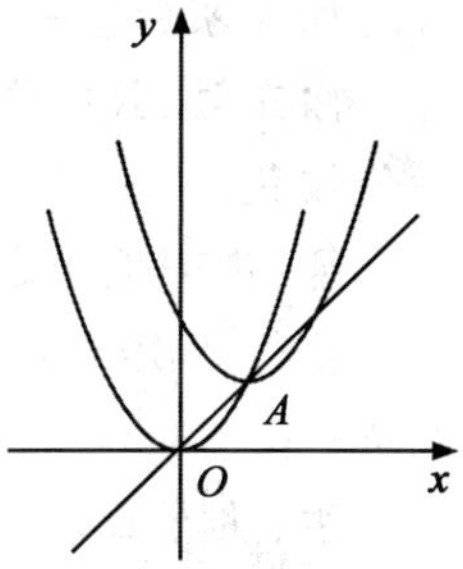

图 3

(五)教师寄语总结

一个错误实际就是一个盲点，对待错误的态度不积极，或者缺乏理想的方式解决错误，错误会在任何可能的时候发生，而且会经常重复发生，所以对待错误一定要“善待”“严逮”。

(六)布置作业

数学走进生活：如图 4，设计师以 $y=(x-1)^2+1$ 的图像为灵感设计杯子，若 $MN=9$，则 $AB=$______。

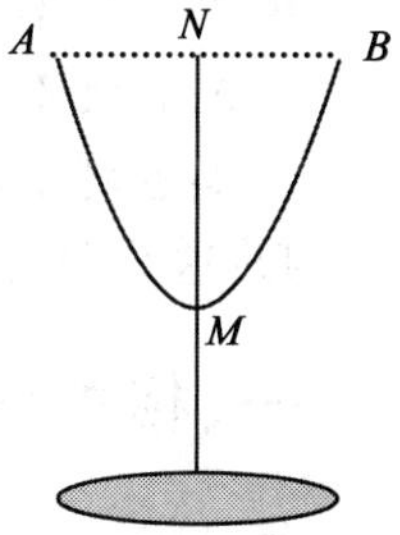

图 4

设计意图：学生课后通过完成此题，形成数形结合意识，体会如何利用已知语句、图像等信息，选取合适的数学模型，从而找到与之相适应的方法，使解题既准确又简捷，有助于培养学生的观察能力，分析问题和解决问题的能力，既巩固了本节课的重难点，又能使学生领悟解决问题的策略，掌握并积累有效的学习方法。

2016年4月滦县初中毕业生升学摸底考试“抛物线平移”专题讲评课课堂实录

高晓红

师:上课,同学们好!

生:老师好!

师:大家请坐。县摸底考试刚刚结束,我班42人参加考试,平均成绩74.2分,在此向同学们表示祝贺,尤其是我班徐文哲同学以114分的好成绩取得本次考试的冠军,真的很棒!徐文哲能和大家分享一下你的学习经验吗?

徐文哲:我的学习经验是认真听讲,勤于思考,敢于质疑,善于归纳,我始终相信一分耕耘一分收获。

师:希望他山之石可以攻玉。

获得本次考试优胜奖的还有:冯慧媛、周成林、章明瑞、陈宇婕,我们用掌声向他们表示祝贺!

生:热烈鼓掌。

师:同学们看这张试卷(投影展示),作者就是我班的侯胜楠同学,荣获本次考试最整洁卷面奖。

生:热烈鼓掌。

师:期盼下一次考试,会有更多的同学获奖!

师:恭喜这些同学的同时,老师也为有些同学感到遗憾,谁愿意说说自己失分的原因吗?

生1:审题不细致。

生2:计算不准确。

生3:思维不灵活。

生4:答题不规范。

师:这节课我们针对失分最多的第25题进行讲评。

一、相关知识链接

师:投影显示

1.将抛物线 $y=3x^2$ 的图像先向右平移4个单位,再向上平移3个单位所得的解析式为(　　)。

A. $y=3(x+4)^2-3$　　B. $y=3(x-3)^2+4$

C. $y=3(x-4)^2-3$　　D. $y=3(x-4)^2+3$

生:独立思考。

生1:我选择答案D。

师:同意吗?

生:同意。

师:能说说你是怎么想的吗?

生1:我用的是自变量 x 左加右减,函数 y 上加下减。

师:谁还有别的想法吗?

生2:我认为抛物线 $y=3x^2$ 的顶点坐标是(0,0),平移后顶点坐标变为(4,3)所以解析式为 $y=3(x-4)^2+3$,所以选择答案D。

师:同意吗?

生:同意。

师:顶点是抛物线上最特殊的点,的确具有代表性,可行!

师:我们看下一题(投影显示)

2.由函数 $y=-x^2$ 的图像平移得到函数 $y=-(x+4)^2-5$ 的图像,则这个平移是(　　)。

A.向左平移4个单位,向下平移5个单位

B.向左平移4个单位,向上平移5个单位

C.向右平移4个单位,向下平移5个单位

D.向右平移4个单位,向上平移5个单位

生:独立思考。

师:你们的答案是什么?

生(齐):A。

师:同桌一组说说自己的想法。

生:交流。

师:还有疑问吗?

生齐:没有。

二、探究试题奥秘

师:接下来我们一起探究摸底试卷第25题(投影显示)已知:抛物线 $y=ax^2+bx$

(1)该抛物线向左平移1个单位,再向上平移2个单位得到 $y=2x^2$,则 $a+b=$(　　)。

生:独立思考。

师:这一问题考试时做错的请举手,现在会做了吗?

生1:我想用平移规律做,抛物线向左平移1个单位,再向上平移2个单位得到 $y=2x^2$,相当于是把 $y=2x^2$ 向下平移2个单位,再向右平移1个单位,可以得到 $y=2(x-1)^2-2$,化成一般式就是 $y=2x^2-4x$,所以 $a=2,b=-4$,所以 $a+b=-2$。

师:这次他做的对吗?

生(齐):对。

师:知道当时自己错在哪了吗?

生1:我平移规律没记清楚,把 x、y 弄反了。

师:谁还记得当时自己错在哪了?

生2:题目要求得到 $y=2x^2$,而我把 $y=2x^2$ 平移了,所以错了。

师:审题一定要仔细!

生3:我是顶点式化一般式时出错。

师:下面同学们用顶点坐标的变化再解这道题。

生:认真解答。

师:(投影显示)

(2)如图1所示,若该抛物线经过点 $A(-3,3)$ 和 $P(-4,0)$,求此抛物线的表达式及其顶点坐标。

师:同学们以小组为单位,查找错因,并改正。

生:交流合作,找出错因,并改正。

师:(投影显示)已知点 $D(m,m-6)$ 在第四象限的抛物上,且点 D 与点 D' 关于 y 轴对称,求点 D' 的坐标。

师:考试中做对的同学请举手!

师:谁能说说你的解题思路?

生1:首先把 $D(m,m-6)$ 代入 $y=2x^2-4x$,求出 m,从而得到 D 点坐标,再根据关于 y 轴对称,横坐标互为相反数,纵坐标不变写出 D' 的坐标。

师:完成这一问的解答。

生2:板演。

生3:对板演进行点评,全班达成共识。

师生共同总结:审题再细致一点,基础再牢固一点,方法再灵活一点,解题再规范一点。

三、精彩试题链接

师:(投影显示)(2015.河北)(本题11分)如图2所示,已知点 $O(0,0)$,$A(-5,0)$,$B(2,1)$,抛物线 l:$y=-(x-h)^2+1$ (h 为常数)与 y 轴的交点为 C.(1) l 经过点 B,求它的解析式,并写出此时 l 的对称轴及顶点坐标。

生:认真作答。

师:时间到,下面以小组为单位,纠错、改正。

师:(投影显示)

(2)设点 C 的纵坐标为 y_c,求 y_c 的最大值。

师:谁愿意说说你想怎样求点 C 的纵坐标?

生:因为点 C 是抛物线与 y 轴的交点,所以横坐标为0,我想把 $x=0$ 代入 l:$y=-(x-h)^2+1$。

师:同学们觉得可行吗?

生:可行。

师:试试看。

生:$y_c=h^2+1$。

师：y_c的最大值呢？

生：y_c的最大值是1。

师：(投影显示)

(3)当线段OA被l只分为两部分，且这两部分的比是$1:4$时，求h的值。

师：线段$OA=$？

生：线段OA等于5。

师：若把线段OA只分为$1:4$两部分，有几种分法？你能找出分割点吗？

生：两种。

师：把图中线段OA分为$1:4$两部分，你能找出分割点吗？

生：$(-1,0)$和$(-4,0)$。

师：思考$y=-(x-h)^2+1$，一定过哪个点？

生：$(h,1)$。

师：也就是说抛物线l的顶点在直线$y=1$上运动，对吗？

生：是。

师：演示抛物线l的平移过程。

生：完成解答过程。

四、能力提升

师：(投影显示)如图3所示，把抛物线$y=x^2$沿直线$y=x$平移2个单位后，其顶点在直线上的A处，则平移后的抛物线解析式是(　　)。

A. $y=(x+1)^2-1$　B. $y=(x+1)^2+1$

C. $y=(x-1)^2+1$　D. $y=(x-1)^2-1$

生：独立思考，作答。

师：全班交流。

五、教师寄语

总结一个错误实际就是一个盲点。对待错误的态度不积极，或者缺乏理想的方式解决错误，错误会在任何可能的时候发生，而且会经常重复发生。所以对待错误一定要“善待”“严逮”。

六、布置作业

数学走进生活：如图4所示，设计师以$y=(x-1)^2+1$的图像为灵感设计杯子，若$MN=9$，则$AB=$______。

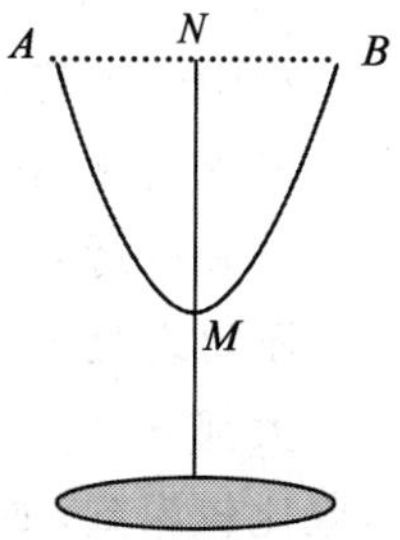

图4

2016年4月滦县初中毕业生升学摸底考试“抛物线平移”专题讲评课反思

高晓红

试卷讲评课是教学的重要环节，是梳理已学知识的重要过程，也是学习新知识的起点，更是培养学生创新能力的桥梁。

以往的试卷讲评课，自己讲得头头是道，学生听得明明白白，知错能改。但时间久了，学生又不会做了，或是稍加变形又没了思路……试卷讲评课到底应该怎么上？我有机会参与了试卷讲评课展示，让我和我的学生受益匪浅，在此与大家共勉。

亮点一：课前备课认真，讲评有的放矢。

课前我仔细做了一遍试卷，对每个试题学生可能出现的错误有一个大致的了解；写好讲评教案，对阅卷过程中收集到的素材进行整理分析，从中抽出具有普遍意义的典型问题进行讲评；认真地做了调查分析：一是加强对试卷的分析，统计试卷中所考的知识点及分布情况；二是对学生答题情况进行分析，总体分析所任教班级学生的整体水平，又逐项分析学生各题答题的正确率(得分率和失分率)，确定讲评中的重点和难点，使讲评更加有的放矢。

亮点二：课上选题典型，讲评注重方法。

准确分析学生在知识和思维方面的薄弱环节，找出试卷中出现的具有共性的典型问题，针对导致错误的根本原因及解决问题的方法进行讲评。对于同一知识点，从多层次、多方位加以剖析，并对所学过的知识进行归纳总结、提炼升华，以崭新的面貌展示给学生，在掌握常规思路和解法的基础上，启发新思路，探索巧解、速解和一题多解，让学生感到内容新颖，学有所思，思有所得。培养了学生由正向思维向逆向思维、发散思维过渡，提高了分析、综合和灵活运用数学知识的能力。

亮点三：引入错题展示，注重教学实效。

把学生带有共性的错误，制成投影片展示，在课堂上进行剖析，充分暴露解题思路，让学生自己发现问题，找出问题所在，并解决问题，在学生常犯错误的关键之处，适时地引导学生去反思总结并进行变式训练，避免下一次被同一块石头绊倒。

不足之处一：试卷讲评不及时。

大部分学生考试后，都急于知道自己的成绩，情绪比较高，而且对试题及自己的解题思路印象比较深刻，如果讲评不及时，学生对试题内容已记忆不清楚，不利于学生及时修正错误，巩固知识。

不足之处二:激励手段单一。

对各种优点的表扬应因人而异,让受表扬者既有动力又有压力,对存在的问题提出善意批评的同时,应包含殷切的期望,使学生都能面对现实,找到自己努力的目标,振作精神,积极地投入到下一阶段复习中去。

总之,本次试卷讲评,我加深了对试卷讲评课的认知,形成了试卷讲评课的新思路:重归因、重方法、重过程、重激励、重典型、重迁移。

2017年4月八年级数学素质教育质量检测试卷讲评课教案

李素香

一、教学内容

第十九章 平面直角坐标系;第二十章 函数。

二、教学目标

(一)知识目标

①平面直角坐标系的基础知识。
②理解函数的图像语言和文字语言,并根据题中信息求函数的解析式。

(二)能力目标

①理解和掌握平面直角坐标系的相关知识,能够在解题当中灵活应用。
②理解并能解答函数问题。
③会根据题意确定自变量的取值范围。

(三)情感目标

通过对实际生活问题的解决,引导学生体会数学的建模思想,激发学生学习数学的积极性。

三、教学重点

平面直角坐标系及其相关知识,函数初步知识及其应用。

四、教学难点

平面直角坐标系知识的应用;在不同情况下函数解析式的求解。

五、教学方法

教法:分析法、激励法。
学法:讲练结合法。

六、教学过程

(一)教师分析全班成绩,学生找准个人位置

1. 对参考学生试卷答题情况分析

全班数学成绩分析(100 分)	第一次月考
优秀人数(88 分及以上)	15 人
优秀率	28.3%
及格人数	35 人
及格率	66%
平均分	68.21 分

2. 对学生个人答题情况进行分析

(1)这次考试中获得满分的“状元”有两个同学,他们是:历莞晴、吕阳两位同学。

(2)这次考试中进步的“进步之星”。

①进步“状元”:朱婕同学。数学是朱婕同学的弱科,可在朱婕同学的努力下,她在此次考试中成绩突出,位于班级第十一名。

②群星灿烂：进步突出的同学。这次数学考试中，班内进步的同学很多，他们分别是：高庆然、孙敬轩、刘子聪、苗雪琴、王子慧、吴际帅、葛心茹、尚超、沈欣然、陆子琪。

(二)对本试卷学生答题情况分析：

(幻灯片)出示个别同学答题过程中存在的错误，再由同学们一起分析错误产生的原因，寻找解决问题的方法。

1. 第二大题填空题第 10 题

(1)答题情况展示。

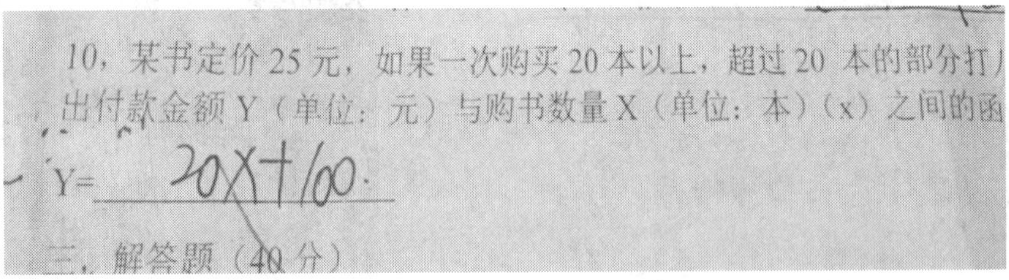

10，某书定价 25 元，如果一次购买 20 本以上，超过 20 本的部分打
出付款金额 Y（单位：元）与购书数量 X（单位：本）(x) 之间的函

Y=20X+100.

三，解答题（40 分）

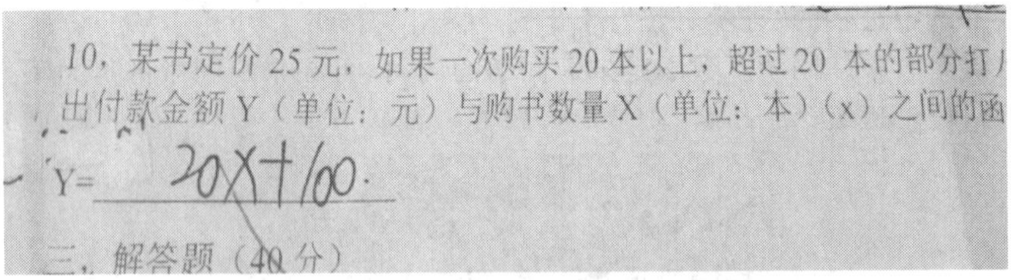

10，某书定价 25 元，如果一次购买 20 本以上，超过 20 本的部分打
出付款金额 Y（单位：元）与购书数量 X（单位：本）(x) 之间的函

Y=20X+100.

三，解答题（40 分）

(2)分析错误的原因。

①没有读懂题意。

②对于函数来讲，在自变量不同的取值范围内，其解析式也不同。

(3)解决问题的方式。

①仔细读题，理解题意，确定题型。

②找准问题的解决方法，对于分段函数，必须首先确定自变量的取值范围，然后才能确定在不同取值范围内的函数解析式。

③由一名同学到黑板上板演，其他同学在试卷上改正。

（此题没有问题的同学解决幻灯片上出示的课堂追踪练习题）

(4)课堂追踪练习。

①某地提倡节约用水制度，其水费交纳方式为：每月每户用水不超过 10 m^3 时，每立方米按 1.5 元收取，如果超过 10 m^3，则超过部分每立方米加收 0.8 元。请写出小明家今年 3 月份用水 x m^3 与应交水费 y（元）间的函数关系式。

②某地出租车行驶里程与收费标准如下表所示。写出 y 与 x 间的关系式。

行驶里程 x(km)	≤3 km(含 3 km)	3 km 以外
收取费用 y(元)	10	14.6

③甲独立完成某项工作，后由于采用新技术，完成工作任务 y 与时间 x(h)情况如图所示，写出 y 与 x 间的关系式。

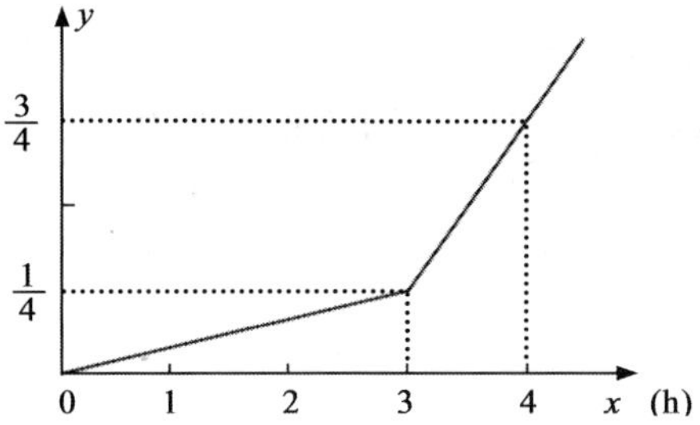

2. 第三大题

已知点 $A(a,5)$，$B(-3,b)$，根据下列条件求出 a，b 的值。

(1)A，B 关于 x 轴对称：a=________，b=________.

(2)A，B 关于 y 轴对称：a=________，b=________.

(3)A，B 关于原点对称：a=________，b=________.

(4)$AB//y$ 轴，则 a=________，b=________.

(1)答题情况展示。

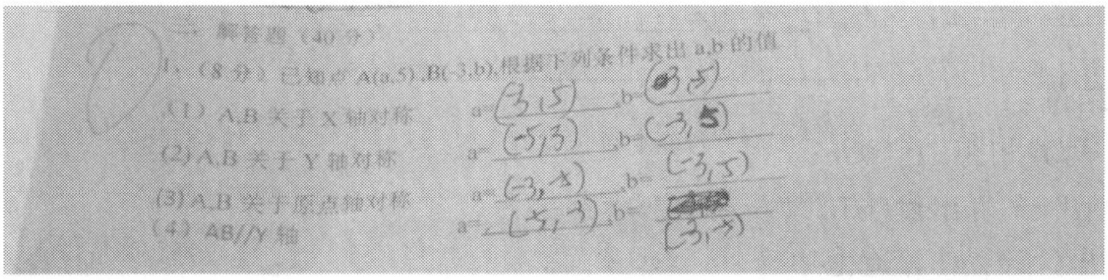
三、解答题（40分）
1、（8分）已知点 A(a,5),B(-3,b),根据下列条件求出 a,b 的值
(1) A,B 关于 X 轴对称 a= b=
(2) A,B 关于 Y 轴对称 a= b=
(3) A,B 关于原点轴对称 a= b=
(4) AB//Y 轴 a= b=

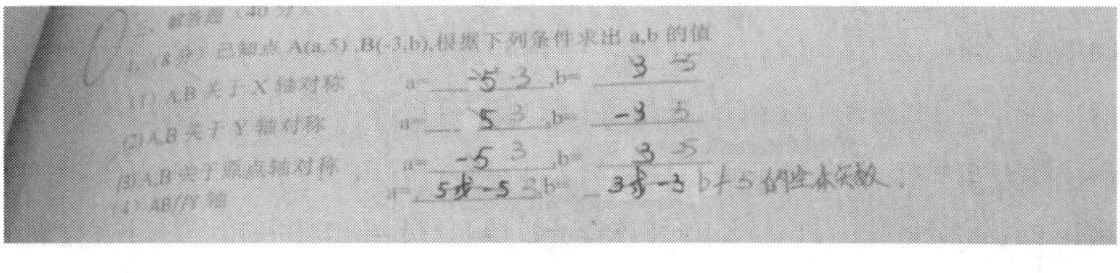
三、解答题（40分）
1、（8分）已知点 A(a,5),B(-3,b),根据下列条件求出 a,b 的值
(1) A,B 关于 X 轴对称 a= b=
(2) A,B 关于 Y 轴对称 a= b=
(3) A,B 关于原点轴对称 a= b=
(4) AB//Y 轴 a= b=

(2)分析错误的原因。

①不理解题意,在不清楚题目中的要求时就下手作题。

②没有掌握坐标系中关于 x 轴、y 轴和原点对称的坐标特点。

(3)解决问题的方式。数学讲究数形结合,对于此类问题,最好的解决方法莫过于用图示方法来解决。

所以先由小组同学合作,用画图示的方法来帮助理解,然后再由学生自己独立改正错误。

(4)课堂追踪练习。

①$P(-2,y)$与$Q(x,-3)$关于 x 轴对称,则 $x-y$ 的值为(　　)。

A. 1　　B. -5　　C. 5　　D. -1

②过点 $C(-1,-1)$和点 $D(-1,5)$作直线,则直线 CD (　　)。

A. 平行于 y 轴　　B. 平行于 x 轴　　C. 与 y 轴相交　　D. 无法确定

③若点 $P'(m,-1)$是点 $P(2,n)$关于 y 轴的对称点,则 $m+n$ 的值为(　　)。

A. 3　　B. -1　　C. 1　　D. -3

④若点 $A(2,m)$在 x 轴上,则点 $B(m-1,m+1)$在(　　)。

A. 第一象限　　B. 第二象限　　C. 第三象限　　D. 第四象限

⑤已知点 $P(x,y)$在第四象限,它到 x 轴的距离为 2,到 y 轴的距离为 3,则点 P 关于 x 轴对称的点的坐标是(　　)。

A. (3,2)　　B. (3,-2)　　C. (2,3)　　D. (-2,-3)

(三)中考题链接

1.(2015 年鄂州 9 题)甲、乙两车从 A 城出发匀速行驶至 B 城,在整个行驶过程中,甲、乙两车离开 A 城的距离 y(km)与甲车行驶的时间 t(h)之间的函数关系如图所示。

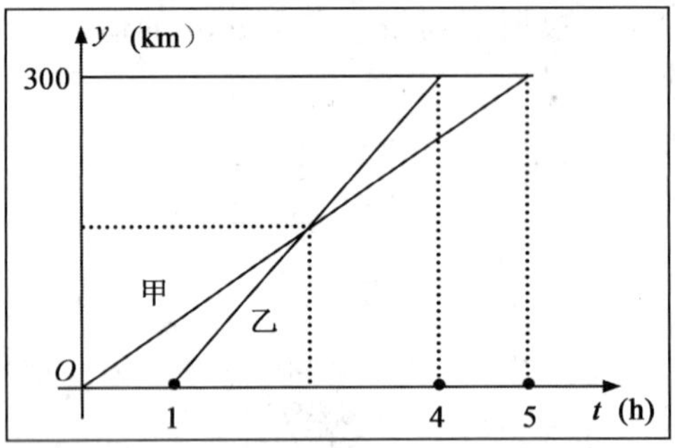

则下列结论:

①A,B 两城相距 300 km;

②乙车比甲车晚出发 1 h,却早到 1 h;

③乙车出发后 2.5 h 追上甲车;

④当甲、乙两车相距 50 km 时,$t=1.25$ 或 3.75.

其中正确的结论有(　　)。

A. 1 个　　B. 2 个　　C. 3 个　　D. 4 个

2. 学有余力的同学完成

一家游泳馆的游泳收费标准为 30 元/次,若购买会员年卡,可享受如下优惠:

会员年卡类型	办卡费用	每次游泳收费
A类	50	25
B类	200	20
C类	400	15

例如，购买 A 类会员年卡，一年内游泳 20 次，消费 $50+25\times20=550$(元)，若一年内在该游泳馆游泳的次数介于 45～55 次，则最省钱的方式为(　　)。

A. 购买 A 类会员年卡　　B. 购买 B 类会员年卡

C. 购买 C 类会员年卡　　D. 不购买会员年卡

(四)课堂小结

通过这节课的学习，对你在以后的学习有什么启发？

(五)教师寄语

心态沉稳审题仔细，解题思路灵活多样，方法选取精确恰当，过程书写必须规范！

(六)课后作业

①处理本次月测试卷中出现的问题。

②将本次考试中的错题收录在错题本上。

2017年4月八年级数学素质教育质量检测试卷讲评课教学实录

李素香

师:前段时间我们进行了本学期第一次月测,成绩已揭晓,今天我们将对这次考试进行讲评。

师:本次考试数学试卷满分是100分,我们班的成绩统计结果是:校级优秀生人数是15人,占28.3%,及格人数35人,及格率是66%,班级平均分是68.21分。在全年级16个班中,名列第五。

师:请看!在本次考试中获得满分的同学。请大家大声地说出他们的名字!

(展示两位同学的照片)

生:历莞晴,吕阳。

师:我们班中还有一个进步非常大的同学,我们称她为进步状元!你们仔细辨认一下,她是哪位?

师:请同学们大声说出她的名字。

展示这位同学的图片:

生：朱婕！

师：朱婕同学，数学历来是她的弱科，可是这次在朱婕同学的努力下，她的成绩一跃跳到了优秀生中，位于班级第十一名。

师：下面的图片中展示的是在这次考试中进步较大的同学，我们称他们为进步之星！请大家仔细观察，并说出他们的名字！

展示图片：

生：高庆然、孙敬轩、刘子聪、苗雪琴、王子慧、吴际帅、葛心茹、尚超、沈欣然、陆子琪。

师：这次考试中，在试卷上出现了下面几个问题，下面大家仔细看一下我出示的同学们的答题情况，不要考虑是哪个同学的，要考虑错误出现的原因是什么？

师：看试卷二大题的第10题两位同学的答题情况：

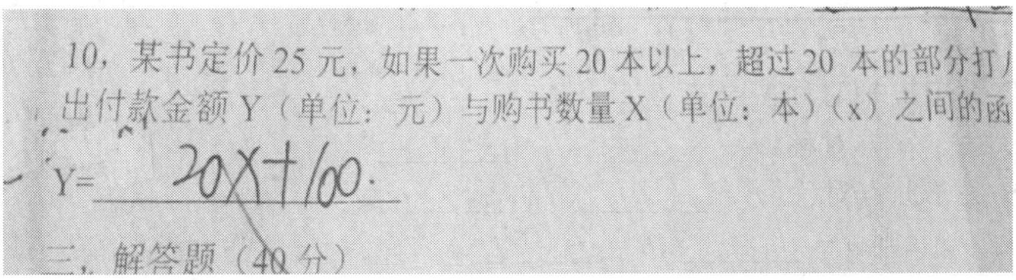
10，某书定价25元，如果一次购买20本以上，超过20 本的部分打
出付款金额Y（单位：元）与购书数量X（单位：本）(x) 之间的函
Y= 20X+100.
三、解答题（40分）

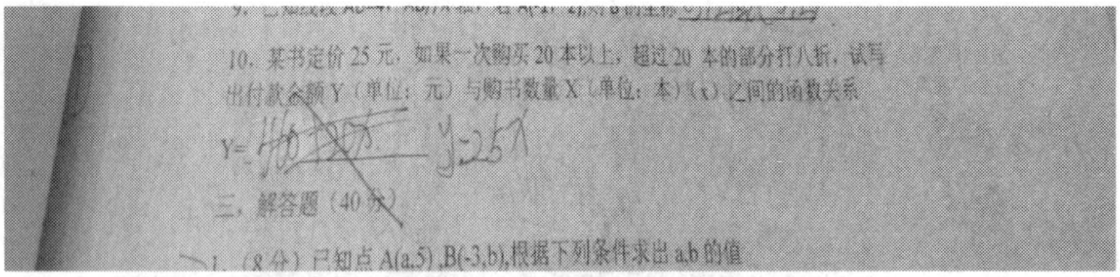
10、某书定价25元，如果一次购买20本以上，超过20本的部分打八折，试写出付款金额Y（单位：元）与购书数量X（单位：本）(x)之间的函数关系

Y=

三、解答题（40分）

1.（8分）已知点A(a,5),B(-3,b),根据下列条件求出a,b的值

师:请同学们分析一下这两位同学出现错误的原因是什么。

生1:对分段函数的处理方式不清楚。

生2:首先确定自变量的取值范围再根据取值范围来求函数解析式。

师:那这题如何来解答?

生:解:当 $x\leqslant 20$ 时,$y=25x$

当 $z=20$ 时,$y=25\times 20+25\times 80\%\times(x-20)=200x+100$

师:出示课堂追踪练习。

1.某地提倡节约用水制度,其水费交纳方式为:每月每户用水不超过 10 m^3 时,每立方米按 1.5 元收取,如果超过 10 m^3,则超过部分每立方米加收 0.8 元。请写出小明家今年 3 月份用水 x m^3 与应交水费 y(元)间的函数关系式。

2.某地出租车行驶里程与收费标准如下表所示。写出 y 与 x 间的关系式。

行驶里程 x(km)	≤3 km(含 3 km)	3 km 以外
收取费用 y(元)	10	14.6

3.甲独立完成某项工作,后由于采用新技术,完成工作任务 y 与时间 x(h)情况如图所示,写出 y 与 x 间的关系式。

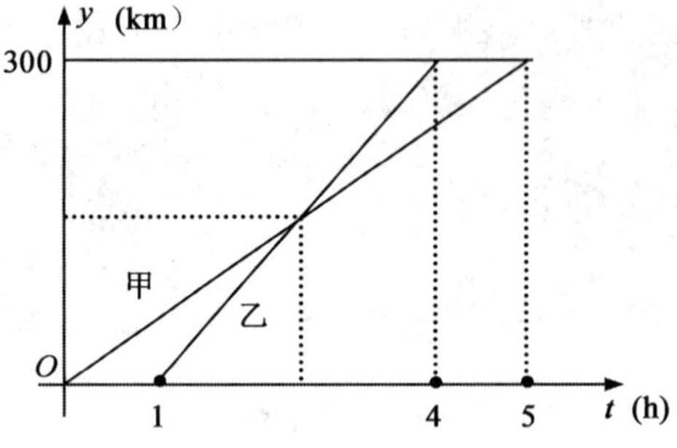

师:前两个题由学生笔答,再由一个学生到黑板上板演第三题,其余学生在练习本上作。

师生共同订正。

师:请大家看试卷上的第三大题:已知点 $A(a,5)$,$B(-3,b)$,根据下列条件求出 a,b 的值。

(1)A,B 关于 x 轴对称:$a=$________,$b=$________。

(2)A,B 关于 y 轴对称:$a=$________,$b=$________。

(3)A,B 关于原点对称:$a=$________,$b=$________。

(4)$AB//y$ 轴,则 $a=$________,$b=$________。

师:错误情况展示：

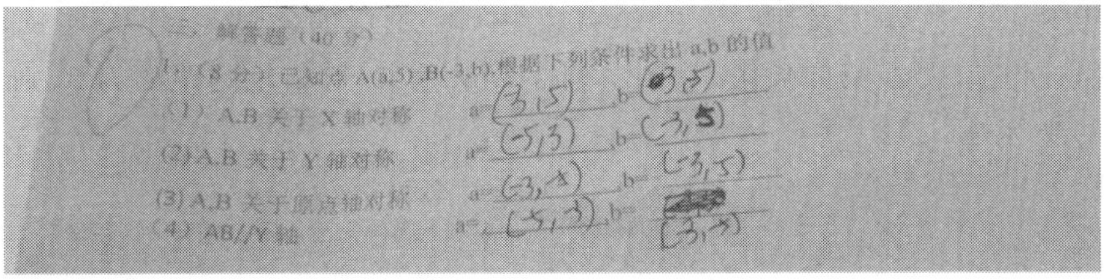

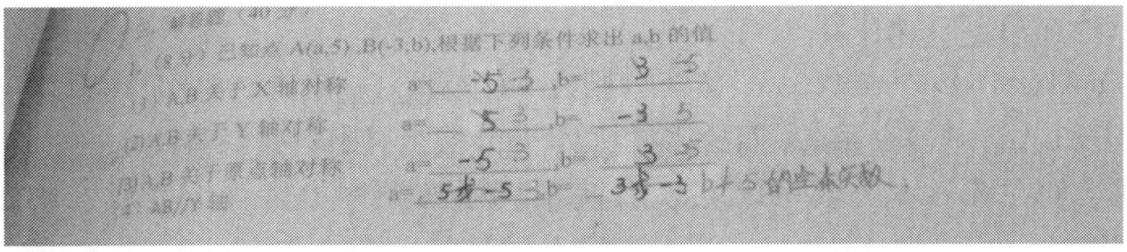

师:这三种答法为什么出现了错误,错误的原因是什么?

生:(1)题意不懂,不理解问的是什么。

(2)不会解答方法。

师:那这道题如何答才正确呢?

生:数形结合,通过图示来分析,理解题意,从而找到答案。

生:利用规律来进行解答。

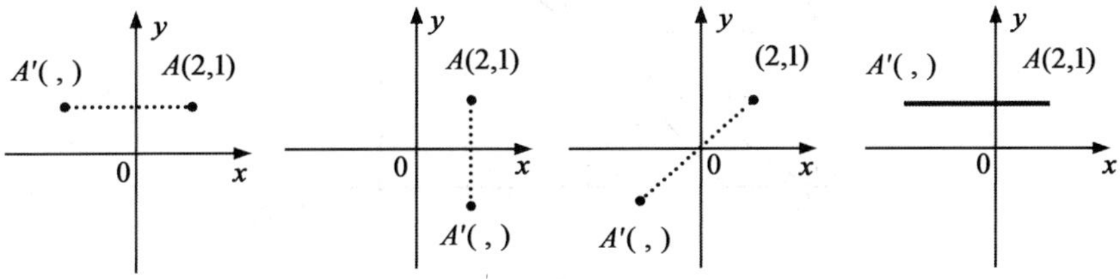

如果两点关于 x 对称,则横坐标相等,纵坐标互为相反数。如果两点关于 y 对称,则纵坐标相等,横坐标互为相反数。如果两点关于原点对称,则横、纵坐标均互为相反数。

如果过两点的直线平行于 x 轴,则两点的纵坐标相等,横坐标不相等(否则两点重合为一点)。

师:如果你是出题人,这题还可以怎么变化?

生:过两点的直线平行于 y 轴。

师:如果真是这么问的,应如何来解答。

生:如果过两点的直线平行于 y 轴,则两点的横坐标相等,纵坐标不相等。

师:课堂追踪练习：

(1)$P(-2,y)$与$Q(x,-3)$关于 x 轴对称,则 $x-y$ 的值为(　　)。

A. 1　　B. -5　　C. 5　　D. -1

(2)过点 $C(-1,-1)$和点 $D(-1,5)$作直线,则直线 CD (　　)。

A. 平行于 y 轴　　B. 平行于 x 轴　　C. 与 y 轴相交　　D. 无法确定

(3)若点 $P'(m,-1)$是点 $P(2,n)$关于 y 轴的对称点,则 $m+n$ 的值为(　　)。

A. 3　　B. -1　　C. 1　　D. -3

(4)若点 $A(2,m)$ 在 x 轴上,则点 $B(m-1,m+1)$ 在(　　)。

A. 第一象限　　B. 第二象限　　C. 第三象限　　D. 第四象限

(5)已知点 $P(x,y)$ 在第四象限,它到 x 轴的距离为 2,到 y 轴的距离为 3,则点 P 关于 x 轴对称的点的坐标是(　　)。

A. (3,2)　　B. (3,−2)　　C. (2,3)　　D. (−2,−3)

随堂补充:

1. 如果 $|3x-13y+16|+|x+13y-2|=0$,那么点 $P(-x,y)$ 在第____象限,点 $Q(x+1,y-1)$ 在第____象限。

2. 已知点 $M(a,b)$,$a+b<0$,$a-b>0$,则点 M 在第____象限。

3. 点 $B(-3,|b-1|)$ 在第二、四象限的夹角平分线上,则 $b=$____。

师: 由同学们在练习本上填写答案,先作完的同学按顺序上黑板上完成 6 小题中的 3 个,并写出过程。

师: 同学们,请大家和老师一起进军中考试题:

(2015 年鄂州 9 题)甲、乙两车从 A 城出发匀速行驶至 B 城。在整个行驶过程中,甲、乙两车离开 A 城的距离 y(km)与甲车行驶的时间 t(h)之间的函数关系如图所示。

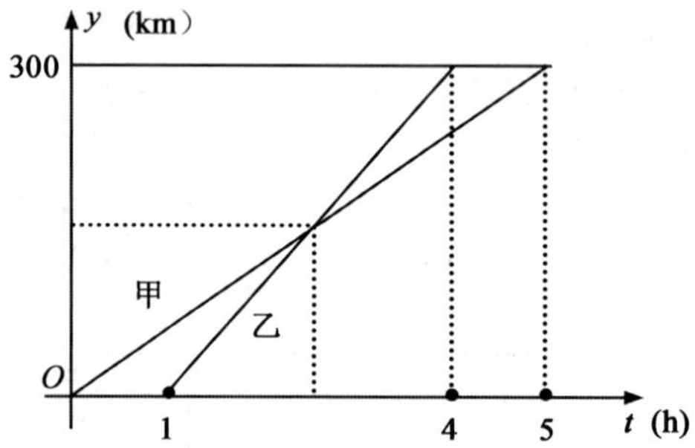

则下列结论:

①A,B 两城相距 300 km;

②乙车比甲车晚出发 1 h,却早到 1 h;

③乙车出发后 2.5 h 追上甲车;

④当甲、乙两车相距 50 km 时,$t=1.25$ 或 3.75。

其中正确的结论有(　　)。

A. 1 个　　B. 2 个　　C. 3 个　　D. 4 个

师: 自己尝试解决;如果不能独立解决的,可以与同小组同学一起讨论;一位同学板演,其余同学在练习本上做。

师: 做得快的同学完成下面的习题。

附加题:一家游泳馆的游泳收费标准为 30 元/次,若购买会员年卡,可享受如下优惠:

会员年卡类型	办卡费用(元)	每次游泳收费(元)
A 类	50	25
B 类	200	20
C 类	400	15

例如，购买 A 类会员年卡，一年内游泳 20 次，消费 50＋25×20＝550(元)，若一年内在游泳馆游泳的次数介于 45～55 次，则最省钱的方式为(　　)。

A. 购买 A 类会员年卡　　B. 购买 B 类会员年卡

C. 购买 C 类会员年卡　　D. 不购买会员年卡

师：通过这节课的学习，对你在以后的考试中取得理想成绩有什么启发？

教师寄语：审题要仔细，基础要扎实，思路要灵活，方法要得当，过程要规范，心态要沉稳，信心要百倍，成绩才辉煌！

师：本节课后的作业：

1. 独立处理自己月考试卷中出现的问题，并将错题整理在错题本上。

2. 附加题选择做在本上。希望更多的同学能够将这题也做一下。

2017年4月八年级数学素质教育质量检测试卷讲评课反思

李素香

本次月测的平面直角坐标系是平面几何体系中的重要章节，是学生实现从数过渡到形的基础知识，属于数学建模中的几何建模，本章知识内容繁多，知识点变化多样，因此学生学习和应用起来困难较大。而函数知识学生初次接触，故学生学习起来困难很大。另外，它的图像和性质考查了学生的智力因素、识图能力、综合知识的解题能力，是其他函数知识的基础，知识的掌握和学生能力直接影响到一次函数、反比例函数、二次函数的学习。

有人说过，数学教学应当是一个“以知识教学为基点，以能力培养为核心，以个性教育为肯綮”的三维结构，只有这样，才能实现“知识与技能、过程与方法、情感与价值”的均衡发展。这里关键是要把数学教学设计成“再创造” 的形式。因此，在本节课的设计上，我设计了教学成绩展示环节，通过对学生在本次考试中的总体成绩和个人成绩的分析方面入手，激发学生学习的积极性。另外，我设计了学生答题过程中错误的展示和成因分析两个环节，旨在使学生明白错误的成因，对学生的学习给予强化。我最后设计了中考冲刺环节，使学生知道学习本节知识的最高境界之所在。我感觉这三个方面是本节的亮点，也是收效显著之处。

然而，由于学生受学习习惯的影响，以及课堂组织有些欠缺，导致小组合作交流中还存在着一些问题。

(1)从学生的参与情况来看，有部分小组成员没有积极参与到交流过程中，把自己作为个体孤立起来。

(2)从交流的结果看，在小组交流后进行班级交流，学生反馈出来的不是小组合作交流的结果，而是学生个人的想法。

(3)拓展知识较多，知识细节较多，致使少部分接受慢的学生没能得到很好的锻炼。

(4)对学生课堂表达能力的培养还需加强训练。

针对以上存在的问题，我在今后的教学中将采取如下改进措施。

(1)教学中要尽量激发学生参与的积极性，引导学生从交流中体验合作的快乐。

(2)积极引导学生掌握一些基本的合作交流技能，让每个学生都有机会说出自己的想法并展示自己，引导小组成员互相评价。

(3)根据学生的实际和教材的特点，尽量创设合作交流的机会，加强小组同学之间的互动，培养学生的情感交流和合作意识。

(4)在拓展知识方面，要注意知识的有序性和渐进性。

(5)平时多给学生时间，注重他们表达能力的培养。

我会努力提高自己的教学水平，使学生做到愿学、乐学。

2017年4月八年级数学素质教育质量检测试卷讲评课说课

李素香

各位领导、同事：

大家好！今天我说课的题目是：冀教版八年级下册数学"第十九章　平面直角坐标系""第二十章　函数"这两章的月考试卷讲评。

一、本节课设置的目的

（一）说学情

从学生的角度分析：学生在以前的学习和生活中，对平面直角坐标系和函数这两个章节的知识从了解到应用都非常有限，所以此知识领域对于学生来讲可以说是全新的。

（二）说知识设置目的

从知识的角度考虑：本节课是针对八年级下册数学第十九章 平面直角坐标系，第二十章函数两章知识检测后的试卷讲评，主要是针对学生试卷上存在的一些问题而设置的。涉及的知识点有：平面直角坐标系的相关知识；函数中自变量的取值范围与函数表达式间的关系；从函数图像中获取解题的信息等相关问题。

二、从试卷答题情况来说本节课的重点和难点设置

从试卷整体情况来看，难度适中。满分为100分。达到全校优秀（88分包含88分）以上的有15人，及格（60分）及60分以上的有35人，班平均分为68.21分。从试卷的整体情况来看，部分学生在个别知识点上失分严重，有的同学面对问题无从下手，或方法失当。所以本节课重点是从巩固双基，强化解题方法入手，侧重点在于对学生审题方法的指导，提高同学们的解题能力。

三、本节课教学方法

本节课是对学生前两章节知识的学习考核后的检查，是对学生答题过程中出现的问题进行的查漏补缺，所以重在对错误的原因进行剖析，对这种题型的解答方法进行再一次的确认和巩固，所以采用分析与练习巩固相结合的方法。

四、本课的教学设计

本课教学流程分为以下五个环节:试卷情况分析,学生成绩分析,对问题的剖析,相关题组的训练,中考链接和知识反馈。

在上课之初首先展示全班学生考试的总体成绩,以此来帮助同学们清楚认识在本次考试中自己对本段知识掌握情况所处的位置,然后通过对满分同学和进步较大同学的表扬来激励他们学习中争先创优的积极性。在课堂教学中不但要给优秀生指出努力的方向,同时也要针对学困生提出具体的最低要求。

在本课的教学过程中,我进行了如下的环节设置:首先对学生答题中出现的错误情况进行展示,再由学生自己在答题中出现的问题进行原因分析,除了使同学们清楚此类问题的误区以外,还要清楚了解此类问题正确的解答方式;然后再通过此类问题正确解题方式的练习巩固,力求达到使大部分同学能基本上掌握的目的;在教学的最后一个环节,我安排了中考链接,除了暗示同学们此类题型要达到的目标以外,还要解决学优生时间充裕的问题,从而能够更好地培养学生中的尖子生。

本节课在突破重点和难点方面,我注重发挥学生的协作能力,分以下几个步骤进行:

(1)先分析,即请学生自己分析题意,知道题目问的是什么,别人那样解题的原因是什么。

(2)再寻找解题方法,即考查者设置此类题的用意是要考查什么内容,对于这类问题应采用什么方式来解决,从而使学生懂得这一类型题的解题方法。

(3)请个别同学到黑板上板演的作用是解决学困生对于数学难做的问题,使他们多次见识题型正确的解题方式,从而达到巩固的目的。

课堂的最后环节,安排教师寄语,目的在于与课堂前面的环节相呼应,进一步达到激励学生的作用。

上面是我个人对这节课的一点想法,请各位领导和同事给予批评指正。

2017年3月八年级数学素质教育质量检测试卷讲评课教案

李媛莉

一、教学内容

月考试卷。

二、教学目标

(1)通过对试卷中出现的共性的典型问题和导致错误的根本原因的分析,探讨解决问题的方法,巩固双基,拓展知识视野。

(2)通过激励评价,调动学生学习数学的积极性,培养理性、认真的学习态度。

三、教学重难点

分析错误原因、提炼方法、激活思维、注重知识的整合、渗透数学思想。

四、教学方法

分析法、激励法、讲练结合法。

五、教学环节

(一)试卷成绩情况分析

1. 对全班学生试卷中答题情况的分析

参考人数51人,最高分99分,优秀率37%,及格率74%。

2. 对学生个人答题情况进行分析

90分以上的13人,他们是申博宇、角相依、黄天宇、李卓然、王熙、张桐、石桓毓、顾颖佳、牛新颖、宁毅、耿鹏辉、王倩、高子涵。

3. 表扬进步的学生

张悦珊、轩赫、陈子涵、张婧、屈泽戋、王新萍、吴敬辉、何雨轩、张靖彬、付启月、蔡慧玲、张凯。尤其是付启月同学,数学一直是她及她的家长关注的学科,因为每次考试成绩都不理想,但是她从来不放弃,上课认真听讲,下课认真做每一道题,功夫不负有心人,这次她跨入了优秀行列，从她身上印证了一分耕耘一分收获。

(二)试卷答题情况分析

对本试卷中同学们的典型错误进行研究展示，让同学们自己查找原因。

1. 基础题型

试卷选择第3题：如果点 $P(m,1-2m)$ 在第四象限，则 m 的取值范围(　　)。

A. $m>0$　　B. $m>1/2$　　C. $0<m<1/2$　　D. $m<1/2$

分析错误的原因，并寻找解题思路。

变式练习：已知，$P(3k-9,1-k)$ 在第三象限，且点 P 的横坐标，纵坐标都是整数，求点 P 坐标。

2. "每每"题型

"每每"题型是教学的重点也是难点，首先给学生提供一道例题。

(1)出示例题

商场购进一批上衣，定价120元时每天卖50件，价格每涨一元少卖2件，试写出日销量 y 件与上涨 x 元的关系式？

①上涨1元时销量为多少？上涨2元，上涨3元，上涨5元……上涨 x 元呢？

②你能写出 y 与 x 的关系式吗？

③如果价格每涨1元少卖2件改为每涨2元少卖4件，关系式是什么？每涨3元少卖6件，关系式是什么？那每涨2元少卖6件，关系式是什么？你有什么发现？

④如果 x 表示售价，y 与 x 的关系又是什么？

讲解例题寻求解决此类问题的通法，反思卷面这道题的错误原因。

(2)展示卷面试题

某件商品售价20元每天卖50件，每涨2元少卖4件，写出销售量 y 件与售价 x 元之间的关系式。学生自己纠错改正。

(3)变式练习

一件商品销售情况如下表所示：

x(售价)/元	50	52	54	56
y(销量)/件	500	490	480	470

求①售价60元时，销售量多少？

②求 y 与 x 的关系式。

(学生板演展示)

3. 分段函数题型

试卷中涉及的试题：填空第10题。

某书定价25元，如果一次购买20本以上，超过20本的部分打八折，试写出付款金额 y 元与购买数量 x 本之间的关系式。

分析丢分原因：主要是大部分学生只写出超过20本付款金额与购买数量 x 本之间的关系。考虑问题不全。

变式练习：某市规定如下用水收费标准：每户每月的用水量不超过 6 m^3 时，水费按照 a 元/m^3 收费；超过 6 m^3 时，不超过的部分仍按 a 元/m^3 收费，超过的部分按 c 元/m^3（$c>a$）收费，该市小明家今年 3 月份和 4 月份的用水量，水费如下表所示：

月份	用水量/m^3	水费/元
3 月	5	7.5
4 月	9	16.2

(1)求 a，c。

(2)设某户一月的用水量为 x(m^3)，应交水费 y(元)，写出 y 与 x 之间的函数关系式。

(3)已知一户 5 月份的用水量为 11 m^3，求该户 5 月份的水费。

（学生板演，学生纠错，老师点拨并强调格式。）

六、中考链接

1. 如果 $A(2x-12,4-x)$ 在第三象限，则 x 的取值范围（　　）。

2. 已知 $P(a-1,a^2-9)$ 在 x 轴的负半轴上，则 P 点坐标为（　　）。

3. 已知海拔每上升 2 km，温度下降 10℃，某时刻，地面温度为 20℃，设高出地面 x km 处的温度为 y℃。

(1)写出 y 与 x 之间的函数关系式。

(2)已知某山峰高出地面 500 m，这时山顶的温度大约是多少？

(3)此刻，有一架飞机，若仪表显示外面的温度为 −34℃，则飞机离地面的高度为多少千米？

4. 某市出租车计费如图所示：x 表示里程，y 表示车费，根据图像回答下面问题：

(1)出租车起步价为多少？当 $x>3$ 时，y 与 x 的关系式是什么？

(2)若一乘客付费 32 元，他乘车里程为多少？

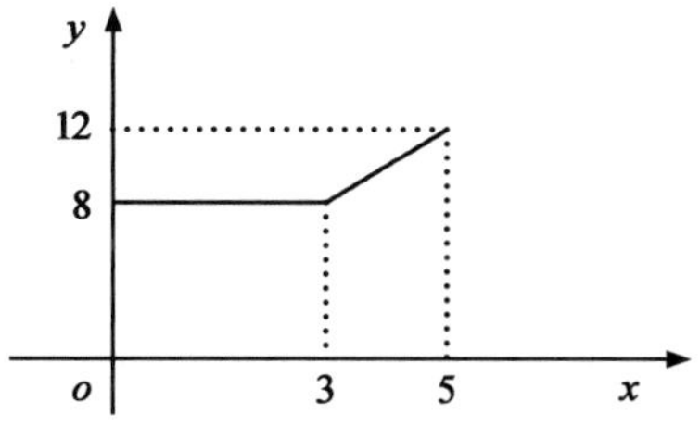

七、课堂小结

通过这节课的学习，对你在以后的考试中取得理想成绩有什么启发？

教师寄语：审题要仔细，基础要扎实，思路要灵活，方法要得当，过程要规范，心态要沉稳，信心要百倍，成绩才辉煌！

八、知识反馈

独立处理本次月考测试卷中出现的问题。

板书设计

月考测试卷讲评

一、基础题题型　　　　二、"每每"题型　　　　三、分段函数题型

2017年3月八年级数学素质教育质量检测试卷讲评课说课

李媛莉

一、说教学目标

1. 知识目标

通过对典型错题剖析使学生对知识加深认识，形成经验，达到数学思想方法的提升与升华，提高学生解题能力。

2. 能力目标

通过变式拓展，强化思维训练，激励学生主动思考，积极探究，培养学生的创新意识。

3. 情感目标

鼓励学生从不同的角度思考问题、解决问题，增进学生对所学知识的理解和学好数学的信心，通过小组合作、展示，培养学生会想、会说的良好学习习惯，培养竞争意识。

二、说教学重点与难点

1. 教学重点

通过对典型错误剖析，梳理学生解题的策略，加深学生对知识的理解。

2. 教学难点

掌握解题技巧与方法，灵活解决问题。

3. 教学关键

找准出错原因，关注重点类型题的建模过程。

三、说教学过程

学生：课前发下试卷，分析错题原因并改正。

教师：统计每道题答对与答错的人数，分析学生对相关知识、方法的掌握情况，对学生错误较为集中或困惑较多的题目进行分析，找出错误根源，并设计好有针对性的训练题。

四、教学过程

(一)成绩情况分析

(1)展示各分数段人数。

(2)展示平均分、及格率、优秀率、最高分等。

(3)表扬优秀学生、进步学生。

(二)错题重现

选择题第3题、填空题第6题、第10题。

(1)选择题第3题有19人出现错误,由学生讲解做法,老师总结错题原因。此题是考查象限点的特点与求不等式解集。由于学生知识点掌握不牢,求不等式解集时会出现移项不变号;两边同除以负数时不变号;不等式解集不会取等问题。因此都会导致选项错误,也就是多个知识点揉和在一起时有些学生无从下手(出示相关变式,找出解题关键)。

(2)填空题第6题有23人出现错误(重点讲解)。首先用一道“每每”题引出,找出做这类题型的方法和解题规律,区别售价和涨价概念及之间的转化。梯度式的缓解难度,这样有利于降低难度大的类型题,然后对试卷第六题简单讲解,最后出示变式达到举一反三、触类旁通的作用。

(3)填空题第10题有33人出现错误。首先让学生读题,理解题意,点拨这类题找好分界线,在没有指明自变量范围时,考虑一定要全面。出现错误的原因主要有两种情况:一种是少了$x \leqslant 20$的函数关系式;另一种是不化简,不写取值范围。出示变式,先找出每段的单价,这就要求学生深刻理解题意(学生板演讲解,学生纠错,最后老师讲解关键处)。

(三)讲评课后,要求完成导学案的课后练习

2017年3月八年级数学素质教育质量检测试卷讲评课课堂实录

李媛莉

一、成绩分析

(1)分析本次考试各个分数段的人数,90～100分13人,80～90分13人,70～80分8人,60～70分4人,60分以下13人。

(2)表扬学习之星、潜能之星,特别表扬了付启月同学,数学是她的薄弱学科,但她从来都没放弃,认真听讲,积极回答问题,课下钻研不会的题目,终于换来今日成绩。

(3)本次共有51人参考,平均71分,优秀率37%,及格率74%,最高99分,最低9分。

二、试卷错误原因分析

(1)基础知识掌握不牢固, 六大知识点掌握不清,一个题目如果用到几个知识点时,往往不知道如何着手。

(2)审题能力差。

(3)类型题理解不到位,变式能力不足,简化运算的能力,急待提高。

三、分析失分率高的题目

(1)基础题失分率高的题目:选择第3题。

(2)能力题失分率高的题目:填空第6题、第10题。

四、典例分析

1.基本知识点掌握不清

(1)试卷选择第3题

如果点 $P(m,1-2m)$ 在第四象限,则 m 的取值范围(　　)。

A. $m>0$　　B. $m>1/2$　　C. $0<m<1/2$　　D. $m<1/2$

链接的知识点:①象限点的特点:第一象限(+,+),第二象限(-,+),第三象限(-,-),第四象限(+,-);②求不等式组的解集。

讲解这道题时我先让学生回顾各个象限点的特点,求不等式组的解集口诀,找学生口述这道题的解题过程。老师写出过程,并强调解题易错点:移项要变号,系数化作“1”时两边同除以负数时一定得变号。不等式组的解集是两大取大。

(2)出示变式练习

已知,$P(3k-9,1-k)$在第三象限,且点P的横坐标、纵坐标都是整数,求点P坐标。

已知点$Q(1-2m,-3-m)$在第一象限,化简$\sqrt{9+6m+m^2}$。

学生板演、讲解,学生纠错。第2题板演的是:先求出$m<-3$,化简根号,可以判断出$3+m<0$从而得出结果为$-3-m$。另一种方法:这道题就是判断$3+m$的正负,所以根据条件纵坐标$-3-m>0$可得$3+m<0$,进而得出结果。这种方法抓住了问题的本质,解题精准。

2. 特殊题型理解和掌握不到位

“每每”题型

(1)先出示一道引例,得出解这类问题的方法和规律

商场购进一批上衣,定价120元时每天卖50件,价格每涨1元少卖2件,日销量y件与上涨x元的关系式?

①上涨1元时销量为多少?上涨2元,上涨3元,上涨5元……上涨x元呢?

②你能写出y与x的关系式了吗?

分析	120元	50件
	涨1元	少卖2件
	1	$50-1\times2$
	2	$50-2\times2$
	3	$50-3\times2$
	4	$50-4\times2$
	…	…
	x	$50-x\times2$

利用这种规律和方法得出:$y=50-2x$

③如果价格每涨1元少卖2件改为每涨2元少卖4件,关系式是什么?每涨3元少卖6件,关系式是什么呢?你有什么发现?(学生发现这类题都能转化成每“1”的形式)

④如果x表示售价,那y与x的关系式又是什么?

第一问x表示上涨的钱数,而此时x表示售价,那如何把售价转化为上涨的钱数?让学生思考得出$(x-120)$,进而得出$y=50-2(x-120)$.

让学生总结这类题的规律和方法:首先把这类题转化为每“1”的形式,然后理解好比谁少,少多少的问题。

(2)出示试卷中涉及的试题填空第6题

某件商品售价20元每天卖50件,每涨2元少卖4件,则销售量y件与售价x元之间的关系式。学生板演,学生讲解,老师强调最后结果要化简。

(3)出示变式练习

一件商品销售情况如下表所示。

x(售价)	50	52	54	56
y(销量)	500	490	480	470

求①售价 60 元时,销售量多少?

②求 y 与 x 的关系式。

师:从表中你能发现什么?

生:售价每增加 2 元,销售量就减少 10 件,这也属于“每每”题型,所以转化为售价每增加 1 元,销售量就减少 5 件。60 元比 56 元多 4 元,所以比 470 件少 20 件,此时销售量为 450 件。

y 与 x 的关系式为 $y=470-(x-56)\times5$

师:你的标准是什么?

生:我是以售价 56 元,销售量 470 件为标准。

师:还有谁能做?

以售价 50 元,销售量 500 件为标准,y 与 x 的关系式为 $y=500-(x-50)\times5$

以售价 52 元,销售量 490 件为标准,y 与 x 的关系式为 $y=490-(x-52)\times5$

……

老师再让学生总结这类题的规律和方法。

分段函数题型

出示试卷中涉及的试题:填空第 10 题。

某书定价 25 元,如果一次购买 20 本以上,超过 20 本的部分打八折,试写出付款金额 y 元与购买数量 x 本之间的关系。

(找学生念题,理解题意。)

师:本题以多少本为分界线?举例说明超过 20 本怎样收费?

生:本题以 20 本为分界线,比如 23 本,前 20 本还按照 25 元收费,超过的 3 本按 25 元的八折即 20 元收费。

师:x 本可能是多少本?15 本可能吗?36 本可能吗?所以 x 可能是多少本?

生:不足 20 本或超过 20 本。

老师引导学生总结解决问题的关键:①找好分界点;②在没指明自变量范围时,两种情况都必须考虑。

学生板演,$x\leqslant20$ 时,$y=25x$;$x>20$ 时,$y=25\times20+(x-20)\times0.8\times25$　即:$y=100+20x$

老师强调函数对应的自变量的范围必须写清楚。

出示变式:

某市规定如下用水收费标准:每户每月的用水量不超过 6 m^3 时,水费按照 a 元/m^3 收费;超过 6 m^3 时,不超过的部分仍按 a 元/m^3 收费,超过的部分按 c 元/m^3($c>a$)收费,该市小明家今年 3 月份和 4 月份的用水量水费如下表所示:

月份	用水量/m^3	水费/元
3 月	5	7.5
4 月	9	16.2

(1)求 a,c。

(2)设某户一月的用水量为 x(m^3),应交水费 y(元),写出 y 与 x 之间的函数关系式。

(3)已知一户 5 月份的用水量为 11 m^3,求该户 5 月份的水费。

学生独立思考,自主解决,有解决不了的小组内解决。(学生板演,学生纠错)

解:(1)因为 $5<6$　所以 $5a=7.5$　$a=1.5$

因为 $9>6$　所以 $6\times1.5+(9-6)c=16.5$　$c=2.4$

(2)当 $x\leqslant6$ 时　$y=1.5x$

当 $x>6$ 时　$y=1.5\times6+2.4(x-6)$　即 $y=2.4x-5.4$

(3)当 $x=11$ 时　$y=2.4\times11-5.4$　即 $y=21$

最后老师点出易错点,超过 6 m^3 时的收费有两部分组成。关系式有两种情况。

五、总结

老师总结:不管共性问题,还是个例问题,我们只要多加练习,认真理解消化,积累类型题,找对方法,重视规律,在数学方面一定有所收获。

为了达到巩固和检测的目的,课后练习由小组长利用自习课的时间检测一下。

六、课后练习

1. 如果 $A(2x-12,4-x)$ 在第三象限,则 x 的取值范围是(　　)。

2. 若点 $P(a,b)$ 在第四象限,则点 $M(b-a,a-b)$ 在第(　　)象限。

3. 已知 $a<b<0$,则点 $A(a-b,b)$ 在第(　　)象限。

4. 已知 $P(a-1,a^2-9)$ 在 x 轴的负半轴上,则 P 点坐标为(　　)。

5. 若 $A(2,-5)$,$B(m-1,n)$,$AB/\!/Y$ 轴,且 $AB=4$,则 B 的坐标(　　)。

6. 已知海拔每上升 2 km,温度下降 10℃,某时刻,地面温度为 20℃,设高出地面 x 千米处的温度为 y℃。

(1)写出 y 与 x 之间的函数关系式。

(2)已知某山峰高出地面 500 m,这时山顶的温度大约是多少?

(3)此刻,有一架飞机,若仪表显示外面的温度为 -34℃,则飞机离地面的高度为多少千米?

7. 某市出租车计费如图所示:x 表示里程,y 表示车费,根据图中数据回答下面问题:

(1)出租车起步价为多少?当 $x>3$ 时,y 与 x 的关系式是什么?

(2)若一乘客付费 32 元,他乘车里程为多少?

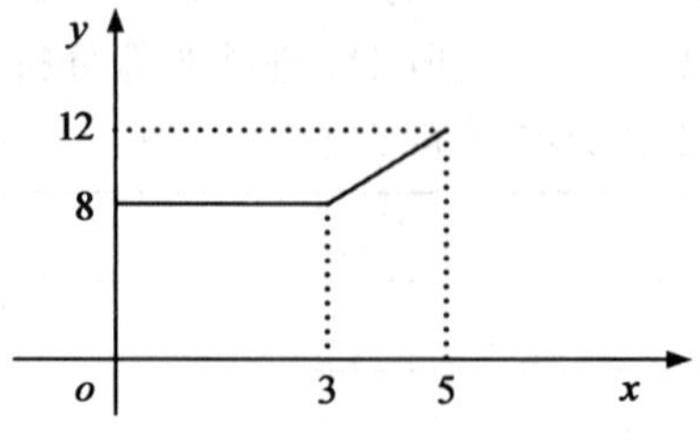

2017 年 3 月八年级数学素质教育质量检测试卷讲评课反思

李媛莉

这节课通过师生共同矫正知识理解上的偏差、探讨解题通法、寻找解题的思维规律，达到巩固知识并对知识的再整理、再综合、再运用的目的。

第一步:数据统计与试题分析

讲评之前根据我校的试题统计表和具体的试卷分析，做好有关的统计工作。除了对平均分、最高分、优秀率等数据统计外，重点对学生答题情况进行统计、汇总，尤其是高频错题的统计。

第二步:纠正错误，解决难点

本节课的讲评重点是一个基础题，两个特殊类型题。基础题是考查象限点的特点与求不等式解集。学生知识点掌握不牢，比如求不等式解集时会出现移项不变号，两边同除以负数时不变号，不等式解集不会取等问题，因此都会导致选项错误，也就是多个知识点揉和在一起时学生就会无从下手。两个特殊类型题也是数学学习的难点，学生由于对知识掌握不全面，理解不到位，根据学习情况我采取梯度式的探讨解题通法，寻找解题的思维规律，达到巩固知识并对知识的再整理、再综合、再运用的目的。通过变式起到举一反三、触类旁通的作用。

在讲评前将讲评的试卷提早发给学生，并在课前安排一定的时间让学生自己先独立去纠错。事实上，学生做错的题目并不一定不会，很可能是学生看后能自己解决错题。我们经常会听到学生拿到试卷后后悔不已的感慨，大多出于计算能力差，马虎等原因造成的解答错误。很多出错的问题学生都能独立自主纠正。

这次试卷中单选题、填空题，主要考查六大知识点，对于部分学生来说，出错原因主要是记忆不牢，那么加强记忆、巩固练习就能在下次做题时避免再次犯错。这次课上，主要将高频错题进行呈现。

第三步:回归教材，变式训练

各个题型的讲评中，在自主纠错、小组讨论、自主探究后，根据学生的学习情况，对没有解决的问题进行点拨、纠正、总结。试卷讲评重要的一点是培养学生举一反三、触类旁通的能力。所以，每个题后面紧跟有变式练习，让学生在今后做该种题型时，依此为依据，有的放矢地通过解题策略减少错误，达到高效练习的效果。

这次讲评课感觉不足的是:学生的积极性还没有充分激发出来，虽然平时重视学生的书写和语言表达能力，但还有待于提高，课堂安排上节奏前松后紧。还有很多的不足希望各位老师给予宝贵的意见。

2016—2017年第一学期期中八年级数学试卷讲评课教案

牛晓菊

一、教材分析

本次期中测试，试题考查的内容：《冀教版数学八年级上册》第十二章分式和分式方程、第十三章全等三角形、第十四章实数。包含了分式的有关概念、性质和混合运算，分式方程的解法及其应用；全等三角形的判定、性质和它们在实际问题中的灵活运用；平方根、立方根和实数的概念及其相关运算。

二、学生分析

通过本次期中测试发现，大多数学生对试题题型比较熟悉，但是由于部分学生的基础知识不太扎实，造成失分较多；另外，部分学生对知识的掌握比较死板，不会灵活运用，也是失分的原因之一；还有就是学生的解题方法与解题能力，有待进一步提高。

三、课时安排

1课时。

四、教学目标

(一)知识目标

(1)对试卷暴露的问题进行查漏补缺，解决学生的疑难问题和补充学生已经遗忘的知识。

(2)进一步梳理知识，加强各类题型的解题方法指导，进一步提高解题能力。

(二)能力目标

(1)通过对典型试题剖析、点拨，巩固学生的答题策略，使学生学会知识的迁移拓展，掌握基本的学习方法。

(2)提高学生审题能力，通过解析一道题收获一类题的解题思路，培养学生举一反三、触类旁通的能力。

(三)情感态度目标

让学生理性看待考试分数，以良好的心态面对考试，做到胜不骄、败不馁，增强学生学好数学的信心。

五、教学重点

(1)夯实分式方程的解法，分式方程在实际问题中的应用。
(2)全等三角形的判定、性质和灵活运用。
(3)平方根、立方根和实数的相关运算。

六、教学难点

通过对试卷的讲解，培养学生的综合解题能力，进而进一步提高学生灵活运用数学知识、解决实际问题的能力。

七、教学方法

(1)评(评错误原因、评优秀解法、评新题和生题)、议、练结合 。
(2)整理典型题型，总结方法提高解题能力。

八、教学准备教具

多媒体、投影仪。

九、教学过程

(一) 成绩分析

首先表扬成绩优秀的学生：

李润玉　郝汀宜　史乐颖　李孟烜　于欣灵　韩析燃　夏硕
张祎　石静怡　曹颖佳　侯佳男　张丹丹　吴佳慧　孟维彤

优秀人数：14 人　　优秀率：28%
及格人数：44 人　　及格率：88%

(二)试题分析

本次期中测试卷，全部试题以教材为载体，立足基础，适当变式拓展，考查了数形结合、分类讨论等数学思想。试题难度适中，但部分学生在综合应用上失分较多，解题方法与能力的培养有待进一步加强，所以这节课从注重双基、揭示知识发生过程着手，加强对学生解题方法的指导，培养学生有条理地进行归纳和总结的能力。

(三)试卷分析

1. 选择题

题号	1	2	3	4	5	6	7	8	9	10
错误人数/人	1	3	2	2	2	1	3	18	12	10

2. 填空题

题号	11	12	13	14	15	16	17	18	19	20
错误人数/人	3	5	4	6	5	16	18	10	5	6

3. 解答题

题号	21	22	23	24	25			26		
错误人数/人	7	8	10	16	8	15	10	10	11	10

(四)问题诊断

(1)有些学生因粗心大意造成失分。

(2)有部分学生字迹潦草,卷面不整洁,答题不规范。

(3)有些学生基础知识掌握不扎实,对某些知识点模棱两可。

(4)有部分学生对已有知识不能灵活运用。

(五)典型错题讲解

专题一　分式和分式方程　(试卷 8 题,16 题,24 题)

(1)(试卷第 8 题)某市为解决部分市民冬季集中取暖问题需铺设一条长 3 000 米的管道,为尽量减少施工对交通造成的影响,实施施工时 ……

设实际每天铺设管道 x 米,则可得方程:$\boxed{\frac{3\ 000}{x-10}-\frac{3\ 000}{x}=15}$

根据此情景,题中用 …… 表示的缺失的条件应补为(　　)。

A. 每天比原计划多铺设 10 米,结果延期 15 天才完成

B. 每天比原计划少铺设 10 米,结果延期 15 天才完成

C. 每天比原计划多铺设 10 米,结果提前 15 天才完成

D. 每天比原计划少铺设 10 米,结果提前 15 天才完成

知识点:分式方程的灵活应用

变式练习 1

某农场原计划在若干天内收割小麦 960 公顷,但实际收割时 ……

设原计划每天收割 x 公顷,则可得方程:$\boxed{\frac{960}{x}-\frac{960}{x+40}=4}$

题中缺失的条件是：

A. 实际每天少收割 40 公顷，结果提前 4 天完成任务

B. 实际每天少收割 40 公顷，结果延迟 4 天完成任务

C. 实际每天多收割 40 公顷，结果提前 4 天完成任务

D. 实际每天多收割 40 公顷，结果延迟 4 天完成任务

(2)(试卷第 16 题)轮船在顺水中航行 30 千米的时间与在逆水中航行 20 千米所用的时间相等，已知水流速度为 2 千米/时，则船在静水中的速度为(　　)。

变式练习 2

一艘轮船在静水中的最大航速为 30 千米/时，它沿江以最大航速顺流航行 100 千米所用的时间与以最大航速逆流航行 60 千米所用的时间相等，问：江水的流速为多少？

(3)(试卷第 24 题)某超市的一种瓶装饮料每箱售价为 36 元，"五一"期间对这种瓶装饮料进行促销，买一箱送两瓶，这相当于每瓶按原价的九折销售。这家超市销售这种饮料的原价是每瓶多少元？

变式练习 3

某商店经销一种泰山旅游纪念品，4 月份的营业额为 2 000 元，为扩大销售量，5 月份该商店对这种纪念品打 9 折销售，结果销售量增加 20 件，营业额增加 700 元。

①求该种纪念品 4 月份的销售价格。

②若 4 月份销售这种纪念品获利 800 元，5 月份销售这种纪念品获利多少元？

专题二　全等三角形(试卷 17 题，25 题)

(1)(试卷第 17 题)如图，已知 CD 垂直 AB 于点 D，BE 垂直 AC 于点 E，BE，CD 交于点 O，且 AO 平分 $\angle BAC$，那么图中全等三角形有(　　)对。

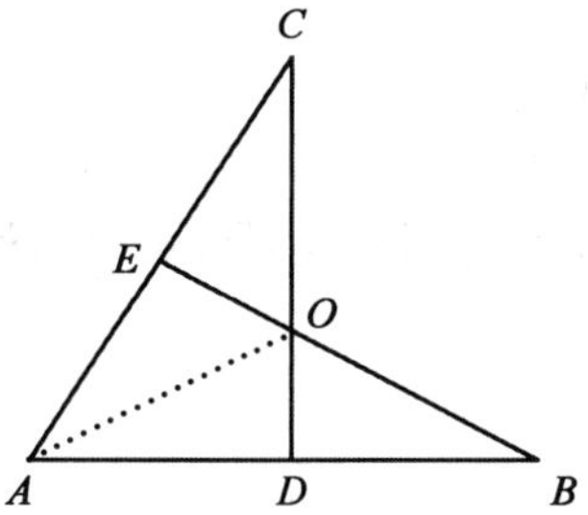

第 17 题图

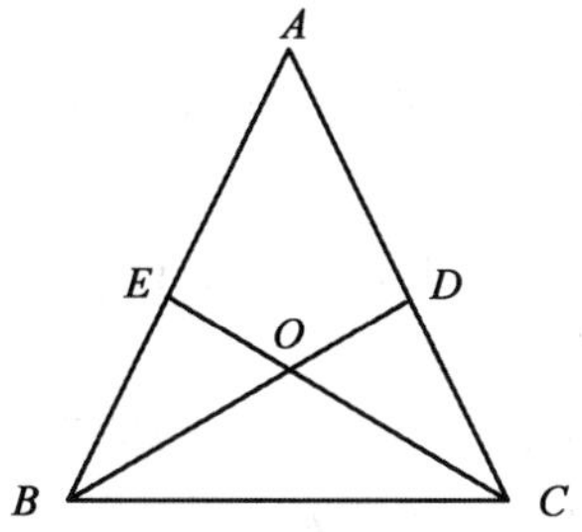

变式练习 4 图

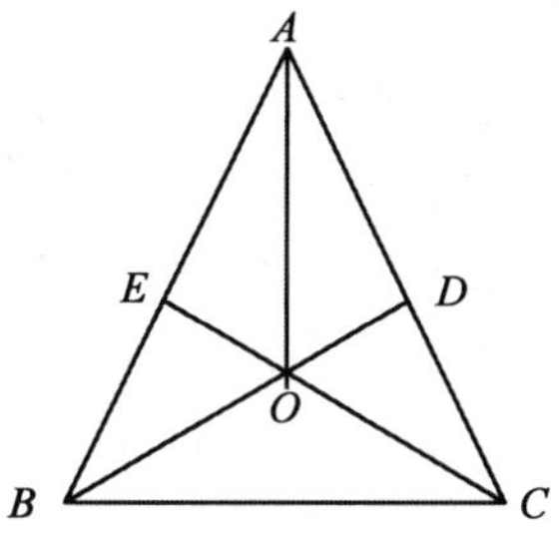

变式练习 5 图

变式练习 4

已知：如图，在锐角$\triangle ABC$ 中，$AB=AC$，两条高线 BD、CE 相交于点 O。那么图中全等三角形有(　　)对。

变式练习 5

已知：如图，锐角$\triangle ABC$ 的两条高线 BD、CE 相交于点 O，且 $OB=OC$，那么图中全等三角形有(　　)对。

2.(试卷第 25 题)如图，已知：Rt$\triangle ABC$ 和 Rt$\triangle DBE$，$\angle ABC=\angle DBE=90°$，$AB=CB$、$DB=EB$。

(1)如图，点 D 在$\triangle ABC$ 外，点 E 在 AB 边时，猜想：AD 与 CE 的数量关系怎样？AD 与

CE 的位置关系怎样？请直接写出答案。

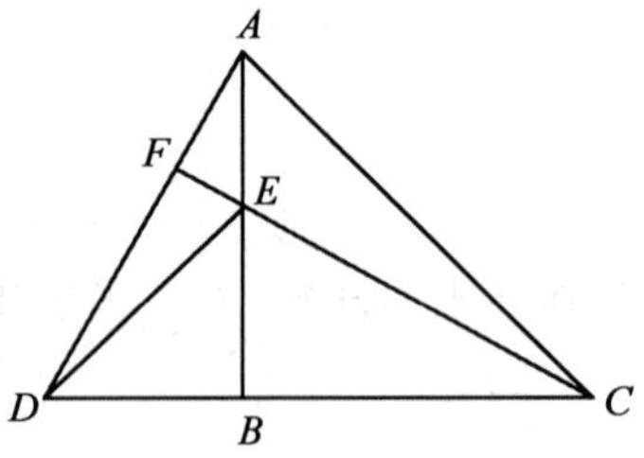

第25题(1)图

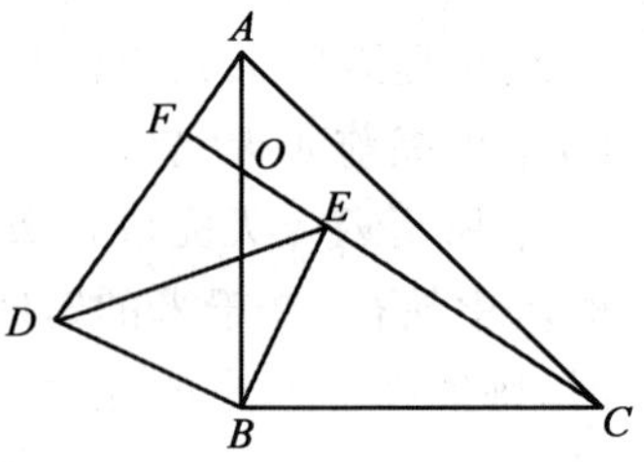

第25题(2)图

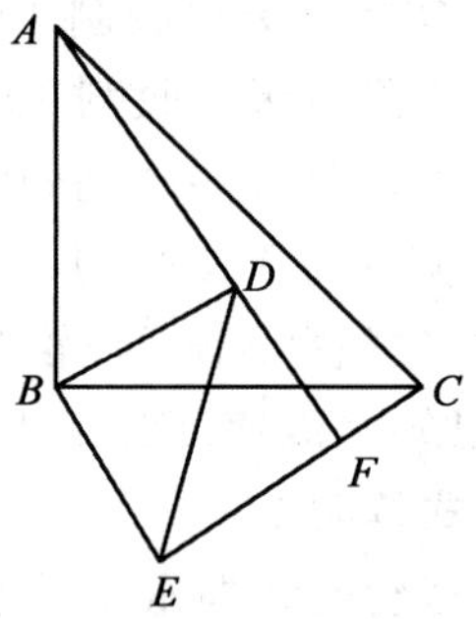

第25题(3)图

(2)若将图(1)中的△DBE 绕点 B 顺时针旋转，使点 E 在△ABC 的内部，如图(2)，则(1)中的结论是否仍然成立？若不成立，请说明理由，若成立请证明。

(3)若将(1)中的△DBE 绕点 B 顺时针旋转，使点 E 在△ABC 的外部，如图(3)，请直接写出 AD、CE 的数量关系及位置关系。

参考答案：(1)证明：如图所示，

在△ABD 和△CBE 中，

$AB=CB$　$\angle ABD=\angle CBE=90°$

$DB=EB$，∴△ABD≌△CBE

∴$AD=CE$，$\angle BAD=\angle BCE$，∵$\angle BCE+\angle BEC=90°$，$\angle AEF=\angle BEC$，

∴$\angle BAD+\angle AEF=90°$，

∴$\angle AFE=90°$，

∴$AD\perp CE$。

(2)(1)中的结论 $AD=CE$，$AD\perp CE$ 仍然成立，理由为：

∵$\angle ABC=\angle DBE=90°$，

∴$\angle ABC-\angle ABE=\angle DBE-\angle ABE$，即$\angle ABD=\angle CBE$，在△ABD 和△CBE 中，

$AB=CB$　$\angle ABD=\angle CBE$　$DB=EB$

∴△ABD≌△CBE，∴$AD=CE$，$\angle BAD=\angle BCE$，

∵$\angle BCE+\angle BOC=90°$$\angle AOF=\angle BOC$，

∴$\angle BAD+\angle AOF=90°$，

∴$\angle AFE=90°$，∴$AD\perp CE$。

(3)$AD=CE$，$AD\perp CE$，理由为：

∵$\angle ABC=\angle DBE=90°$，

∴$\angle ABC-\angle DBC=\angle DBE-\angle DBC$，即$\angle ABD=\angle CBE$，

在△ABD 和△CBE 中，

$AB=CB$$\angle ABD=\angle CBE$　$DB=EB$

∴△ABD≌△CBE(SAS)，

∴$AD=CE$，$\angle BAD=\angle BCE$，

∵$\angle BAD+\angle AMB=90°$

$\angle AMB=\angle CMF$，

$\therefore \angle BCE + \angle CMF = 90^\circ$，

$\therefore \angle AFC = 90^\circ$，

$\therefore AD \perp CE$。

十、课堂小结

通过本次考试发现：大部分学生基础知识掌握比较扎实，但不够灵活，分式方程应用题掌握太死板，有的学生解题忘记检验，几何题一题多变的应变能力太差，还要在以后教学中多加变式练习。

2016—2017年第一学期期中八年级数学试卷讲评课说课

牛晓菊

一、说教学设计

（一）锁定教学目标，重视学生需要

总体原则是把备课的重点由“备试题”转向“备学生”，教师结合学生答题的实际情况，对试卷知识点认真分析，锁定本节课的教学目标。

（二）引导自主探究，总结规律方法

试卷讲评课不能上成教师的一言堂，而应是师生交流、生生交流的群言堂。在试卷讲评课中不能单纯告诉学生结论、事实等，而要学生通过积极主动参与，拥有表述自己思维过程的机会，才有利于强化正确思维方式，弥补自己思维方法的缺陷。

（三）巧设试题链接，形成知识体系

由于试题受卷面、时间的限制，不可能将所学知识全部涉及，在试卷讲评时我从一“点”出发，调动原有知识积累，并适当地补充新知识，把“面”带出来。

二、说教学目标

（一）知识目标

（1）对试卷暴露的问题进行查漏补缺，解决疑难问题和补充遗忘的知识。

（2）进一步梳理知识，加强各类题型的解题方法指导，进一步提高解题能力。

（二）能力目标

（1）通过典型试题剖析、点拨，巩固答题策略，学会迁移拓展，掌握学习方法。

（2）提高学生审题能力，通过解析一道题收获一类题的解题思路，培养学生举一反三、触类旁通的能力。

（三）情感态度目标

让学生理性看待考试分数，以良好的心态面对考试，做到胜不骄、败不馁，增强学生学好数学的信心。

三、说重点难点

(一)教学重点

(1)夯实分式方程的解法,分式方程在实际问题中的应用。
(2)全等三角形的判定、性质和灵活运用。
(3)平方根、立方根和实数的相关运算。

(二)教学难点

进一步提高学生的综合解题能力,进而提高学生的灵活运用数学知识、解决实际问题的能力。

四、说教学方法

这节课我主要采用讨论与练习相结合的方法进行教学,重在让学生学会思考、发现规律,再进行相关拓展练习,从而对所学知识进行巩固。

五、说教学过程

(一)试卷分析

(二)自查自纠,自我提升

发下试卷后,给学生一定的时间让他们独立的去思考、去订正,通过学生之间的讨论交流,探究错误的原因。在一个宽松、民主的气氛中学生的心理压力会减弱,将注意力更好地从关注分数转到关注试题中来,为认真听讲做好准备。

(三)确定矫正内容

1. 全班出错率较高、得分率较低的题目及相对应的知识点

例:第 8 题、16 题、24 题。

2. 具有典型性、针对性和综合性的题目

例如:第 17 题、25 题。

讲错例,找正确解题思路

对第 8 题的讲解,先请考试中计算出现错误的同学上黑板写出步骤,引导出错的学生说出出现错误时的心理动态,以暴露隐藏在学生思维深处的错因,进行答卷失误分析,帮助学生提高应试能力。

对于几何题,主要抓方法

抓住典型题目第 17 题,学生讲解解题方法思路,引导学生总结要注意深度观察,抓住问题本质,排除干扰,得出结论。解题要既注重结果,更注重过程。

第 25 题(1)简单一些,是对全等三角形基础知识的考查;(2)、(3)考查综合知识运用能力,在做题过程中学生还是存在一定的困难,如何从中找解题所需要的角、边之间的关系,分析解题思路;学生先小组交流,集思广益,然后请学生代表讲演,并板书解题过程。我指出书写的规范程度,并提问学生通过解决这个问题有什么收获。通过学生的回答,促使学生把知识和经验系统化、数学化。

六、课堂小结

培养学生总结归纳的习惯,提高学生自主建构知识网络,分析、解决问题的能力,达到触类旁通。

七、课后反思

把学生试卷中普遍存在的问题加以整理,做好笔记,为下次考试命题做好准备。在整理过程中,变换角度,重新设计题目,以达到彻底巩固学生所学知识的目的。

2016—2017年第一学期期中
八年级数学试卷讲评课课堂实录

牛晓菊

一、成绩分析

师:在本次期中考试中,有14名同学取得了优异的成绩。首先对这些成绩优秀的学生进行表扬,请看大屏幕:

李润玉　郝汀宜　史乐颖　李孟烜　于欣灵　韩析燃　夏硕

张祎　　石静怡　曹颖佳　侯佳男　张丹丹　吴佳慧　孟维彤

(掌声鼓励!)

师:期盼下次考试,能取得更优异的成绩!

师:再展示一下我班整体成绩,具体数据如下(利用多媒体展示):

优秀人数:14　　优秀率:28%

及格人数:44　　及格率:88%

师:我班总体成绩不错,这些成绩的取得都是同学们努力的结果,希望同学们继续努力,再创佳绩。

二、试卷分析(利用多媒体展示错题数据统计)

1. 选择题

题号	1	2	3	4	5	6	7	8	9	10
错误人数/人	1	3	2	2	2	1	3	18	12	10

2. 填空题

题号	11	12	13	14	15	16	17	18	19	20
错误人数/人	3	5	4	6	5	16	18	10	5	6

3. 解答题

题号	21	22	23	24	25			26		
错误人数/人	7	8	10	16	8	15	10	10	11	10

三、问题诊断

师:在恭喜这些同学的同时,老师也为有些同学感到遗憾,谁愿意说说自己失分的原因?(找学生回答自己错题的原因,教师总结)

师:1.有的学生由于粗心,使得简单计算出现错误,造成失分,非常遗憾;

2.有的学生由于字迹潦草,答题不规范,阅卷教师无法辨认,造成失分;

3.有的学生由于基础不扎实,知识掌握模棱两可,造成失分;

4.有的学生知识掌握不灵活,看到难题无从下手,造成失分。

四、典型错题讲解

师:这节课我们针对失分最多的题进行讲评。

专题一　分式和分式方程　(试卷8题、16题、24题)

(利用多媒体展示下题)

> (试卷第8题)某市为解决部分市民冬季集中取暖问题需铺设一条长3 000米的管道,为尽量减少施工对交通造成的影响,实施施工时……
>
> 设实际每天铺设管道x米,则可得方程$\frac{3\ 000}{x-10}-\frac{3\ 000}{x}=15$,根据此情景,题中用"……"表示的缺失的条件应补为(　　)。
>
> A.每天比原计划多铺设10米,结果延期15天才完成
>
> B.每天比原计划少铺设10米,结果延期15天才完成
>
> C.每天比原计划多铺设10米,结果提前15天才完成
>
> D.每天比原计划少铺设10米,结果提前15天才完成

师:本题考查知识点工程问题:

工作量=工作效率×工作时间;工作时间=工作量/工作效率,本题是利用工作时间列等式。

师:这道题选A的举手;选B的举手;选C的举手;选D的举手。通过统计发现,选C和选B、D的人数差不多,为什么错的人这么多?

生:选B、D的学生看到分母是$(x-10)$,就选每天比原计划少铺设10米,错把未知数x看成原来每天铺的,审题出现失误。

知识点:分式方程的灵活应用

变式练习1(利用多媒体展示下题)

某农场原计划在若干天内收割小麦960公顷,但实际收割时……

设原计划每天收割x公顷,则可得方程:$\frac{960}{x}-\frac{960}{x+40}=4$

A.实际每天少收割40公顷,结果提前4天完成任务

B.实际每天少收割40公顷,结果延迟4天完成任务

C. 实际每天多收割 40 公顷，结果提前 4 天完成任务

D. 实际每天多收割 40 公顷，结果延迟 4 天完成任务

题中缺失的条件是：

师：仔细审题，(1)未知数设的是“原计划”还是“实际”？(2)$(x+40)$是每天多收割了还是少收割了？从而预测是“提前”还是“延迟”了？

生：我选择答案 C。

师：同意吗？

生：同意。

师：能说说你是怎么想的吗？

生：(1)设“原计划”每天收割 x 公顷，(2)“实际”$(x+40)$是每天多收割了，从而预测比原计划“提前”了，所以选答案 C。

(利用多媒体展示下题)

> (试卷第 16 题)轮船在顺水中航行 30 千米所用的时间与在逆水中航行 20 千米所用的时间相等，已知水流速度为 2 千米/时，则船在静水中的速度为(　　)。

师：本题考查知识点行程问题中，关于顺流速度和逆流速度的问题，好多同学对于顺流速度、逆流速度的公式总是记不住。顺流速度＝静水速度＋水流速度，逆流速度＝静水速度－水流速度。这道题实际就是一道应用题，它作为填空题，与大题区别就是少写点步骤，没有检验和答数。请同学们在练习本上作答。

师：这是上课时学生在练习本上的答案，找答得较好的学生的答案，利用投影展示如下：

> 设船在静水中的速度为 x 千米/时
>
> 根据题意得 $\frac{30}{x+2}=\frac{20}{x-2}$
>
> 解这个方程得：$x=10$
>
> 答：船在静水中的速度为 10 千米/时

生 1：我的答案：10 千米/时。

师：和他做的一样的举手。考试时做错了现在做对了的举手，你们能说一下自己做错的原因吗？

生 2：我把顺流速度和逆流速度的公式记反了。

师：说明还是不理解公式，只是在死记硬背公式。

生 3：我是计算时出错了。

师：以后要仔细。

师：不会做的同学会了吗？不会的课下自己补一下吧！

师：上面同学的解题过程完整吗？

生 4：分式方程缺少了检验这一步。

师：他说得对吗？你想到了吗？

生 5:我忘了。

变式练习 2

一艘轮船在静水中的最大航速为 30 千米/时,它沿江以最大航速顺流航行 100 千米所用的时间与以最大航速逆流航行 60 千米所用的时间相等,问:江水的流速为多少?

学生写练习本上,教师只要答案,然后利用投影展示答案,大多数学生能够模仿上面作答。

(利用多媒体展示下题)

(试卷第 24 题)某超市的一种瓶装饮料每箱售价为 36 元,"五一"期间对这种瓶装饮料进行促销,买一箱送两瓶,这相当于每瓶按原价的九折销售。这家超市销售这种饮料的原价是每瓶多少元?

师:这是一道非常贴近现实的问题,学生对超市饮料促销感兴趣,对此类问题却无从下手。商品销售问题中涉及:销售单价×销售量=销售额

让学生练习本上作答。

师:找学生作答,利用投影展示学生答案。

变式练习 3

某商店经销一种泰山旅游纪念品,4 月份的营业额为 2 000 元,为扩大销售量,5 月份该商店对这种纪念品 9 折销售,结果销售量增加 20 件,营业额增加 700 元。

(1)求该种纪念品 4 月份的销售价格。

(2)若 4 月份销售这种纪念品获利 800 元,5 月份销售这种纪念品获利多少元?

师:同学们课下把这道题写在作业本上(注意应用题的解题格式)。

专题二　全等三角形　　(试卷 17 题、25 题)

(利用多媒体展示下题)

(试卷第 17 题)如图,已知 CD 垂直 AB 于点 D,BE 垂直 AC 于点 E,BE,CD 交于点 O,且 AO 平分 $\angle BAC$,那么图中全等三角形有(　　)对。

师:全等三角形的判定方法有哪些?找学生回答。

生:全等三角形的判定方法:SSS,SAS,ASA,AAS。

师:数全等三角形的个数时注意尽量不重不漏。

生:学生分组互相讨论,找到正确答案。

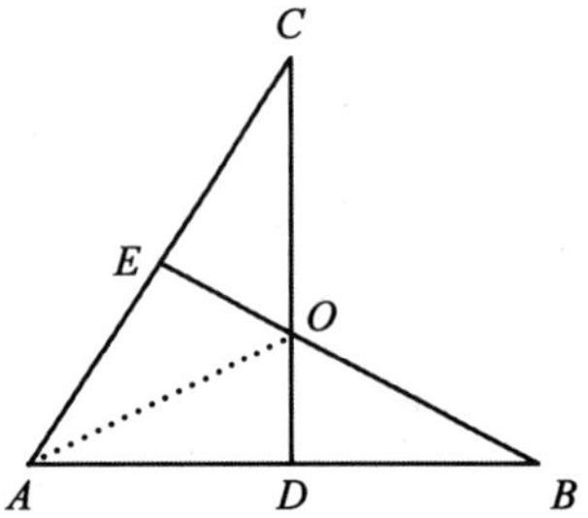

第 17 题图

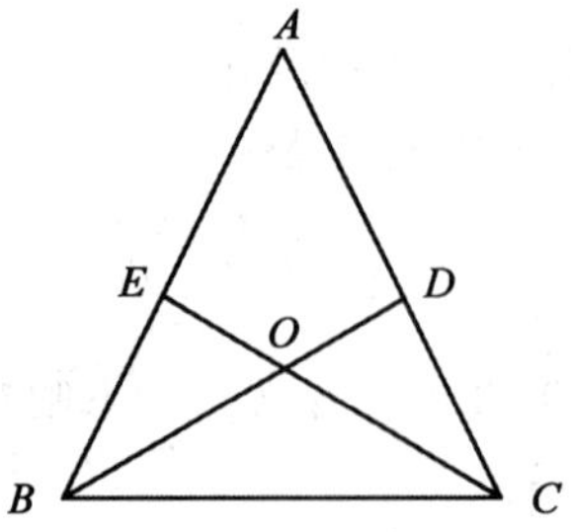

变式练习 4 图

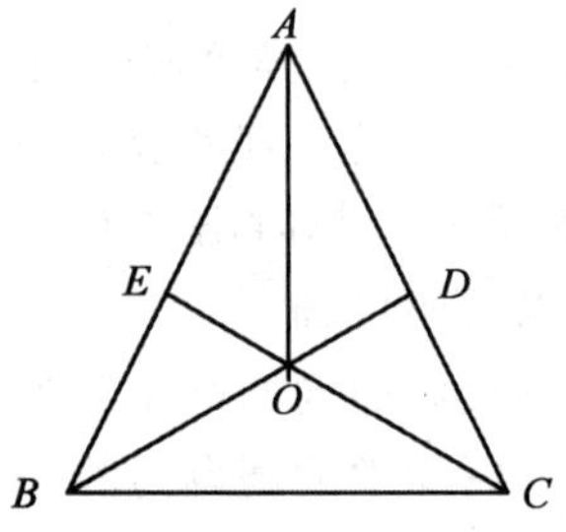

变式练习 5 图

师:各位组长统一你们组的答案,然后各组长来前面展示。(对答案正确,语言流畅的学生进行表扬。)

变式练习 4

已知:如图,在锐角$\triangle ABC$中,$AB=AC$,两条高线BD、CE相交于点O。那么图中全等三角形有(　　)对。

变式练习 5

已知:如图,锐角$\triangle ABC$的两条高线BD、CE相交于点O,且$OB=OC$,那么图中全等三角形有(　　)对。

(利用多媒体展示下题)

(试卷第 25 题)如图,已知:Rt$\triangle ABC$和Rt$\triangle DBE$,$\angle ABC=\angle DBE=90^\circ$,$AB=CB$ $DB=EB$。

(1)如图,点D在$\triangle ABC$外,点E在AB边时,猜想:AD与CE的数量关系怎样?AD与CE的位置关系怎样?请直接写出答案。

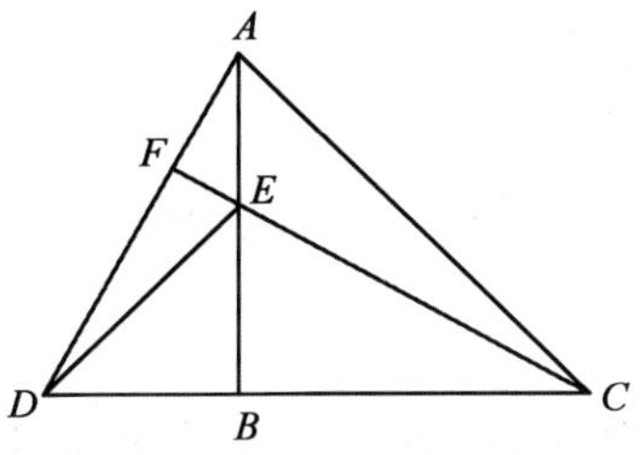

第 25 题 (1) 图

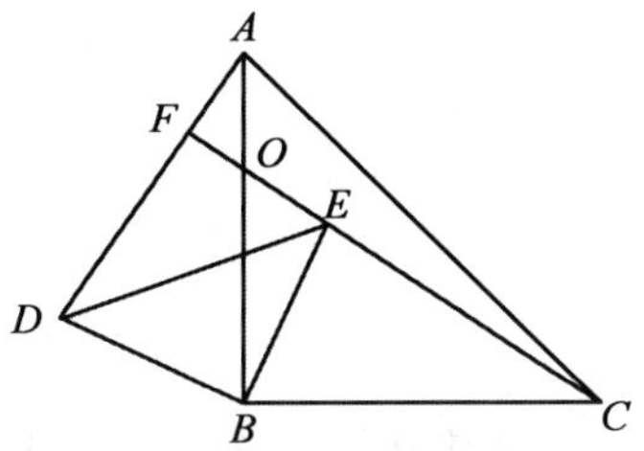

第 25 题 (2) 图

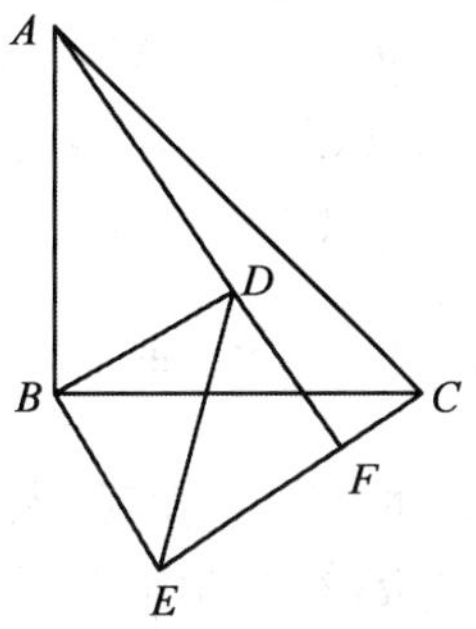

第 25 题 (3) 图

(2)若将图(1)中的$\triangle DBE$绕点B顺时针旋转,使点E在$\triangle ABC$的内部,如图(2),则(1)中的结论是否仍然成立?若不成立,请说明理由,若成立请证明。

(3)若将图(1)中的$\triangle DBE$绕点B顺时针旋转,使点E在$\triangle ABC$的外部,如图(3),请直接写出AD,CE的数量关系及位置关系。

参考答案:(1)证明:如图所示,

在$\triangle ABD$和$\triangle CBE$中,

$AB=CB\angle ABD=\angle CBE=90^\circ$

$DB=EB$,$\therefore \triangle ABD\cong\triangle CBE$

$\therefore AD=CE$,$\angle BAD=\angle BCE$,$\because \angle BCE+\angle BEC=90^\circ$,$\angle AEF=\angle BEC$,

$\therefore \angle BAD+\angle AEF=90^\circ$,

$\therefore \angle AFE=90^\circ$,

$\therefore AD\perp CE$。

(2)(1)中的结论$AD=CE$,$AD\perp CE$仍然成立,理由为:

$\because \angle ABC=\angle DBE=90^\circ$,

$\therefore \angle ABC-\angle ABE=\angle DBE-\angle ABE$,即$\angle ABD=\angle CBE$,在$\triangle ABD$和$\triangle CBE$中,

$AB=CB\angle ABD=\angle CBE\quad DB=EB$

$\therefore\triangle ABD\cong\triangle CBE$，$\therefore AD=CE$，$\angle BAD=\angle BCE$，

$\because\angle BCE+\angle BOC=90^\circ\angle AOF=\angle BOC$，

$\therefore\angle BAD+\angle AOF=90^\circ$，

$\therefore\angle AFE=90^\circ$，$\therefore AD\perp CE$。

(3)$AD=CE$，$AD\perp CE$，理由为：

$\because\angle ABC=\angle DBE=90^\circ$，

$\therefore\angle ABC-\angle DBC=\angle DBE-\angle DBC$，即$\angle ABD=\angle CBE$，

在$\triangle ABD$和$\triangle CBE$中，

$AB=CB\angle ABD=\angle CBE\quad DB=EB$

$\therefore\triangle ABD\cong\triangle CBE(SAS)$，

$\therefore AD=CE$，$\angle BAD=\angle BCE$，

$\because\angle BAD+\angle AMB=90^\circ$

$\angle AMB=\angle CMF$，

$\therefore\angle BCE+\angle CMF=90^\circ$，

$\therefore\angle AFC=90^\circ$，

$\therefore AD\perp CE$。

五、课堂小结

通过本次考试发现：大部分学生基础知识掌握得比较扎实，但不够灵活，分式方程应用题解题太死板，有的学生解题忘记检验，几何题一题多变的应变能力太差，还要在以后教学中多加变式练习。

六、布置作业

2016—2017年第一学期期中八年级数学试卷讲评课教学反思

牛晓菊

试卷讲评课是数学教学的一个重要组成部分，是梳理知识、总结经验、拓宽思路、提高能力的重要环节。因此上好试卷讲评课非常必要。

由于课堂上时间有限，我们无法面面俱到，所以这节试卷讲评课分课上和课下两部分。在阅完试卷上讲评课之前，我先将试卷发还给学生，让学生自己先改正错误，这样学生对自己存在的错误就有了一定的了解，然后我再让学生根据自己的答题情况（包括各类错题的原因剖析）总结得失。这样学生不仅会对自身存在的问题有一个清楚的认识，还会带着问题进入课堂，为试卷讲评课取得良好效果打下基础。

同时老师也需要在课前做好充足的准备工作，对学生的答题情况有一个清楚的认识，哪些是易错点，学生容易犯一些什么错误等都要做到心中有数，然后将这些题目按知识点、解题方法、数学思想等进行归类，让课堂教学条理化，教学目标清晰化。虽然我们对题目进行归类，但还需注意讲课不能就题论题，一类题目讲解完之后，要让学生总结归纳这类题目的共同特征和解决方法，学生通过自己的观察总结，更容易理解和掌握知识点，之后再配合相应的练习对知识点进行巩固，让学生学以致用，以达到教学目标的实现。

通过这套试题的讲评，需要培养学生如下能力：

（1）通过典型题型的分析，让学生了解数学"来源于生活，又服务于生活"的教学理念。有部分学生因为审题不仔细和不能活学活用，以致于出错，因此培养学生的综合思维能力和解题能力就显得极为重要，填空题和选择题就是最好的例子，特别是容易出错的题，结合学生实际讲解，有助于学生思维能力的培养。

（2）在试卷讲评中有拓展，对部分出错率较高的题目补充类似题目进行强化训练，进而培养学生的解题能力，同时对有创新、有独到之处的学生答案进行肯定和表扬，激发他们内在的潜能，增强自信心，激发学习兴趣。

（3）采用生教生的教学环节锻炼学习自主性，培养学生的解题能力。

数学试卷讲评不能因时间紧，题量大只顾教师讲，上成教师的一言堂。数学试卷讲评课应是师生交流，生生交流的群言堂。要给学生表述自己思维过程的机会，增加教师与学生、学生与学生讨论问题的时间。通过学生积极主动参与，得到相互启迪，使整个讲评过程学生情绪亢奋，容易接受大量的有关知识及解题的信息，有助于知识的掌握和发挥学生自主性。在学生讲解时我结合学生的解题步骤强调考试要求和注意事项，以培养学生的应试能力。

存在不足：

(1)由于题量大,讲评时间有限,因此个别题的讲解不够透彻。

(2)准备好的出错专项练习没能在课堂上及时训练强化,只好留为课后作业。

(3)学生的解题步骤和考试要求还需进一步强化。

2016 年 4 月七年级数学素质教育质量检测试卷讲评课教案

苗文静

一、教材分析

本次质量检测内容为“二元一次方程组”和“相交线和平行线”。其中“二元一次方程组”是继续了解和认识方程模型的意义和作用，运用方程解决简单实际问题的学习过程，也是数学模型思想的进一步揭示与发展。“相交线和平行线”是研究两条直线的位置关系，这也是学习几何知识的基础；图形的平移是研究图形关系的手段之一；了解命题，学会说理，则是我们学习图形与几何的基本目的之一。推理是数学基本思想的一个重要组成部分，而说理则是推理能力的一个重要发展阶段。这一章的知识内容和思想方法，对发展学生的推理能力起着承前启后的重要作用。

二、学生分析

根据对试卷成绩的分析，学生在答卷过程中存在以下几个主要问题：

(一)数学联系生活的能力稍差

数学知识来源于生活，也服务于生活，但学生根据要求举生活实例能力稍差，如选择题第 9 小题，学生因对“用自己的零花钱去买东西”理解不透，从而得分率不高。

(二)基本计算能力有待提高

计算能力的强弱对数学答题者来说，有着举足轻重的地位。计算能力强就等于成功了一半，如解答题的第 21 题解方程(组)，学生在计算的过程中都出现了不少错误。

(三)数学思维能力差

这方面主要表现在选择题的第 8 题、第 12 题、第 17 题和解答题的第 24 题、第 25 题。

(四)审题能力及解题的综合能力不强

审题在答题中比较关键，如果对题目审得清楚，从某种程度上可以说此题已做对一半。数学不仅是一门学科，也是一种语言，在解题过程中，不仅要求学生学会如何解决问题，还必须要让学生学会阅读和理解题中要求，会用口头和书面形式把思维的过程与结果向别人表达，也就是要有清晰的解题过程。

三、课时安排

1课时。

四、教学目标

(一)知识目标

通过对典型错误剖析使学生对所学的知识加深认识,形成经验,达成数学思想方法的顿悟、提炼与升华;开拓学生解题思路,提高学生解题能力。

(二)能力目标

利用小组合作交流等方式,使每个层次的学生都有所收获;通过变式拓展,强化思维训练,激励学生主动思考、积极探究,培养学生的创新意识。

(三)情感态度目标

鼓励学生从不同的角度思考问题、解决问题,增进学生对所学知识的理解和学好数学的信心;通过小组合作、展示,培养学生会想、会说的良好学习习惯,培养竞争意识。

五、教学重点

通过对典型错误剖析,提高学生解题的策略,加深学生对知识的理解。

六、教学难点

掌握解题策略,灵活解决问题。

七、教学准备

教师准备:分析学生对相关知识、方法的掌握情况,对学生错误较为集中或困惑较多的题目进行分析,找出错误根源,并设计好有针对性的训练题。

学生准备:课前下发试卷,分析错题原因并改错,找出解题好法。

八、教学构思

找准出错的原因,关注建模过程中学生数学思想方法的应用。

九、教学过程

(一)成绩情况分析(2~3分钟)

公布全年级整体成绩与全班的整体成绩对比,表扬进步的学生。

全班的及格率为 80% ，优秀率为 50%。

本班历莞晴、田镓奇、殷子彤、韩析燃、王子琪、张晔、李孟烜、李文博、代世琪、张淏、程子珂、石静怡成绩优异，张馨元、李泽同、胡鸿飞等进步明显。

(二)个人分析，组内研究(约 10 分钟)

出示活动要求：哪些题出错，原因是什么？在小组内说说吧！(要求学生用蓝笔对错题进行改正。)

学生小组合作，教师巡视，了解错因。

1. 错题重现

(选择第 8 题)如图所示，周长为 34 的长方形 $ABCD$ 被分成大小完全一样的小长方形，则每个小长方形的面积为(　　)。

A. 10　　B. 14　　C. 20　　D. 30

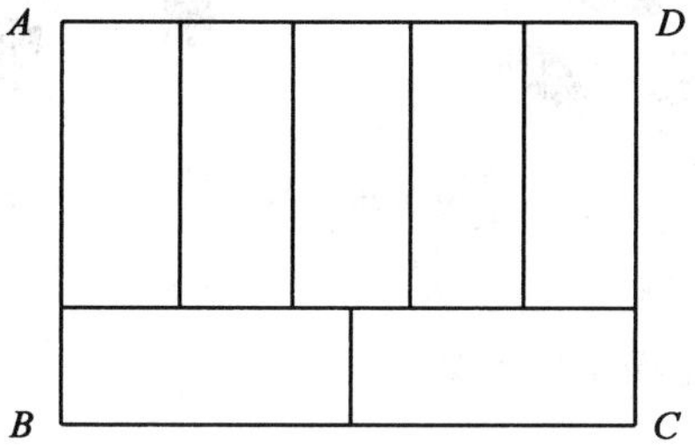

8 题

2. 变式练习

(1)如图(1)所示，在长为 10 米，宽为 8 米的长方形空地中，沿平行于长方形各边方向分割出三个能完全重合的小长方形作为生物兴趣小组的实验基地。求每个小长方形的长和宽。

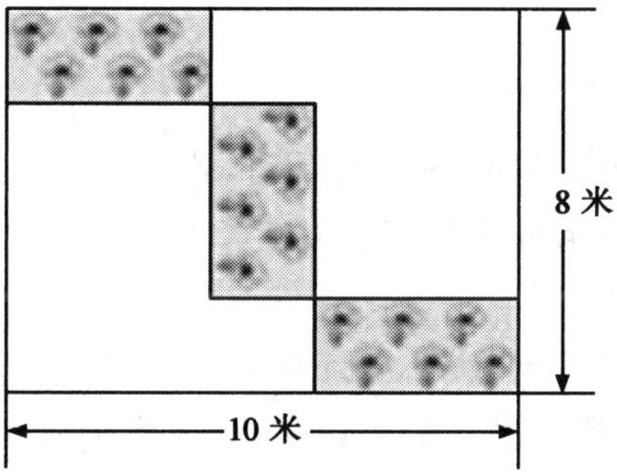

变式练习 (1)

(2)如图 2 所示，某单位准备将一块周长为 46 米的长方形草地，设计成长宽分别相等的 8 块小长方形，种上各种花卉，经过市场预测，每平方米绿化造价约为 400 元，求每个小长方形的长和宽，并求完成这项绿化工程的预计投资。

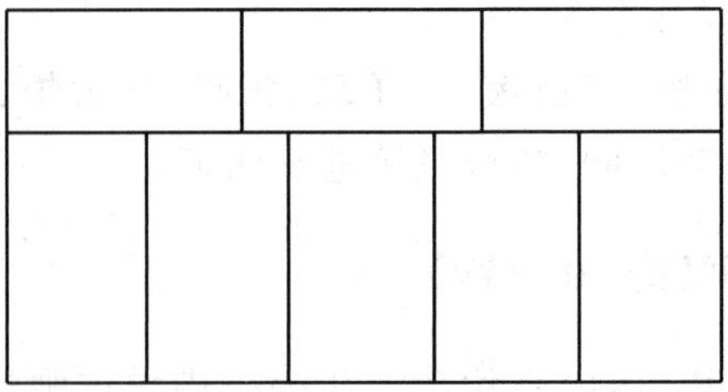

变式练习 (2)

(3)同学们喜欢足球吗？足球一般是用黑白两种颜色的皮块缝制而成，如图 3 所示，黑色皮块是正五边形，白色皮块是正六边形。若一个球上共有黑白皮块 32 块，请你计算一下，黑色皮块和白色皮块各有多少块？

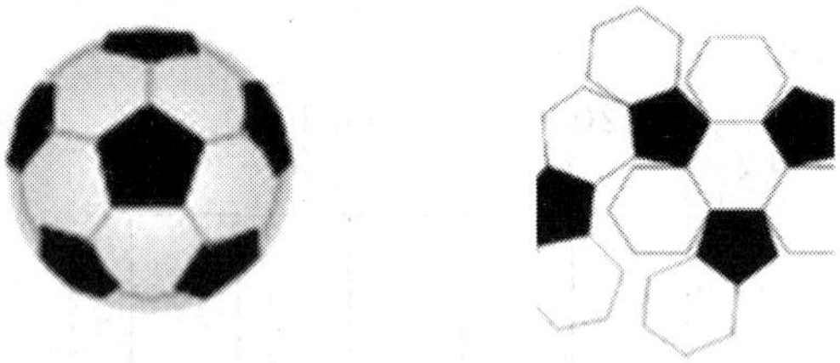

变式练习 (3)

(三)全班交流，组间研究(约 15 分钟)

哪些题小组内解决不了或仍有困惑？请举手示意，其他小组给予解决。(要求学生小组讨论用红笔改正的错题。)

1. 考题解析

(试题第 6 题)清明节期间，七(1)班全体同学分成若干小组到革命传统教育基地缅怀先烈。若每小组 7 人，则余下 3 人；若每小组 8 人，则少 5 人，由此可知该班共有________名同学。

2. 再练一练

(1)某校课外小组的八年级学生准备外出活动，若每组 7 人，则余下 3 人；若每组 8 人，则有一组只有 3 人，求这个课外小组分成几组？共有多少人？

有何异同？

(2)某旅行社组织一批游客外出旅游，原计划租用 45 座客车若干辆，但有 15 人没有座位；若租用同样数量的 60 座客车，则多出一辆车，且其余客车恰好坐满。已知 45 座客车租金为每辆 220 元，60 座客车租金为每辆 300 元，问：

①这批游客的人数是多少？原计划租用多少辆 45 座客车？

②若租用同一种车，要使每位游客都有座位，应该怎样租用才合算？

3. 考题解析

(解答第 5 题)一批货物要运往某地，货主准备租用汽车公司的甲、乙两种货车，已知过去两次租用这两种货车情况如表 1-1。现租用该公司 3 辆甲种货车及 5 辆乙种货车一次刚好运完这批货物，如果按每吨付运费 30 元计算，问货主应付多少元？

表 1-1

	第一次	第二次
甲种货车辆数/辆	2	5
乙种货车辆数/辆	3	6
累计运货吨数/吨	15.5	35

4. 练习

宏远商贸公司有 A、B 两种型号的商品需运出，这两种商品的体积和质量分别如表 1-2 所示，已知一批商品有 A、B 两种型号，体积一共是 20 米^3，质量一共是 10.5 吨，求 A、B 两种型号商品各有几件？

表 1-2

	体积/(米^3/件)	质量/(吨/件)
A 型商品	0.8	0.5
B 型商品	2	1

(四)反思改错，个别指导(3 分钟)

师：请大家把错题改过来，并给小组长检查。改完错的同学，把好的方法写在题目旁边。

(五)作业

将错题收入错题本。

板书设计：

试卷讲评

2 小长+1 宽=10
2 宽+1 小长=8
} 数形结合

$2x+3y=15.5$
$5x+6y=35$
} 数表结合

（数形结合、数表结合）} 建横

2016年4月七年级数学素质教育质量检测试卷讲评课说课

苗文静

一、说教学目标

(一)知识目标

通过对典型错误剖析使学生对所学的知识加深认识,形成经验,达成数学思想方法的顿悟、提炼与升华,开拓解题思路,提高学生解题能力。

(二)能力目标

利用小组合作交流等方式,使每个层次的学生都有所收获;通过变式拓展,强化思维训练,激励学生主动思考、积极探究,培养学生的创新意识。

(三)情感态度目标

鼓励学生从不同的角度思考问题、解决问题,增进学生对所学知识的理解和学好数学的信心;通过小组合作、展示,培养学生会想、会说的良好学习习惯,培养竞争意识。

二、说教学重点与难点

教学重点:通过对典型错误的剖析,提高学生解题的能力,加深学生对知识的理解。

教学难点:掌握解题策略,灵活解决问题。

三、说教学过程

(一)课前准备

学生:课前下发试卷,分析错题原因并改错,归纳好方法。

教师:分析学生对相关知识、方法的掌握情况,对错误较为集中或困惑较多的题目进行分析,找出错误原因,并设计好有针对性的训练题。

(二)教学过程

1. 成绩情况分析(2~3分钟)

公布全班的整体成绩,表扬进步的学生。

2. 个人分析，组内研究(约10分钟)

出示活动要求：哪些题出错，原因是什么？在小组内说说吧！(要求学生用红笔对错题进行改正)

学生小组合作，教师巡视，了解错因。

3. 全班交流，组间研究(约15分钟)

哪些题小组内解决不了或仍有困惑？请举手示意，其他小组给予解决。(要求学生小组讨论用红笔改正错题)

4. 反思改错，个别指导(约3分钟)

请大家把错题改过来，由小组长检查。改完错的同学，把好的方法写在题目旁边。

5. 综合变式练习，巩固提高(约15分钟)

针对出错较多的题进行变式练习，使学生有所提高。

2016年4月七年级数学素质教育质量检测试卷讲评课课堂实录

苗文静

一、总体评价

师:同学们,本次质量检测的试卷已经下发到自己手中,相信大家已经研究过了,现在我把这次考试的年级总体情况及我班情况给大家公布一下:

(一)成绩情况分析

师:全班的及格率为80%,优秀率为50%,其中历莞晴、田镓奇、殷子彤、韩析燃、王子琪、张晔、李孟烜、李文博、代世琪、张淏、程子珂、石静怡成绩优异,张馨元、李泽同、胡鸿飞等进步明显。

师:通过你们自我归纳并由组长整理给我的自我诊断表显示的错误原因为:概念模糊、审题不认真、解题不规范、理解不到位、计算错误、难题放弃等,希望大家明确自己的薄弱环节,并有针对性的加强,接下来我们就对这些问题进行重点讨论。

二、具体讨论过程(截取部分教学片断)

(一)**师**:同学们看一下这道题,看谁能很快思考出方法,如图所示,在长为10米,宽为8米的长方形空地中,沿平行于长方形各边方向分割出三个能完全重合的小长方形作为生物兴趣小组的实验基地。求每个小长方形的长和宽。

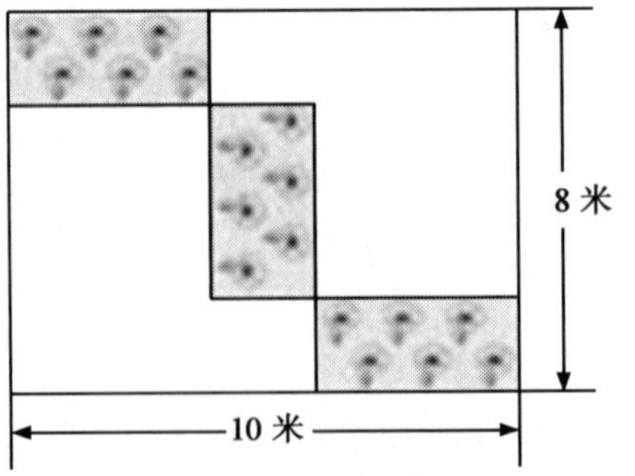

生1:因为三个小长方形是完全相等的,所以我能得到2个小长方形的长加1个小宽等于10米,2个小宽加1个小长等于8米,这样能够求出每个小长方形的长和宽。

师：你是怎么得到的？

生 1：我通过看图得出的结论。（边说边指出图中相应的线）

师：不错！读题非常仔细，观察也很到位！这类题就应该充分理解题意的基础上，细心观察图形，从图中找出线与线之间的关系。有了小长和小宽我们还能求出面积。

师：这道题做得不错！我们看一下它跟我们试卷上的哪道题类似？（选择第 8 题）

错题重现：

（选择第 8 题）如图所示，周长为 34 的长方形 $ABCD$ 被分成大小完全一样的小长方形，则每个小长方形的面积为（　　）。

A. 10　　B. 14　　C. 20　　D. 30

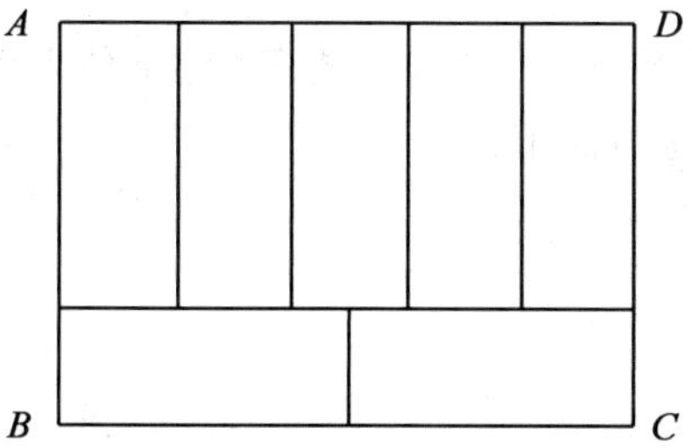

师：这题出现错误比较多，类比刚才这题你们觉得原因是什么？

生 2：我没看懂这道题。比刚才那道题复杂一点。

生 3：这道题我不知道从哪儿下手。

生 4：我看懂了一点儿，但没有找出长与宽之间的关系，思路有点乱。

师：如何去解决这道题呢？

生 5：我觉得从周长和长两方面去考虑，7 个宽和 4 个长的和为 34，5 个宽等于 2 个长，列一个二元一次方程组，解出小长方形的长和宽，就能计算出面积。

师：能到前边指一下吗？

生 5：大长方形的上下左右边的和为周长，是 34，一共 7 个小宽 4 个小长。单从大长来看可以是 5 个小宽，也可以是 2 个小长，是相等的。

师：说得非常详细！

生 6：我觉得还可以从另一个角度去想，就是大长方形上右的和与下左的和也相等，就是 6 个宽加 1 个长等于 3 个长加 1 个宽，这样也可以列出一个方程。（边说边用手指）

生 7：我知道了！也可以是 6 个宽加 1 个长等于半个周长 17；还可以是 1 个宽加 3 个长等于半个周长 17。

师：很好，让我们来总结一下解答本题的方法：你们都是用了数形结合的思想，找出了小长与小宽之间的关系，列出等量关系式，其实只要能找出两个等量关系式就能解出小长和小宽，那样面积自然就出来了。下面我们把题目变一下，请大家练习。

（二）某单位准备将一块周长为 46 米的长方形草地，设计成长宽分别相等的 8 块小长方形，如图所示，种上各种花卉，经过市场预测，每平方米绿化造价约为 400 元，求每个小长方形的长和宽，并求完成这项绿化工程的预计投资。

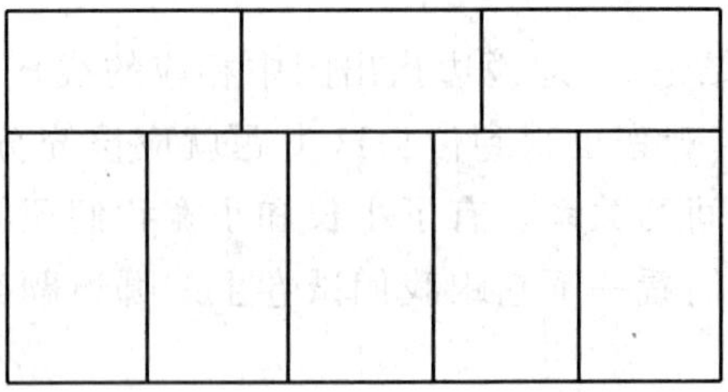

生 8: 上下左右的和为 46 米,就是 5 小长加 7 小宽等于 46 米。

生 9: 上右的和等于下左的和,4 小长加 1 小宽等于 6 小宽加 1 小长,又是一个方程。

生 10: 3 小长等于 5 小宽。

师: 看来多数同学掌握了此类题的方法,遇题多念,充分理解题意,找出关键语句,仔细观察图形,找出等量关系式,问题迎刃而解。

2016年4月七年级数学素质教育质量检测试卷讲评课反思

苗文静

试卷讲评课是指在测试后对试卷进行分析、讲解和点评，对学生已学的数学知识起着矫正、巩固和深化的重要作用。上好试卷讲评课，不仅有助于学生正确地掌握数学概念、熟练地运用数学思想方法、系统地巩固数学知识结构，而且还能激发学生学习数学的兴趣和培养他们良好的心理素质。本次试卷讲评课后，我总结如下。

一、成功之处

(一)注重试卷分析

测试过后，我做好了数据的分析工作，如班级成绩总体情况，最高分、平均分，各分数段的人数，与上次考试及其他班的考试情况进行比较等，让学生对自己的成绩能心中有数。并及时表扬了成绩优秀和有进步的学生，对学生起到一个促进作用。此外在阅卷时详细记录下每个同学的典型错误，对学生的错误进行整理，在讲评卷也能起到有的放矢的作用。

(二)重点突出，思想渗透

在讲评试卷时，分清了主次。如二元一次方程组概念的理解，三线八角的识别，二元一次方程组的解答，绝大多数同学对其方法掌握得比较透彻，我在讲评时只点到为止；而体现重要数学思想和数学方法的题及综合性较强的题则要仔细剖析，帮助学生理清思路。

如选择第8题。如图所示，周长为34的长方形$ABCD$被分成大小完全一样的小长方形，则每个小长方形的面积为(　　)。

A. 10　　B. 14　　C. 20　　D. 30

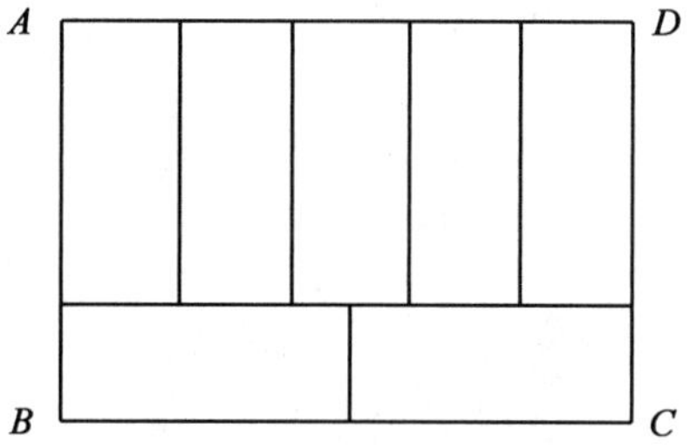

此题属于通过观察图形,找出各边之间的关系,列出二元一次方程组求解的题,从而体现数形结合的思想。在讲评这道题时,先引导学生观察,并同时用手势提醒,引导学生多方面换角度去思考,通过分类讨论,使问题清晰化、简单化,学生会得出不同的方法解答,这样使学生易于掌握,并学以致用。然后我趁热打铁,出几道类似问题让学生练习,这样日后遇到此类问题就有了思路。

(三)注重讲评时机

试卷发下后,对有些做错的题目学生自己能很快纠正,有的甚至刚交上试卷就明白怎么回事了。因此,我把要讲评的试卷在做好分析统计后早些发给了学生,学生通过查阅课本、作业或与同学交流切磋,就能够对试卷中的部分错误自行纠正。

(四)注重课堂激励

教育学家第斯多惠指出:"教学的艺术不在于传授本领,而在于激励、唤醒、鼓舞。"因此,激励贯穿在试卷讲评课的始终。我在评讲试卷时,对做得好的同学,对有进步的同学提出表扬,肯定他们的进步和努力。对后进生从他们的解题思路、书写格式上细心寻找合理成分,哪怕是一个闪光点都给予及时的鼓励和赏识,增强了他们的上进心。在试题的评讲中,学生有时会呈现许多不同的方法,有的方法还很精练、巧妙,不时迎来同学们的掌声、喝彩,达到了满意的课堂效果。

(五)注重评后巩固

试卷讲评之后我做了以下几项工作:一是要求学生将答错的题用红笔订正写在试卷上;二是让学生把在考试中出现的典型错误的试题收集在"错题集"中,做好答错原因的分析说明,给出相应的正确解答;三是针对学生存在的问题制一份新试卷,让学生再入似曾相识的情境,巩固试卷讲评效果;四是把学生订正后的试卷收齐,了解学生订正情况,并妥善保管,这样不但可以检查督促学生及时订正试卷,而且每次的试卷还不会遗失,待到复习时,再把试卷发给学生,让学生重做红笔订正的题目。使学生的复习有针对性,避免了机械重复。

二、不足之处

由于时间关系,有一些题目处理得比较仓促,可能有一些学生跟不上。

2015年11月七年级数学素质教育质量检测试卷讲评课教案

王丽娟

一、教学目标

(一)知识与技能

通过试卷讲评,使学生能够找出失误的典型题目,独立或与同学合作改正错题,并能分析失误的原因。

(二)过程与方法

通过练习、拓展、探究等方法,使学生分析概括、综合比较的思维能力得到培养和增强。

(三)情感态度与价值观

通过讲评试卷,使学生进一步树立严谨规范、实事求是的科学态度,养成敢于质疑、勇于创新的学习习惯。

二、教学重点

通过对典型试题的讲解及迁移训练,使学生能找出学习中存在的问题,并培养学生的解题及知识迁移的能力。

三、教学难点

通过对典型试题的讲解及迁移训练,使学生掌握解题方法,能灵活解决实际问题。

四、教法学法

教法:教师通过启发、引导、讲解来完成本节的教学内容。

学法:学生通过讨论、合作、探究来完成本节的学习内容。

五、教学课时

试卷讲评(第二课时)。

六、教学过程

(一)情境引入

说明:通过对黑板上三条数轴的观察,引导学生对数轴上两点间距离的计算有更清晰的认识。

教师在黑板上画出三条数轴,学生根据数轴求出线段 AB 的长度。

1. A:-1 B:3,求出线段 AB 的长度。

2. A:-3 B:-1,求出线段 AB 的长度。

3. A:a B:b,点 A 在点 B 的左侧,求出线段 AB 的长度。

通过计算,教师引导学生一起总结,在数轴上表示两点间距离有两种方法。

(1)代数方法:用大数减去小数。

(2)几何方法:用线段和差计算。

(二)试题再现

试卷23题。

如图1,已知数轴上两点 A、B 对应的数分别为 -1、3,点 P 为数轴上一动点,其对应的数为 x。

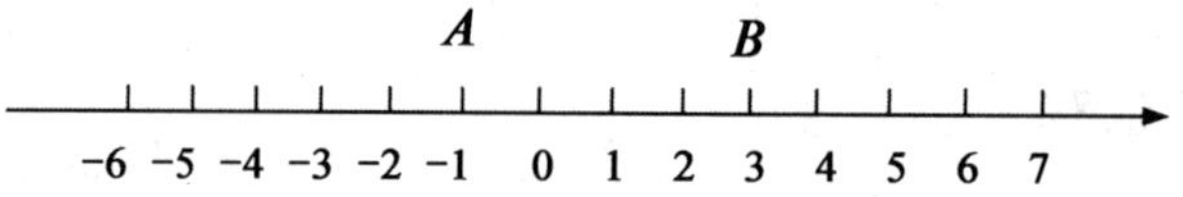

图1

(1)若点 P 到点 A、点 B 的距离相等,求点 P 对应的数。

(2)数轴上是否存在点 P,使点 P 到点 A、点 B 的距离之和为8?若存在,请求出 x 的值;若不存在,说明理由。

学生分析此题出错的原因,重新改正试题。

师生总结:分类讨论思想是数学的重要思想。

试卷23题引申(3)(4)题。

(3)数轴上是否存在点 P,使点 P 到点 A、点 B 的距离之和为3?若存在,请求出 x 的值;若不存在,说明理由。

(4)点 P 到点 A、点 B 的距离之和有最大值吗?有最小值吗?为什么?学生经过讨论,小组合作完成。

师生总结:两点之间线段最短。

(三)迁移训练

如图2,已知数轴上点 A、B、C 三点,它们所表示的数分别是3、-4、x。

1. 求线段 AB 的长。

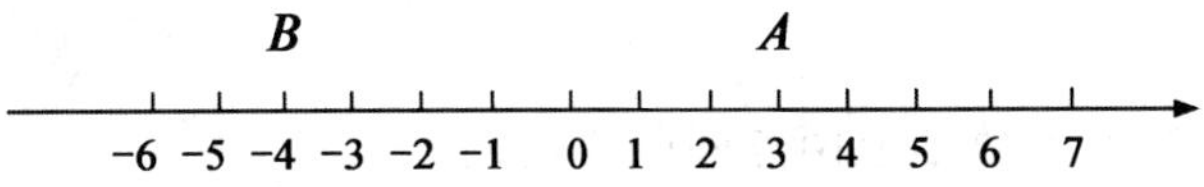

图 2

2. 求线段 AB 的中点 D 表示的数。

3. 若 $AC+CB=9$，求 x 的值。

师生总结：用代数的方法解答数轴上两点间距离的问题更简单些。

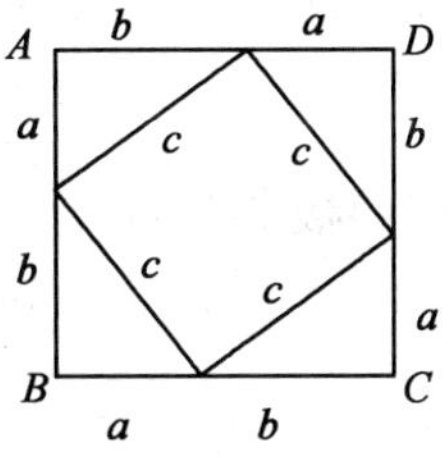

图 3

(四)情境引入

试一试，如图 3，用两种不同的方法求正方形 $ABCD$ 的面积。

师生总结：利用图形的面积相等建立代数式之间的相等关系。

(五)试题再现

试卷 25 题。

如图(1)是一个长为 $2m$，宽为 $2n$ 的长方形，沿图中的虚线剪开均分成四个小长方形，然后按图(2)形状拼成一个正方形。

(1)图(2)中的阴影部分的小正方形边长：__________。

大正方形边长：__________。

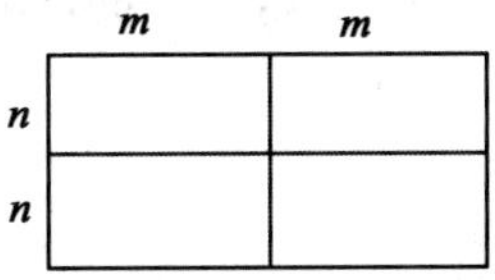

图 (1)

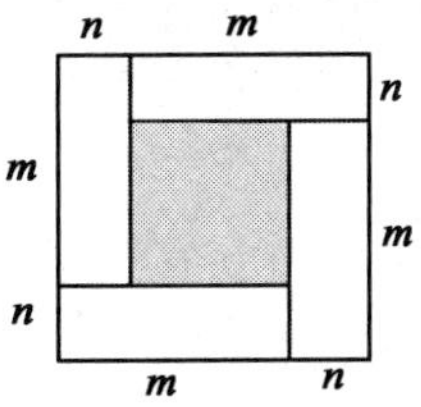

图 (2)

(2)请用两种不同的方法求图(2)阴影部分的面积：

方法 1：____________________。方法 2：____________________。

(3)观察图(2)，请写出有关 $(m+n)^2$，$(m-n)^2$，mn 这三个代数式之间的等量关系？

(4)根据(3)题中的等量关系，解决下列问题：若 $m+n=5$，$mn=4$，求 $(m-n)^2$ 的值。

师生总结：图形的面积相等建立代数式之间的相等关系。

(六)迁移训练

1. 如图 4，用两种不同的方法求正方形 $ABCD$ 的面积。

2. 请写出有关 $(a+b)^2$，a^2+b^2，ab，这三个代数式之间的等量关系。

3. 利用上题中的等量关系，用简单方法计算：$99^2+198+1^2$。

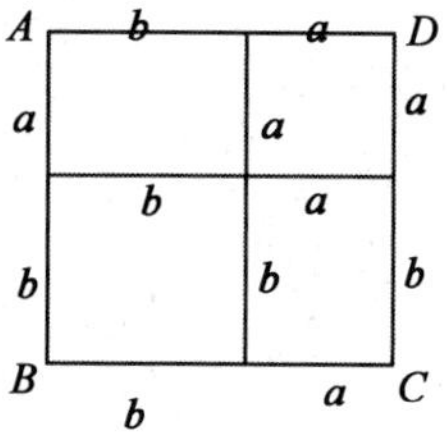

图 4

(七)总结

1. 用列代数式的方法解答数轴上两点间的距离问题。
2. 由几何图形的面积探讨代数式间的相等关系。
3. 理解数形结合和分类讨论的数学思想,把特殊问题一般化。

(八)课下作业

将错题写入错题集上,要求学生写出正确答案、错因、启示、相关知识等。

(九)板书设计

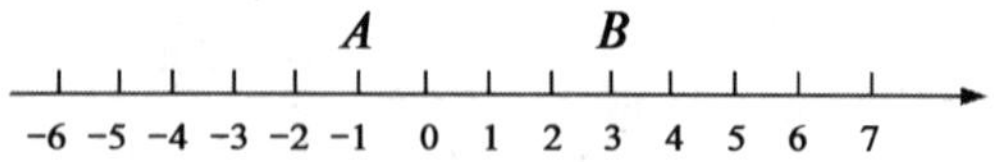

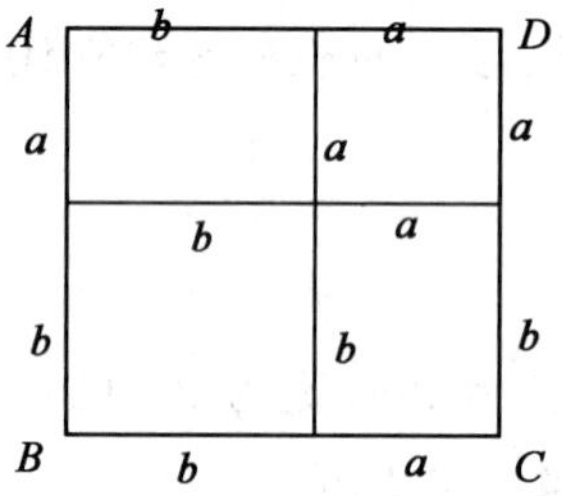

$AB=3-(-1)=4$

$OA=1, OB=3, AB=OA+OB=4$

1. $s=2ab+a^2+b^2$; $s=(a+b)^2$

2. $(a+b)^2=a^2+b^2+2ab$

3. $99^2+198+1^2=(99+1)^2=100^2=10000$

2015年11月七年级数学素质教育质量检测试卷讲评课说课

王丽娟

一、试卷分析

试卷考查内容是“冀教版七年级数学上册第一章至第五章”的内容。试卷以教材为载体，立足基础，适当变式拓展，考查了数形结合、分类讨论等数学思想。学生对考试题型熟悉，难度适中，但部分学生在综合应用上失分较多，解题方法与能力的培养有待进一步加强。

二、学生分析

学生基础知识掌握不牢固，对知识理解不透彻，知识迁移能力差；审题不仔细，忽略了关键字句，误解了题意；对图形的分析能力差；答题不够严谨规范，部分学生不会表达自己的意思；计算能力较差，没有良好的学习习惯。

三、教学目标

(一)知识与技能

通过试卷讲评，使学生能够找出失误的知识，能独立或与同学合作改正过来，并能分析出错的原因。

(二)过程与方法

通过联系、拓展、探究等方法，使学生分析概括、综合比较的思维能力得到培养和增强。

(三)情感态度与价值观

通过讲评试卷，使学生进一步树立严谨求实、实事求是的科学态度，养成敢于质疑、勇于创新的学习风气。

四、教学重点

通过对典型试题的讲解及迁移，使学生能找出学习中存在的问题，并培养学生的解题及知识迁移的能力。

五、教学难点

通过对典型试题的讲解及迁移,使学生掌握解题方法,并能灵活解决问题。

六、教法学法

教法:教师通过启发、引导、讲解来完成本节的教学内容。
学法:学生通过讨论、合作、探究来完成本节的学习内容。

七、教学过程

(一)试题再现

试题再现由四个环节组成。首先是情境引入,我在黑板上画三条数轴,分别求出线段AB的长。三条数轴的特征是:点A在原点左侧,点B在原点右侧,计算线段AB的长;点A、点B都在原点左侧,计算线段AB的长;点A在点B左侧,计算线段AB的长。通过情景引入总结:出用代数方法解决数轴上两点间距离的问题比较简单。

其次是对试卷上的23题进行重点剖析,学生先独自思考,再把自己的想法与组内同学交流,解决不了的问题可以和其他组讨论。这样做使学生对此题有了深刻的认识,再出考题就能对答如流了。

再次是对于这道题我又引申出两道小题,以达到锻炼学生思维能力的目的,使试题得到拓展延伸。

最后由我归纳此类题的解题方法,并强调注意问题。

试题25,也是采用23题的教学方法。

这两道题学生失分很多,我课上将较多时间用在错因分析与思路启发上,做到突出重点,突破难点。尽量做到错误让学生改;思路、解法让学生讲;注重学生的练习。

(二)课堂小结

概括本节课主要内容,归纳解题方法,并强调注意问题。
(1)用列代数式的方法解答数轴上两点间的距离问题。
(2)由几何图形的面积探讨代数式间的相等关系。
(3)理解数形结合和分类讨论的数学思想,把特殊问题一般化。

(三)布置作业

将错题写入错题集上,要求学生写出正确答案、错因、启示、相关知识等。

2015年11月七年级数学素质教育质量检测试卷讲评课课堂实录

王丽娟

一、情境引入

师:如图,请同学们看黑板上老师画的数轴,有谁能求出线段 AB 的长度吗?

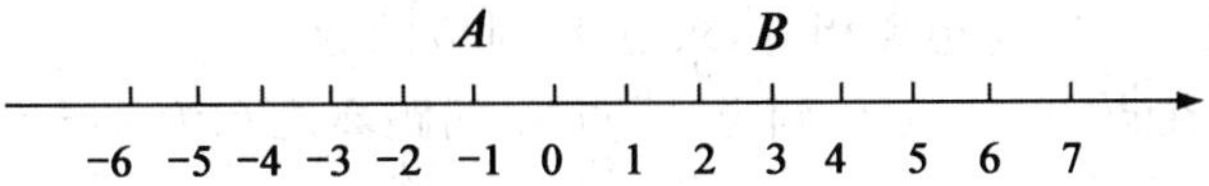

生 1:$AB=3-(-1)=4$;

生 2:$OA=1,OB=3,AB=OA+OB=4$。

师:两位同学用了两种方法求出线段的长度,一种是用大数减小数计算,另一种是线段的和差计算。思路非常正确,那么接着看下面的数轴,请你思考用哪种方法解答更简便呢?

教师在黑板上画数轴:$A:-3$;$B:-1$

师:请同学们继续看数轴,还能求出线段 AB 的长度吗?

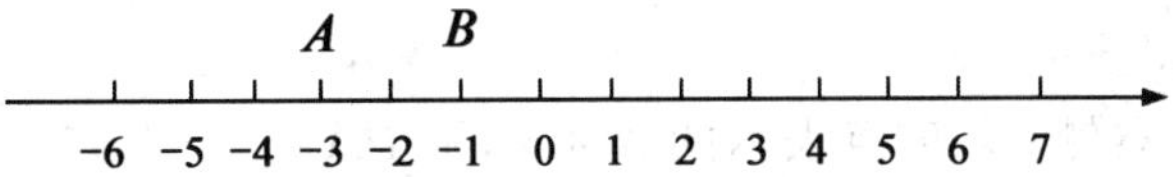

生 1:$AB=(-1)-(-3)=2$;

生 2:$OA=1,OB=3,AB=OB-OA=2$。

师:你认为哪种方法更简便?

生:用大数减小数求出线段的长度更简便些。

师:那么我们再思考一个问题。

教师接着在黑板上画数轴:$A:a$ $B:b$

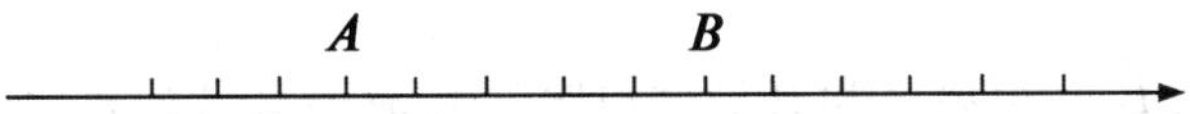

师:同学们看数轴,谁能求出线段 AB 的长度吗?

生 1:$AB=b-a$;

生 2:$AB=b-a$。

师:同学们只能用大数减去小数的方法求出线段的长度。

师:在数轴上表示两点间距离有两种方法:

(1)代数方法:用大数减去小数。

(2)几何方法:用线段和差计算。

我们在解答这类问题时尽量用简单的代数方法解决。

二、试题再现

试卷 23 题,如图已知数轴上两点 A、B 对应的数分别为 -1,3,点 P 为数轴上一动点,其对应的数为 x。

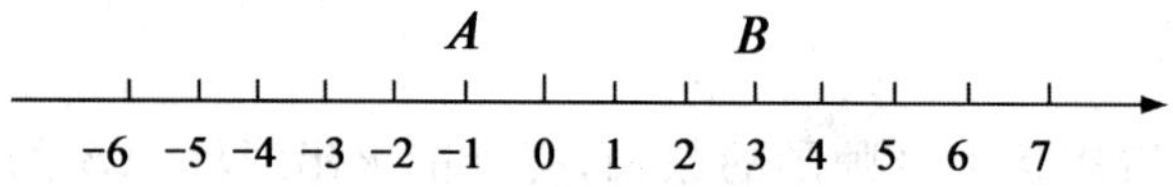

(1)若点 P 到点 A、点 B 的距离相等,求点 P 对应的数。

(2)数轴上是否存在点 P,使点 P 到点 A、点 B 的距离之和为 8?若存在,请求出 x 的值;若不存在,说明理由。

生:(1)若点 P 到点 A、点 B 的距离相等,求点 P 对应的数。

$AB=3-(-1)=4$,$PA=PB=2$,则点 P 对应的数为 1。

生:(2)数轴上是否存在点 P,使点 P 到点 A、点 B 的距离之和为 8?若存在,请求出 x 的值;若不存在,说明理由;

师:当点 P 在点 A 左侧时,有没有点 P 到点 A、点 B 的距离之和为 8?若点 P 在点 B 右侧呢?

生 1:点 P 在点 A 左侧,设 P 点表示的数为 x,则 $PA=-1-x$,$PB=3-x$,$PA+PB=-1-x+3-x=8$,解得 $x=-3$。

生 2:点 P 在点 B 右侧,设 P 点表示的数为 x,则 $PA=x-(-1)$,$PB=x-3$,$PA+PB=x-(-1)+x-3=8$,解得 $x=5$。

师:数学分类讨论思想是数学中的重要思想。

23 题引申(3)

师:数轴上是否存在点 P,使点 P 到点 A、点 B 的距离之和为 3?若存在,请求出 x 的值;若不存在,说明理由。

生:不能,因为 $AB=3-(-1)=4$,所以数轴上不能存在点 P,使点 P 到点 A、点 B 的距离之和为 3。

23 题引申(4)

师:点 P 到点 A、点 B 的距离之和有最大值吗?有最小值吗?为什么?

生:点 P 到点 A、点 B 的距离之和没有最大值,有最小值 $PA+PB=4$。

师:两点之间线段最短。

三、迁移训练

如图已知数轴上点 A、B、C 三点，它们所表示的数分别是 3，−4，x。

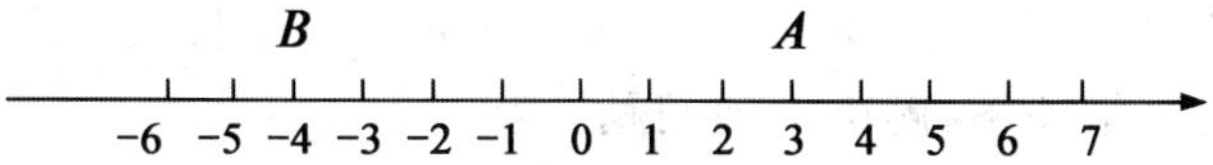

1. 求线段 AB 的长。
2. 求线段 AB 的中点 D 表示的数。
3. 若 $AC+CB=9$，求 x 的值。

师：请同学回答第 1 题。

生：$AB=3-(-4)=7$。

师：请同学回答第 2 题。

生：设 D 表示的数为 x，线段 AB 的中点为 D，则 $AD=BD$，$3-x=x-(-4)$

解得：$x=-0.5$，所以 D 表示的数为 −0.5。

师：用代数的方法可解答数轴上两点间距离的问题，还可用代数式表示图形的面积。

四、情境引入

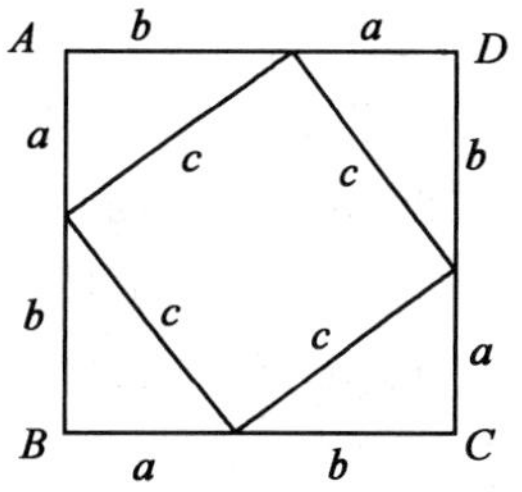

师：如图，同学们能用代数式表示正方形 $ABCD$ 的面积吗？

生 1：利用正方形面积公式计算可得 $(a+b)^2$。

生 2：利用四个三角形面积之和再加上中间正方形面积可得 $2ab+c^2$。

师：代数式 $(a+b)^2$ 和 $2ab+c^2$ 有什么关系？

生：因为表示同一个正方形的面积，所以相等。

师：那么我们可以得出图形的面积相等，建立代数式之间的相等关系。

师：请同学组内解决试卷 25 题，有问题相互讨论，相信同学们能完成任务。

师：投影试卷 25 题。

五、试题再现

试卷 25 题如图(1)是一个长为 $2m$，宽为 $2n$ 的长方形，沿图中的虚线剪开，均分成四个小长方形，然后按图(2)形状拼成一个正方形。

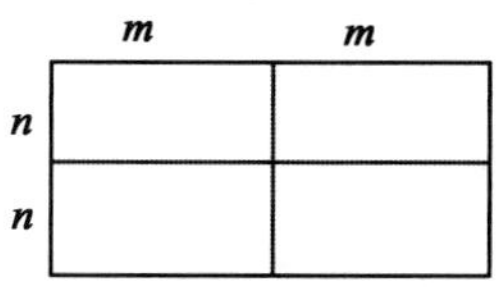

图(1)

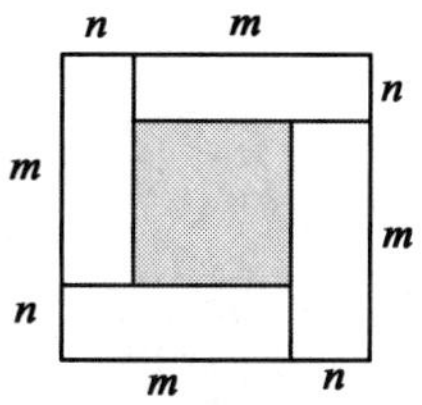

图(2)

(1)图(2)中的阴影部分的小正方形边长：__________。

大正方形边长：______________。

(2)请用两种不同的方法求图(2)阴影部分的面积：

方法1：________________。方法2：________________。

(3)观察图(2)，请写出有关$(m+n)^2$，$(m-n)^2$，mn这三个代数式之间的等量关系？

(4)根据(3)题中的等量关系，解决下列问题：

若$m+n=5$，$mn=4$，求$(m-n)^2$的值。

生：展示答案。

师：利用图形的面积相等，建立代数式之间的相等关系。

六、迁移训练

如图，师提出问题。

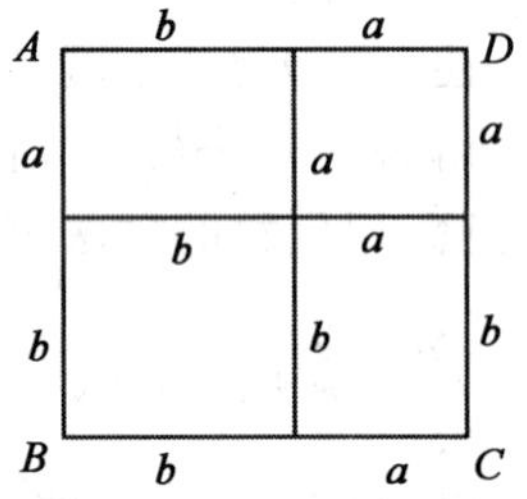

1. 用代数式表示正方形$ABCD$的面积。

2. 请写出有关$(a+b)^2$，a^2+b^2，ab，这三个代数式之间的等量关系。

3. 利用上题中的等量关系，用简单方法计算：$99^2+198+1^2$。

生：小组合作找出答案，学生展示答案.

1. **生1：**$s=2ab+a^2+b^2$

   生2：$s=(a+b)^2$

2. $(a+b)^2=a^2+b^2+2ab$

3. $99^2+198+1^2=(99+1)^2=100^2=10000$

师：概括本节课主要内容，归纳解题方法，强调注意问题，布置课后作业。

2015年11月七年级数学素质教育质量检测试卷讲评课反思

王丽娟

这份试卷反映了学生这一阶段的学习情况，从试卷的讲评我感悟到以下几点。

一、正规严格组织考试，及时全面批改

我利用两节课的时间组织学生答题，试卷交上之后我全部判出分数，并总结各分数段的学生人数及每道题答对的人数，然后试卷发给学生改正。

二、帮助学生分析试卷错误原因，对症下药

“错在哪儿了？”讲评课中要引导学生搞清自己出错的原因，是基础不扎实还是审题不细心？是解题表述不规范还是隐含条件的意义不清？要找准病根以对症下药，以求收到实效。

三、讲试卷不是每道题都讲，而要重点讲评突出问题、启发性强的题目

对一些综合性较强，与实际联系密切的题目，重点讲解解题思路，使学生能够举一反三，触类旁通，做到突出重点，突破难点。

四、讲试卷要适当拓展迁移，总结解题思路

讲评试卷时，还要透过具体问题拓展外延把试题进行迁移变化。例如试卷23题，我在原有题目的基础上增加题目，进行引申，锻炼学生的思维能力。然后又找出和试题类似的题进行变式训练，学生可以在试题讲评中有所发现，有所提高，并对试题题型、知识点分布、解题思路和技巧进行归纳小结，从中获得规律性，提高学生解决问题的能力、培养学生的创新意识。

五、讲试卷要多重激励表扬学生

我充分肯定学生的成绩、表扬成绩进步的学生、鼓励成绩差的学生、细心寻找学生试卷上的闪光点，使他们看到自己的进步，增强信心，产生经过努力能取得更好成绩的愿望。

总之，我通过试卷讲评课，纠正学生答题中的各种错误，注重引导学生学会学习，学会考试，使学生认识到自身与他人的差距，学会对知识、方法进一步归纳总结，课后我有针对性地布置一定量的作业。在今后的教学中我会继续努力，争取把试卷讲评课上得更好，使每位学生的成绩都有所提高。

2016年4月七年级数学素质教育质量检测试卷讲评课教案

杨伟娜

一、教学目标

（一）知识与技能

通过对典型错误剖析，使学生对所学的知识加深认识、形成经验，达成数学思想方法的顿悟、提炼与升华。

（二）过程与方法

利用小组合作交流等方式，使每个层次的学生都有所收获；通过变式拓展，强化思维训练，激励学生主动思考、积极探究，培养学生的创新意识；通过应用，使学生感受到数学来源于生活又应用于生活。

（三）情感态度和价值观

鼓励学生从不同的角度思考问题、解决问题，增进学生对所学知识的理解和学好数学的信心；通过小组合作，展示培养学生会想、会说的良好学习习惯，培养竞争意识。

二、教学重点

通过对典型错误剖析，提高学生解题的策略，加深学生对知识的理解。

三、教学难点

掌握解题策略，灵活解决问题。

四、课前准备

学生：课前下发试卷，分析错题原因并改错，找出解题方法。

教师：分析学生对相关知识、方法的掌握情况，对学生错误较为集中或困惑较多的题目进行分析，找出错误根源，并设计好针对性的训练题。

五、课时安排

1课时。

六、教学过程

(一)成绩情况分析

师：在本次数学考试中，有三名同学取得满分的优异成绩。(视频)

出示全年级错题统计表，介绍全班在整个年级中的优劣情况。

(二)考题解析

错题重现(试卷解答题第 4 题)：如图①②，已知 $AB//CD$，分别探讨下面两个图形中 $\angle BPD$ 与 $\angle ABP$、$\angle CDP$ 的关系，并把所得结论填在横线上，并从所得两个关系中任意选取一个加以说明。(8 分)

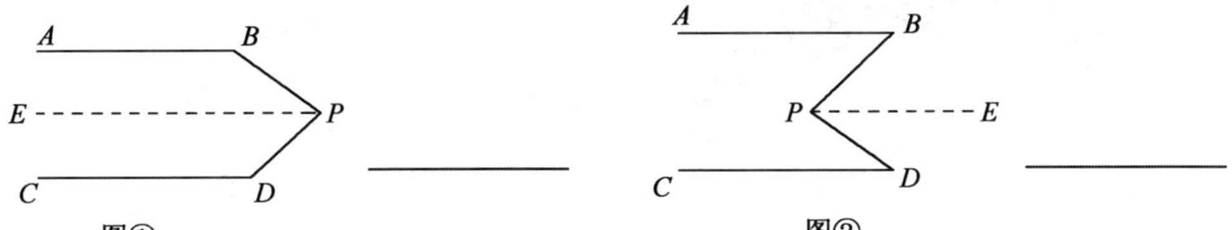

根据已知条件 $AB//CD$，回忆我们所学过的平行线的性质(三条)。

(个别学生作答，教师板书)

1. 请同学观察

如果要解决第①题，我们应用哪条性质？(根据“U”形图讲解第①题，学生作答，教师板书)

2. 变一变

如变式题 1 图所示，若再多一个拐点呢？$\angle A$、$\angle E$、$\angle F$、$\angle C$ 又存在什么数量关系呢？你能用一个式子来表示吗？再多一个拐点呢？若在点 A 和点 C 之间存在 N 个拐点，这些角之间又存在什么关系呢？(学生逐一作答)

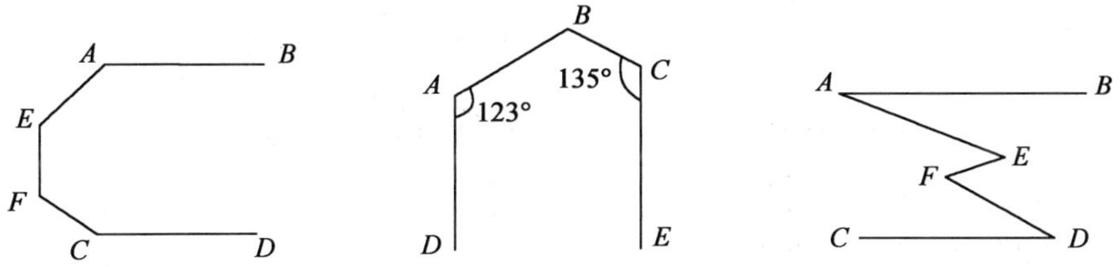

变式题 1 图　　变式题 2 图　　变式题 3 图

3. 学以致用

某自然保护区给一些小动物搭建了小木屋，其侧面如变式题 2 图所示，小亮见了也想回家给自己的小狗做一个同样的小木屋。他用量角器测出 $\angle A=123°$，$\angle C=135°$，由于小亮个子矮，屋顶的 $\angle B$ 测不到，哥哥看到后说，不用测量，我也能算出 $\angle B$，你知道哥哥是怎样算出

$\angle B$ 的吗？说出你的方案。

4. 如果要解决第②题，我们应用哪条性质？

根据"Z 型图"讲解第②题，学生作答，教师简单板书。

5. 再变一变

如变式题 3 图所示，若再多一个拐点呢？$\angle A$、$\angle E$、$\angle F$、$\angle D$ 又存在什么数量关系呢？你能用一个等式来表示吗？再多一个拐点呢？你能总结这些角存在的关系吗？

6. 学以致用

试卷第 10 题：如图③，是我们生活中经常接触的小刀，刀柄外形是一个直角梯形（下底挖去一小半圆），刀片上、下是平行的，转动刀片时会形成$\angle 1$ 和$\angle 2$，则$\angle 1+\angle 2=$______。

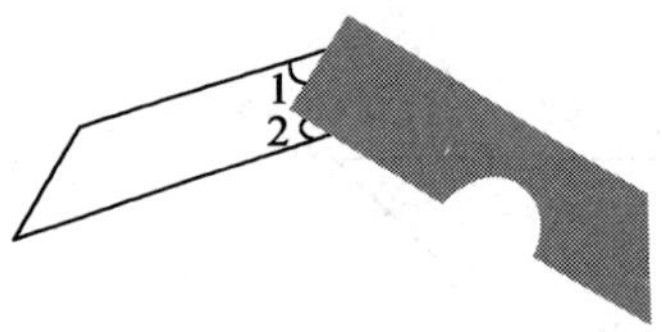

图③

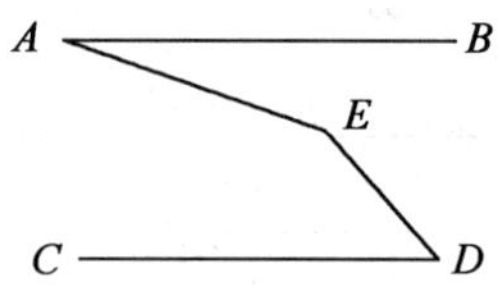

变式题 4 图

7. 综合运用

已知如变式题 4 图：$AB/\!/CD$，则$\angle A$、$\angle E$、$\angle D$ 之间又存在什么关系呢？

（师：刚才我们学会了分别利用"U 形图"和"Z 形图"来解决问题，现在你能灵活运用这两个图来解决本道题吗？）

8. 综合变式练习，巩固提高

问题：已知如变式题 5 图：$AB/\!/CD$，点 P 为直线 EF 上一动点，试探究$\angle BAP$，$\angle DCP$ 和$\angle APC$ 之间的关系。

（师：若把直线 EF 拿开，就是第②题的图，同学们都已经学会。现在它变成一个动点问题，我们拖动点 P，此时我们就可以利用三角形的知识和这节课我们并没有用到的"两直线平行，同位角相等"这一性质来解决。）

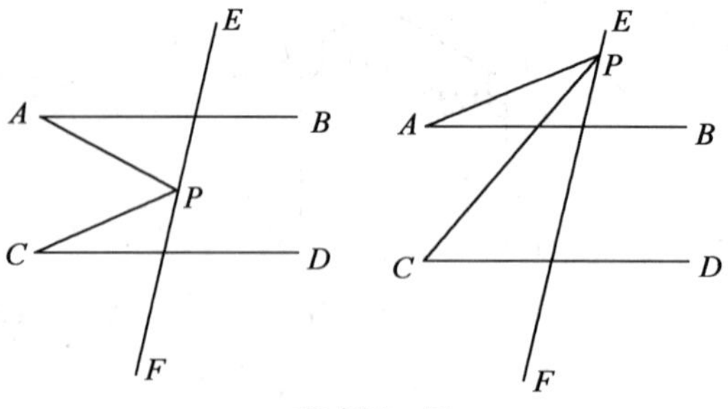

变式题 5 图

（三）小结

对题目进行总结。

(四)作业

将错题整理到错题本上。

(五)附板书设计

试卷讲评

一、平行线的性质：若 $AB/\!/CD$，则 $\angle 1$ 与 $\angle 2$ 存在什么关系？

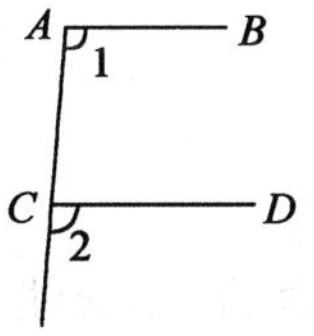

F 形图

$\angle 1=\angle 2$

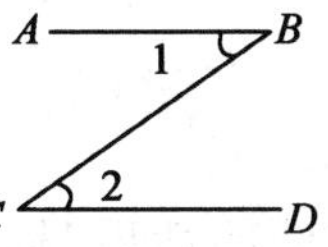

Z 形图

$\angle 1=\angle 2$

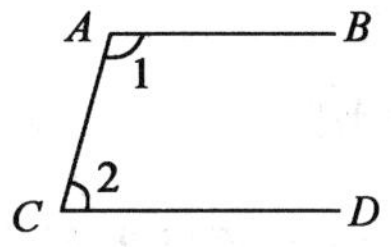

U 形图

$\angle 1+\angle 2=180°$

二、错题重现　　　　　　变一变：

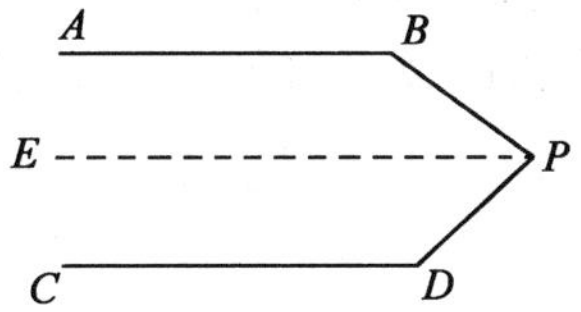

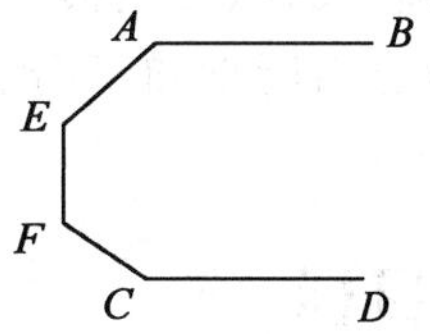

解：　　　　　　　　　　小结：

原题：　　　　　　　　　变一变：

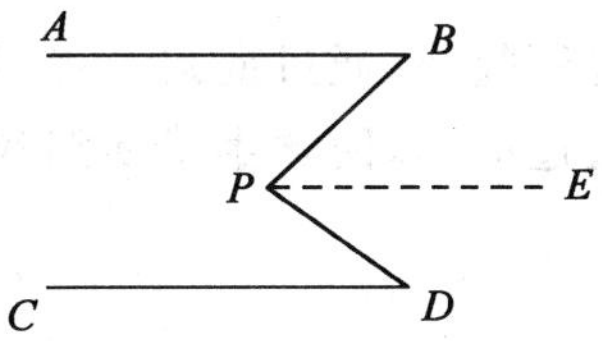

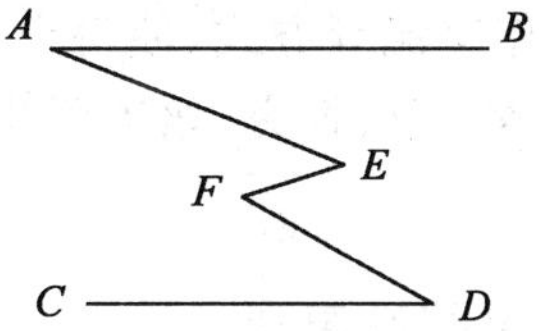

解：　　　　　　　　　　小结：

2016年4月七年级数学素质教育质量检测试卷讲评课说课

杨伟娜

一、教材分析

本节试卷分析所讲题目为利用"平行线的性质"解题，与已学的"相交线""平行线的定义""平行线的判定"联系紧密，同时也是以后将要学习的"多边形""平行四边形"等内容的重要基础，既是相关内容的发展，同时又是后面内容的基础，因此本节课的内容起承上启下的作用。

二、学生分析

学生已学完"平行线"一章，对"平行"有了一定的认识，加上初一学生好奇心强、求知欲强，互相评价、互相提问的积极性很高，试题出现问题后学生急于解决心中困惑，因此对于本节试卷讲评课让学生运用所学知识分析、解决问题，进行试题讲评及知识拓展延伸的条件都比较成熟。

三、教学目标

（一）知识与技能

通过对典型错误剖析，使学生对所学的知识加深认识、形成经验，达成数学思想方法的顿悟、提炼与升华。

（二）过程与方法

利用小组合作交流等方式，使每个层次的学生都有所收获；通过变式拓展，强化思维训练，激励学生主动思考、积极探究，培养学生的创新意识；通过应用，使学生感受到数学来源于生活又应用于生活。

（三）情感态度和价值观

鼓励学生从不同的角度思考问题、解决问题，增进学生对所学知识的理解和学好数学的信心；通过小组合作，培养学生会想、会说的良好学习习惯，培养竞争意识。

四、教学重点

通过对典型错误剖析，提高学生解题的策略，加深学生对知识的理解。

五、教学难点

掌握解题策略，灵活解决问题。

六、课前准备

学生：课前下发试卷，分析错题原因并改错，找出解题方法。

教师：了解学生对相关知识、方法的掌握情况，对学生错误较为集中或困惑较多的题目进行分析，找出出错原因，并设计好有针对性的训练题。

七、课时准备

1 课时。

八、教学过程

(一)成绩情况分析(2～3 分钟)

(1)表扬在本次考试中取得满分的学生。(视频)

(2)出示全年级错题统计表，介绍全班在整个年级中的优劣情况。

(二)考题解析

首先出示试卷解答题第 4 题：已知 $AB /\!/ CD$，分别探讨两个图形中 $\angle BPD$ 与 $\angle ABP$、$\angle CDP$ 的关系，并把所得结论填在横线上，并从所得两个关系中任意选取一个加以说明(见教案)。(8 分)

然后根据数学解题“三位一体”的思维过程，即：有用捕捉(抓住 $AB /\!/ CD$)——有关提取(回忆平行线的性质)——有效组合(根据图形确定是运用三条性质中的哪一个：“F 形图”“Z 形图”还是“U 形图”)，对每题进行深入剖析，并按照解答——拓展(通过“变一变”来总结规律)——应用(学以致用)的讲课思路来进行本节课的教学，化繁为简，从而达到解决问题的目的。之后将本节所用到的两种模型组合来共同解决一道题，将所学知识加以综合应用，从而使学生的能力得到进一步提升。

(三)小结

梳理本节课所学：通过本节课的学习，我们要学会通过分析题意、观察图形，学会选择利用“U 形图”还是“Z 形图”两个模型解决相关问题，化繁为简，找到解决问题的根本，并将所学知识加以应用。

(四)布置作业

将错题整理到错题本上。

(通过学生的整理、归纳，让学生学会反思、学会总结。)

2016年4月七年级数学素质教育质量检测试卷讲评课课堂实录

杨伟娜

一、成绩情况分析(2～3分钟)

师:在本次数学考试中有六名同学取得满分的优异成绩,请看大屏幕。(播放六名同学拿着奖状的视频)

生:掌声鼓励!

师:这是这次考试的全年级错题统计表,将我们班与全年级的错题汇总做对比发现:在第一大题选择题中第1、6、8题,第二大题填空题的第5题,第三大题解答题的第1题的第四小问、第5题错误最少。而第二大题填空题的第2、3题,第三大题解答题的第4题错误最高。在上节课中我们已经对其他的题进行了重点讲解,这节课我们重点解决一下错误率非常高的解答题第4题。

二、考题解析

师:同学们请看大屏幕,这是我们的考试题。

(一)错题重现(生读题)

如图①②,已知$AB/\!/CD$,分别探讨下面两个图形中$\angle BPD$与$\angle ABP$、$\angle CDP$的关系,并把所得结论填在横线上,并从所得两个关系中任意选取一个加以说明。

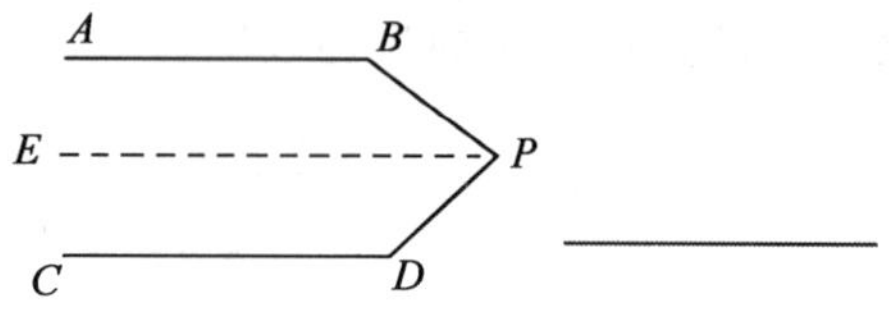

图①

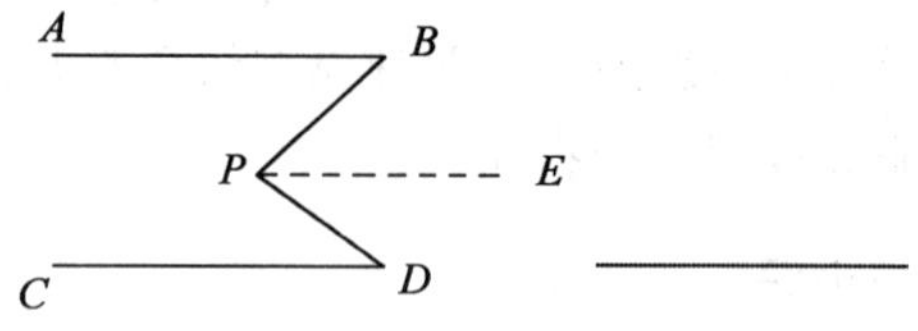

图②

师:根据已知条件$AB/\!/CD$,回忆我们所学过的平行线的性质(三条)。

生1:两直线平行,同位角相等,形如字母"F"。(师板书,画图)

生2:两直线平行,内错角相等,形如字母"Z"。(师板书,画图)

生3:两直线平行,同旁内角互补,形如字母"U"。(师板书,画图)

师:请同学观察如果要解决第①题,我们应用哪条性质?

生:我们可以根据"两直线平行,同旁内角互补"来解决第①题。(师板书过程)

(二)变一变

师:如变式题1图所示,若再多一个拐点呢?试猜想$\angle A$、$\angle E$、$\angle F$、$\angle C$又存在什么数量关系呢?你能用一个式子来表示吗?

生:$\angle A+\angle E+\angle F+\angle C=540°$。

师:你是如何得到的?

生:分别过点E、F作EM、FN平行于AB,这样就出现了三个"U形图",而每个"U形图"是180°,所以180°×3=540°。

师:如果再多一个拐点呢?

生:每多一个拐点,多一个180°。

师:若在点A和点C之间存在N个拐点,这些角之间又存在什么关系呢?

生:$180°(n+1)$。

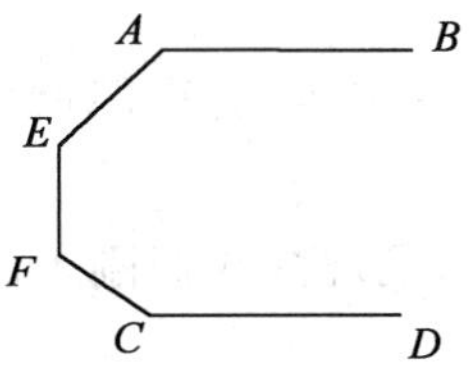

变式题1图

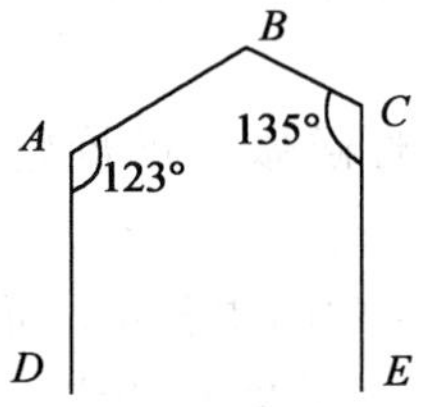

变式题2图

(三)学以致用

师:某自然保护区给一些小动物搭建了小木屋,其侧面如变式题2图所示,小亮见了也想回家给自己的小狗做一个同样的小木屋,他用量角器测出$\angle A=123°$,$\angle C=135°$,由于小亮个子矮,屋顶的$\angle B$测不到,哥哥看到后说,不用测量,我也能算出$\angle B$,你知道哥哥是怎样算出$\angle B$的吗?说出你的方案。

生:根据刚才所学,利用平行线的性质和"U形图"的知识,我知道$\angle A+\angle B+\angle C=360°$,所以求$\angle B=360°-\angle A-\angle C=360°-123°-135°=102°$。

师:如果要解决第②题,我们应用哪条性质?

生:我们可以根据"Z形图""两直线平行,内错角相等"解决第②题。(教师简单板书)

(四)变一变

师:如变式题3图所示,若再多一个拐点呢?$\angle A$、$\angle E$、$\angle F$、$\angle D$又存在什么数量关系呢?你能用一个等式来表示吗?(学生先独立思考,再小组交流)

师:利用"Z形图",分别过点E、F作EM、FN平行于AB。(提示)

生1:我们考试4题的第②题中三个角的数量关系是$\angle BPD=\angle ABP+\angle CDP$,由此我猜想$\angle A+\angle EFD=\angle AEF+\angle D$,但证明过程说不好。

生2:板书过程(其余同学在本上自己写一写)

师:如果再多一个拐点呢?如变式题4图,你又有什么发现,你能总结这些角存在的关系吗?

师:在此类图中,开口向右的所有角的角度之和等于开口向左的所有角的角度之和。(总结)

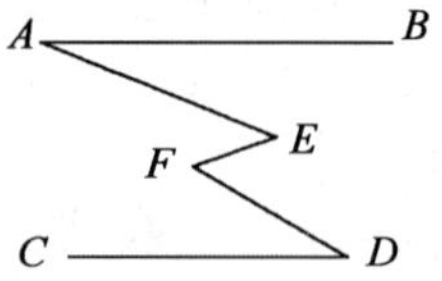

变式题 3 图

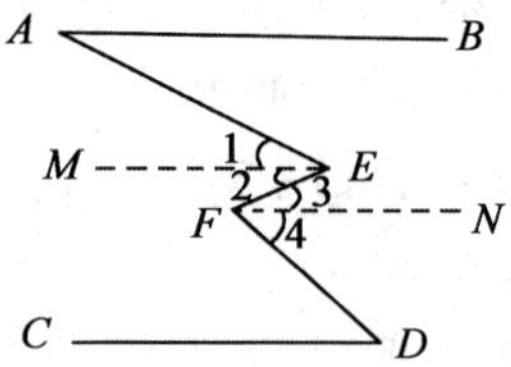

变式题 4 图

(五)学以致用

师:如图③这是试卷第 10 题:是我们生活中经常接触的小刀,刀柄外形是一个直角梯形(下底挖去一小半圆),刀片上、下是平行的,转动刀片时会形成∠1 和∠2,则∠1+∠2=______。

这道题我们在考试的时候做错的同学很多,现在利用以上我们所学的知识,你能解决了吗?

(生到讲台进行讲解)在此图中我描了描∠1 和∠2,发现是我们刚才所讲的考试 4 题的第②小题的"M 形图",所以我的答案是 90°。

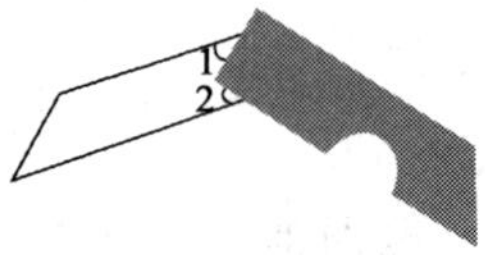

图③

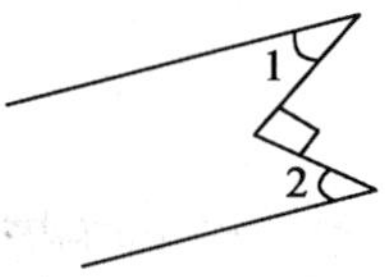

M 形图

(六)综合运用(几何画板演示)

已知如变式题 5 图①:$AB/\!/CD$,则∠A、∠E、∠D 之间又存在什么关系呢?

师:刚才我们学会了分别利用"U 形图"和"Z 形图"来解决问题,现在你能灵活运用这两个图来解决本道题吗?先自己思考作答。

生:过点 E 作 $EF/\!/AB$,则 $AB/\!/EF/\!/CD$,由"两直线平行,内错角相等"得∠A=∠1,由"两直线平行,同旁内角相等"得∠2+∠D=180°。所以我认为它们之间的关系是 ∠D+∠ADE−∠A=180°。

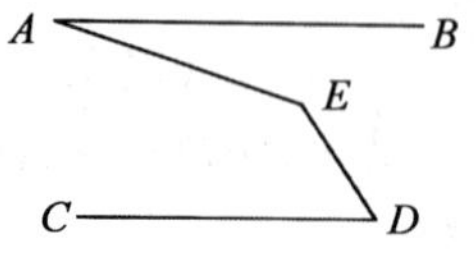

变式题 5 图①

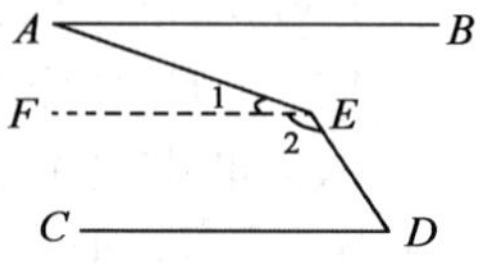

变式题 5 图②

师:回答得非常好,思路清晰。我们看一下具体的解答过程(教师大屏幕展示)。

(七)综合变式练习，巩固提高

(由于时间问题，将本题作为学生课下研究完成)

问题：已知如变式题6图：$AB // CD$，点P为直线EF上一动点，试探究$\angle BAP$，$\angle DCP$和$\angle APC$之间的关系。

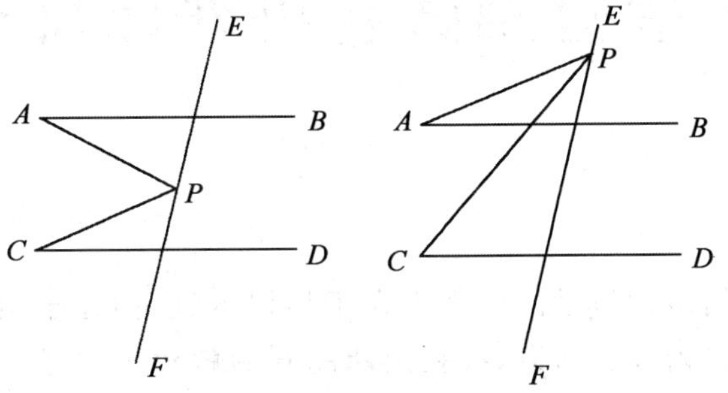

变式题6图

师提示：若把直线EF拿开，就是第②题的图，同学们都已经学会。现在它变成一个动点问题，我们拖动点P，此时我们就可以利用三角形的相关知识和这节课我们并没有用到的“两直线平行，同位角相等”这一性质来解决。

三、小结

对课上所讲内容进行总结。

四、作业

将错题整理到错题本上。

2016 年 4 月七年级数学素质教育质量检测试卷讲评课反思

杨伟娜

教育学家第斯多惠指出:“教学的艺术不在于传授本领,而在于激励、唤醒、鼓舞”。因此,激励应贯穿试卷讲评课的始终。所以,我在上课的开始就对本次考试中获得 100 分的同学进行了表扬,这也是我们在课堂教学中经常强调的“重激励”。

同时,在本节试题的评讲中,学生有时会呈现许多不同的方法,有的方法还很精练、巧妙,不时迎来同学们的掌声、喝彩,使这节课达到最为满意的课堂效果。

我欠缺的是在这节课中对后进生的关注,从他们的解题思路、书写格式上没能够更细心地指导。以后的工作中我要多留心,对于他们,哪怕是一点闪光点,都要给予及时的鼓励和赏识,增强他们的上进心。

本节课主要是对(解答题第 4 题)这类题进行分析、解决、归纳并学以致用,这正好体现了数学的“化归”思想。本节课我根据数学解题“三位一体”的思维过程,即:有用捕捉(抓住 $AB /\!/ CD$)——有关提取(回忆平行线的性质)——有效组合(根据图形确定是运用三条性质中的哪一个:“F 形图”“U 形图”还是“Z 形图”),和学生一起对本题进行深入剖析,并按照解答——拓展(通过变一变来总结规律)——应用(学以致用)的讲课思路来进行本节课的教学,最后将知识综合应用。

教学生知识不如教学生思维方法,也就是教会学生“渔”的本领,使学生能举一反三、触类旁通,领悟“万变不离其宗”的内涵。

此外,我们在课堂教学中尽量提供给学生自己总结、自行讲评的机会,让学生进行自我反思,展示个人的思维过程,也就是我们常说的要“重表达”。让有新解法的同学介绍他们的解法及解题思路,讲述中偶尔会暴露自己的错误,然后再由其他学生指出错误原因及解决办法。这样不但培养学生的表达能力,也让他们体会成功的喜悦,并掌握正确的解题方法。

不足之处:本节课我觉得还是老师讲得太多,应该把学习的主动权真正还给学生。教师少讲、精讲,多一点启发引导,少一点告诉讲解;多画龙点睛,少画蛇添足。另外,本节试卷讲评对于引导学生学会学习、养成良好的考试习惯等方面能力还有待注意。

三年级第二学期数学素质教育质量检测试卷讲评课教案

滦州市横渠实验小学　高丽军

一、教学目标

(一)知识目标

通过对典型错误剖析,使学生对所学的知识加深认识,形成经验,达成数学思维方法,开拓学生解题思路,提高学生解题能力。

(二)能力目标

采用教师讲解、自主纠正、合作交流等方式,使每个层次学生都有所收获;通过变式拓展,强化思维训练,激励学生主动思考,积极探究,培养学生的创新意识。

(三)情感态度目标

鼓励学生从不同的角度思考问题、解决问题,增进学生对所学知识的理解和学好数学的信心,通过小组合作、展示,培养学生会想、会说的良好学习习惯,培养竞争意识。

二、教学重点

通过分析错题,找出错因,巩固、充实、完善和深化常见题型的答题技巧。

三、教学难点

让学生进一步提高解题能力,提高数学综合素质。

四、试卷分析

本次质量检测内容为"冀教版小学数学三年级第六册认识方向、一位数除多位数的除法、两位数乘两位数的乘法、认识简单的小数、认识时间单位五个单元"的内容。本次试卷是以教材为载体,立足基础知识,适当的变换拓展,旨在考察学生基础知识掌握情况及综合运用能力,试题难易适中。

五、学生分析

学生对考试题型非常熟悉,对基础知识部分掌握较好,但部分学生对知识的灵活变通的能力较差，在综合应用上失分较多，不能熟练地运用所学的知识解答问题。对于数量关系分析不透彻，答题不严谨。有个别学生的结果计算错误，还要加强计算能力的训练，解题方法与能力的培养有待进一步加强。

六、课时安排

1 课时。

七、教学准备

教师准备：分析学生对相关知识、解题方法的掌握情况，对学生错误较为集中或困惑较多的题目进行集中分析，找出错误根源，并设计好针对性的训练题。

学生准备：课前下发试卷，分析错题原因并改错。

八、教学过程

(一)公布考试成绩

1. 公布全年级整体成绩及班级成绩

年级成绩			班级成绩			
平均分	优秀率	合格率	平均分	优秀率	合格率	名次
84.97	61.07%	92.4%	85.5	60.70%	95.21%	2

2. 考试成绩分析

优秀学生 17 人，70～85 分 12 人，60～70 分 2 人，班级平均 67 分，不及格 1 人。全班最高分是 97 分，最低分 46 分。班级优秀率低于年级优秀率，说明班级高分学生人数少。

3. 典型学生表扬

(1)表扬优秀的学生：陈佳辉、陈嘉颖、陈雨涵、崔爱雪、董烨、范艺嘉、高宁曼、郝梦丹、李思昂、李妍、梁馨月。

(2)表扬进步明显的学生：李雨桐、王天琦、吴佳锟、董泽园、李泽源、秦悦、刘紫琪、孟祥峻。

【教师通报本次考试基本情况，使学生对自己的成绩有客观的了解和清晰的认识，以确定学习的目标和今后努力的方向。】

(二)个人分析，组内研究

出示活动要求：哪些题出错，原因是什么？还有哪里有困惑？在小组内说说，并用蓝颜色的笔对错题进行改正。

(三)典型题型讲解

本节课我们就这针对这张试卷出现问题较多的地方做一下重点分析，以达到查漏补缺的目的。

1. 平均数问题

(1)错题重现。

①填空题第 3 小题“有两箱苹果,甲箱重 10 千克,乙箱重 8 千克,从甲箱中拿(　　)千克放到乙箱中,两箱的苹果一样重,这样两箱苹果都是(　　)千克。”

②填空题第 5 小题“小明 3 次跳绳平均成绩是 96 下,其中第一次跳了 92 下,第二次跳了 98 下,他第三次跳了(　　)下。”

③解决问题第 4 小题“小华身高 120 厘米,比小亮矮 40 厘米。小华和小亮的平均身高是多少厘米?”

【分析:都是关于平均数的问题,学生对于数量关系分析不透彻,要注意加强知识间的联系,培养学生良好的思维品质,为学生的后续学习打下良好的基础。另外,在解决问题中也反映出了关于计算准确率的问题,往往有学生能够做到正确列出算式,但是由于数据较多而导致计算错误,影响了下一步的计算,这样由计算导致的丢分现象也较普遍,这也是一个需要强调的问题,所以,今后的教学还要加强计算的训练。】

(2)学生分析解题方法,教师提示。

(3)变式练习。

植树小组植一批树,3 天完成。前 2 天共植了 113 棵,第三天植了 55 棵。植树小组平均每天植树多少棵?

2. 时间问题

(1)考题重现。

①填空题第 7 小题“妈妈 8 点钟上班,路上要用 20 分钟,她最晚应该在(　　)从家里出发。”

②选择题第 2 小题“2008 年奥运会在首都北京举行,和这一年天数相同的是(　　)。

A. 1996 年　　B. 1998 年　　C. 2100 年　　D. 1982 年

【分析:一要注意审题,在平时的教学中要注意培养学生良好的学习习惯,认真读题,达到眼脑并用;二要加强数量关系的分析,多进行变式练习,以达到巩固知识、提高解决问题的能力。】

(2)学生分析解题方法,教师提示。

(3)变式练习。

①下列年份中,闰年的(　　)。

A. 2005 年　　B. 2008 年　　C. 1912 年　　D. 2014 年

②一部电影从下午 4 时 25 分开始播放,共播放 1 小时 30 分钟,(　　)结束。

A. 5 时 55 分　　B. 17 时 55 分　　C. 下午 5 时 50 分　　D. 17 时 50 分

3. 计算问题

(1)考题重现。

【分析:从整体上看整个计算(口算、估算和笔算)丢分不太严重,但是学生个别小题却普遍存在丢分现象,一是学生受思维定势的影响;二是对于比较算式结果大小的技能技巧没有掌握。】

填空题第3题"181÷2◯90""190÷ 6◯200 ÷ 6"比较出被除数的大小即可,但部分学生用计算的方法,往往由于计算错误而导致失误。

②学生分析解题方法,教师提示。

③变式练习。

(345－186)÷3　　　　　　399÷7＋294

(四)反思改错,个别指导

教师:请大家把错题改过来,并给小组长检查。改完错的同学把好的方法写在题目旁边。

九、作业

将错题记入错题本中。

板书设计

试卷讲评

数量关系　平均数＝总数÷总份数

年月日　　1年＝12月

平年＝365天

闰年＝366天

1天＝24小时

三年级第二学期数学素质教育质量检测试卷讲评课教学反思

高丽军

试卷讲评课是一种重要且常见的课型，其主要作用在于：通过试卷讲评帮助学生分析考情、查漏补缺、纠正错误、巩固双基、并且在此基础上寻找产生错误的原因，从中吸取失败的教训（包括听课、审题和做题的方法与习惯等）。总结成功的经验，从而完善学生的知识体系和思维体系，进一步提高学生解决问题的能力。

一、成功之处

（一）及时批改，全面评价

考试的主要目的之一就是考查学生对知识点的掌握情况。及时批改，并做好试卷分析是上好讲评课的基础。测试过后，我做好了数据的分析工作，把班级成绩与年级总体成绩进行了对比分析；对优秀率、及格率、各分数段的人数与上次考试情况进行比较，使学生对自己的成绩能够做到心中有数，并及时表扬了成绩优秀和进步较大的学生，对学生起到了一个激励作用；此外，在阅卷时详细记录下每个同学的典型错误，对学生的错题进行整理，讲评试卷过程中，起到了有的放矢的作用。

（二）主次分明，评重讲难

一份试卷的合理结构是考题由易到难，由浅入深，由基础题到综合题逐步延伸的。因此，讲评时没有必要面面俱到，而应针对学生在答题中存在的主要问题，以及考试中要求学生掌握的重点知识进行讲评。对一些综合性较强，与实际联系密切的题目，教师应重点讲解解题思路，教会学生“渔”的本领，使学生能够举一反三，触类旁通，并领悟“万变不离其宗”的内涵。如重点对概念理解不到位的平年和闰年的判断方法和关于平均数的问题进行了讲解。

（三）分析失误，对症下药

在讲评试卷的过程中也应充分注意教师的主导作用和学生的主体作用，如果教师只是为了讲评而讲评，那就必然会使讲评课只是教师在简单的重复试题答案。要使学生全面深入地认识错误，教师应做好发现错误的工作，首先要广泛地收集出错试题，并进行归类整理，如审题不清、复习不足，然后组织学生针对各种原因的失误，进行分析、总结。这样，在教师的有意点拨下，可以使学生从根本上寻找到“病源”，从而对症下药，积极地对待错误。所以我采用考题重现——学生讲解——教师指导——变式练习的讲解模式。

(四)拓展外延,总结思路

讲评试卷时,还要通过具体问题的拓展外延把试题进行变化。可以在原有题目的基础上借题发挥,也可以将答案要点充实,还可以将考点扩展、深化、增加难度,让学生在试题讲评中能有所发现、有所提高,并对试题题型、知识点分布、解题思路和技巧等进行归纳小结,从中获得规律性,从而帮助学生提高研究问题的能力。

(五)多重激励,树立自信

充分肯定学生的成绩,表扬成绩进步的学生,鼓励成绩差的学生。细心寻找学生试卷上的闪光点,使他们看到自己的进步,增强学习的信心,产生经过努力就能取得好成绩的愿望。

二、不足之处

由于时间的原因,有些试题处理的比较仓促,有的学生可能跟不上节奏。学生小组合作的能力参差不齐,个别学生没能得到锻炼。

总之,通过这次试卷分析及讲评,达到了查漏补缺的目的,同时也对学生进行了解题方法和解题技巧的指导,进一步提高了学生的解题能力,对学生数学综合素质的提高有一定的益处。

数学教研组教学教研活动剪影

教科研王春萍主任介绍讲评课课改历程

数学教师王丽娟讲授试卷讲评课

数学教师杨伟娜讲授试卷讲评课

数学教师王淑娟讲授试卷讲评课

数学教师牛晓菊讲授试卷讲评课

数学教师李素香讲授试卷讲评课

数学教师苗文静讲授试卷讲评课

数学教师高晓红讲授试卷讲评课

数学教师王淑猛讲授试卷讲评课

数学教师屈海娟讲授试卷讲评课

三中数学教师们进行课后教学研讨

英语学科试卷讲评课教学模式

——“三段·六重”讲评课模式

王丽红

考试是用来检测学生学习效果的主要手段，而试卷讲评则是查漏补缺、总结教学得失、寻求提高教学质量有效方法的重要环节，在教学过程中起着非常重要的作用。但“我讲你听”“机械演练”仍是当前试卷讲评课的主要模式，学生很少主动参与，新课程标准要求学生的主体性也没有发挥出来，使试卷讲评课未能达到应有的教学效果。因此，我校开始在试卷讲评课中尝试新的方法，英语教师经过研究和探索，最后归纳出了英语试卷讲评课的“三段·六重”模式。

“三段”，就是课前、课中、课后三个阶段。“六重”，就是讲评过程中重归因、重方法、重典型、重过程、重激励、重迁移。下面是我们的英语试卷讲评课的模式和流程。

一、课前准备

(1)深入研读试卷，了解命题特点。

(2)统计、分析学生答题情况，找出共性的典型错误，分析错误生成原因。

(3)根据试卷特点和学生答题情况，确定讲评目标和重点。

(4)精选巩固性练习，将原题进行变形，设计不同语言环境进行多方位的训练。

(5)精心设计学案，符合学校试卷讲评课课堂环节要求。

二、课中“六重”

在课中采用分析考情—自主纠错—合作探究—点拨引领—拓展提升—内化补偿六个环节，将重归因、重方法、重典型、重过程、重激励、重迁移，体现在各个环节中。

(一)分析考情，概述测试后成绩情况

(1)简述测试的平均分、及格率、优秀率、低分率、达标率等。各分数段的人数和试卷中存在的主要问题。

(2)表扬达到目标分、超出目标分的同学及获得最高分的同学，特别是大力表扬达到目标分、超出目标分的中下等学生。鼓励帮助成绩差的学生，教育他们不要泄气，要奋力直追。这一环节主要体现重激励。

(二)自主纠错

教师提前将试卷发给学生，首先要求学生自己进行修改，让学生了解自己答题的情况，了

解试题的难易程度。对出错率较低的试题,引导学生自己查阅教材,自己分析错题原因,找出解决问题的方法。这一环节主要体现重归因、重方法。

(三)合作探究

对自己不能解决的问题,让学生以小组为单位,针对试卷上的错误,互相讨论,互相交流,把错误的问题改正过来,并弄清出错的原因,进一步掌握该知识点。力争把错误在合作探究过程中解决,并在全班进行展示;对优秀的进行表扬,培养学生自主学习,合作学习的能力。这一环节主要体现重过程、重方法、重激励。

(四)点拨引领

老师对学生不能解决的问题进行点拨、指导,引导学生总结答题经验和解题思路,弥补学生思维缺陷。对于出错率比较高的题目,引领学生根据错误特征剖析出错原因,再进行问题归类;针对典型错题,讲解审题策略、审题要领和审题技巧,指导学生在充分审题的过程中,领悟自己的出错原因,探究正确的解题思路和方法。这一环节主要体现重典型、重归因、重过程、重方法。

(五)拓展提升

在每类错题中选出最典型的作为例题,并从出错率最高的题目切入,解决最关键的问题。对于某类型的题目只有一道试题的情况,教师提供类似的题让学生进行训练;并指出出错最集中的是哪些方面,以便学生明确主攻方向。这一环节主要体现重迁移、重典型。

(六)内化补偿

要求学生感悟、反思、内化本节课解决的问题,发现并及时提出还没有彻底明白的问题。鼓励学生提出问题,对个性问题进行对话引领,最大限度地消除个体薄弱,落实典型错题的进一步整理内化。这一环节主要体现重迁移、重过程、重激励。

三、课后反思

课后反思阶段,既包括学生反思,更包括教师反思。学生一定要做好错题积累和统计,将错题进行归因,真正了解错题的原因,为以后学习奠定基础。每位教师讲评课后也会做课后反思,反思教学过程中的得与失,以便在下次试卷讲评课中去完善,使我们的试卷讲评课更加扎实、高效。

总之,英语试卷讲评课的模式最大限度地调动了学生学习的积极性、主动性,极大地提高了学生自主学习的能力,彻底打破了以往教师传统低效讲评课的模式,最大限度地提高了课堂效率。

2015—2016学年第二学期九年级英语质量检测试卷讲评课教学设计

王秋辉

一、教材分析

九年级英语素质教育质量检测试卷侧重 Unit 7～9 课内基础知识的检验和阅读能力的提升。题量适中，难易适度。试卷难度系数 6.5，没有听力试题的考查。

二、学生分析

学生对待此次考试态度认真，但是复习的时间较短，没有充分掌握所学内容，一部分同学不能达到灵活运用的目标。

三、课时安排

1 课时。

四、教学目标

(一)知识与能力

掌握试卷考查范围内的基础知识，并能灵活运用；积累阅读中的好词好句。

(二)过程与方法

通过课前自主纠错、归因、拓展，掌握错题的解题思路和相关链接知识。

(三)情感态度与价值观

通过试卷讲评，培养学生自主归因、触类旁通的能力，从而引导学生认真的学习态度和积极向上的学习品质。

五、教学重点

引导学生对高频错题正确归因，加强解题技巧的指导。

六、教学难点

阅读、写作技巧的指导，答题策略的点拨。

七、教法

(1)课前做好充分的数据统计,详尽分析试卷及学生答题情况。
(2)课中引导学生归因,恰当迁移,拓展相关知识。

八、学法

自主探究,合作释疑。

九、教学过程

(一)课前【数据统计 试卷精析】

课前,下发试卷。学生自主纠错,将错题写在错题本上,标注失分原因和努力方向。

(二)课中【合作探究 典型答疑】

Step1 数据统计 分析结果

(1)教师对考试结果进行总结:运用表格呈现统计结果,包括最高分、最低分、平均分等;宣布本次检测评选的优秀之星、进步之星、学习之星等。

(2)运用扇形图呈现本次检测中的高频错题,确定课上合作释疑的内容。

Step2 典型探究 技巧点拨

(1)课上,展示探究结果。教师和其他学生做适当补充或点拨。

(2)教师针对高频错题,提供相应的拓展练习,并进行技巧的点拨。

1.选择题、填空题

(A) 13 题. The baby is always crying. He ______ be hungry.
A. can't B. must C. should D. would
错因:______________________________
考点:______________________________
其他:______________________________

(B)18 题:—What do you think of it? —Oh, I think it's ______ that I have ever seen.
A. One of most moved movie
B. One of the most moved movie
C. One of the most moving movies
D. One of most moving movies
错因:______________________________
考点:______________________________
相似词:______________________________

(C)19 题:No one knows ________。
A. how they put these stones together
B. how did they put these stones together

C. that they put these stones together
D. where did they put these stones together
错因：________________
考点：________________
宾从三要素：________________
49 题：Look! A policeman <u>*running after*</u> the thief.
57 题：Could you please tell me if you have *receive* my E-mail?
错因：________________
考点：________________
牢记各时态结构：________________
【追踪练习】
(1)It ________ be Mary's. Her name is on it.
It ________ be Mary's. She isn't at school.（改成否定句）
(2)Everyone was ________ (move) by the girl's story.
(3)Mary, You ________ (pass) the exam! Congratulations!
(4)Mom ________ (make) dinner. It smells nice.
【解题技巧】记忆是学会运用语法知识的前提。

2. 阅读题

(1)根据错题统计表的反馈信息，向学生呈现高频错题、题型分类、失分原因等信息。
(2)再读任务型阅读的文章，小组合作；根据学案，共同探究高频错题，解决问题。
(3)小组展示讨论结果。
(4)教师适当点拨，并总结“细节题”答题技巧。
(5)学以致用，合作探究，解决其他阅读中的高频错题；小组展示；教师点拨。
具体内容如下：
41 题：All the teachers write the important things on the blackboard. (T)
题目线索句：________________
关键词：________　句意：________
43 题：If you missed some important pionts in class, you can <u>don't be afraid to ask your teacher to repeat what you missed.</u>
错因：________________
线索句：________________
关键词：________　句意：________
45 题：Note-taking is a skill that can help you do well in all your schoolwork. (译)<u>坚持记笔记能帮助你所有学业做好。</u>
关键词：________________
是________从句，句意：________
【题目归类——细节题】
细节题，主要是对某个细节用同义结构转换后进行考查。
【解题技巧】关键信息定位法　同义定位法

【合作探究】

Work in groups and deal with your problems (32. 33. 34.) in Reading A in the ways above.

3. 书面表达

(1)为学生提供技巧的指导,把握书面表达的关键。

(2)根据"家规" 的话题,运用适当思维导图,引导主体思路。

(3)将一名同学的作文作为案例进行分析,解决学生存在的共性问题。

(4)师生共同在头脑中思考可用句式、日常活动短语等,并向学生呈现以上信息后,学生再写作文。

(5)一两名同学展示再写的作文。

Step 3 教师寄语

1. Nothing is too difficult if you put your heart into it.

   世上无难事,只怕有心人。

2. Where there is a will, there is a way.

   有志者,事竟成。

3. Practice makes perfect! 熟能生巧!

(三)课后【归纳总结 全面提升】

Step 4 homework

1. 将错题写在错题本上,标注失分原因、考查重点和努力方向 。
2. 摘抄喜欢的句子,并且熟记于心。
3. 谈谈任务型阅读和写作中话题给你的启示。

十、板书设计

可用句式 I can't \I can \I have to\I am(not) allowed to \my parents don't allow me......

日常活动 hang out with my friends\watch TV\ do homework\go online\ get my ears pierced\drive......

2015—2016 学年九年级英语质量检测试卷讲评课说课

王秋辉

一、说教材(地位与作用)

九年级英语素质教育质量检测试卷侧重课内基础知识的检验和阅读能力的提升。题量适中,难易适度。试卷难度系数 6.5,没有听力试题的检验。本次测试对于激励学生查漏补缺起到重要的作用。

二、说学生(学情分析)

学生对待此次考试态度认真,但是复习的时间较短,没有充分地掌握所学内容,一部分同学不能达到灵活运用的标准。

三、课时安排

1 课时。

四、说教学目标

1. 知识与能力

掌握试卷考察范围内的基础知识,并能灵活运用;积累阅读中的好词好句。

2. 过程与方法

通过课前自主纠错、归因,掌握错题的解题思路和相关链接知识。

3. 情感态度与价值观

通过试卷讲评,培养学生自主归因、触类旁通的能力,从而引导学生认真的态度和积极向上的学习品质。

五、说教学重点

引导学生对高频错题正确归因、考点连接、解题技巧的指导。

六、说教学难点

阅读、写作技巧的指导,答题策略的点拨。

七、说教法

(1)课前做好充分的数据统计,详尽分析试卷及学生答题情况。

(2)课中引导学生归因、恰当迁移并拓展相关知识。

八、说学法

自主探究,合作释疑。

九、说教学过程

试卷讲评课,以"三段·六重"理念为指导思想,师生共同归因,查找知识理解上的偏差;共同探讨解题通法、寻找解题规律;对高频错题进行合作释疑,当堂解决,达到巩固知识、对知识进行再整理、再运用的目的。

(一)课前:数据统计、试卷精析

数据统计、分析结果

"三段"之课前,根据我校错题统计表的反馈信息和具体的试卷分析,做好相关的统计工作。除了平均分、最高分、优秀率、难度系数等数据外,重点对各个层次学生答题情况进行统计、汇总,从而确定课上要讲解的高频错题,做到重典型,解决共性问题,从而有针对性地精选习题,对知识达到巩固提升。此外,对学生进行思想方面的引导和鼓励尤为重要。

通过课前的分析和统计,以及学生课前自查、自改情况,做到对学生和对试题的全面了解。采取有效地教学方法和策略,针对不同学生的共性问题,向学生传授可行的解题思路和答题技巧。课前计划从"六重"角度出发,提高学生的综合能力。

(二)课中:合作探究、典型答疑

典型探究、技巧点拨

"重典型",要求教师对试卷和答题情况做出精准地分析。由此,确定课上探究的共性和个性问题,从而达到事半功倍的效果。本节课的讲评重点是三个基础题、阅读题的分类及解题技巧的指导、写作内容的梳理和引导。目的在于增强中等及偏下的学生的信心,又增强英语优势学生的难题正确率。针对本次试卷中的错误率较高的题进行剖析,学生主要采用自主探究和合作探究的学习方法,真正提高学生触类旁通的能力。此外,英语的记忆过程尤为重要。因为记忆是运用的基础,所以针对词汇不理解的问题,真正做到让学生当堂掌握,以便日后更好地运用。

在讲评试卷之前,将阅完试卷提前发给学生,并要求学生课前独立纠错。事实上,学生做错的题目中有一部分是学生自己能够改正的。我们经常会看到学生拿到试卷后"后悔不已",这主要由于他们不认真或者模棱两可等原因造成的失分。所以,我会不断向学生灌输"归因"的理念,由此,树立学生学好英语的信念,鞭策学生认真思考的态度。如果遇到课前解决不了的问题要做好记录,留待课上合作答疑。

1. 基础题

试卷中考查的单选、词汇、连词成句大都来自课本，A、B类学生犯错较少。对于部分出错的学生来说，主要因为记忆不牢，所以加强记忆并灵活运用就能避免再次犯错。课上，本着“重归因”“重迁移”的理念，我将高频错题进行呈现，学生自主纠错，分析错因，并适时进行知识点的延伸和拓展。这次试卷中笔试基础题侧重讲解题目(13、18、19、49、57)具体举例如下：

The baby is always crying. He ________ be hungry.

A. can't　　B. must　　C. should　　D. would

错因：________________________

考点：________________________

其他：________________________

【追踪练习】

(1)It _____ be Mary's. Her name is on it.

It _____ be Mary's. She isn't at school.(否定句)

(2)Everyone was _______(move) by the girl's story.

(3)Mary, You _________ (pass) the exam! Congratulations!

(4)Mom _________ (make) dinner. It smells nice.

基础题答题技巧：记忆是学会运用语法知识的前提！

2. 阅读题

对于初中生来说，阅读是难点。由于考试的过程中，学生已经对阅读材料有了不同层次的了解，所以在自主纠错的前提下，将错误率较高的题进行统计。针对本次试题，进行题型的归纳，同时呈现正确答案让学生进行核对。此外，解题技巧的指导是教学的重点。具体举例如下：

题目归纳——细节题解题技巧

细节题，主要是对某个细节用同义结构转换后进行考查。关键信息定位法、同义定位法。

本次试题细节题居多，故在讲解的过程中，侧重方法和答题信心的培养。针对高频错题，引领学生再次研读文章找线索，展示阅读成果。在合作探究的过程中，各小组进行深入分析后展示讨论的结果。同时，用相同的方法自主完成其余阅读的纠错，达到学以致用的效果。试卷讲评的过程中，“重方法”要求教师对学生进行答题方法的传授，培养学生的解题能力。具体举例如下：

All the teachers write the important things on the blackboard.(T)

题目线索句：________________________

关键词：__________　　句意：______________

3. 书面表达

书面表达题的讲评过程中，首先对学生进行方法和思路的指导。

解题技巧

把握人称和时态、确保要点不能丢、精选短语句式、把握关联助通篇。

第一，我会引导学生仔细审题，确定时态、人称、要点等主线信息。第二，引导他们思考与话题相关的词句，引导学生进行句式的输出和连词的恰当使用。写作指导侧重打开学生思路，捕捉头脑中有价值的信息。引导A类学生大胆尝试复合句，为写作增色。第三，采用纠错的形式，将一篇典型的范文进行展示，全体学生一起剖析，解决写作过程中的共性问题。第四，向学生展示可用关键词、句式、思维导图等信息，向学生呈现正向引导。

(三)课后:归纳总结、全面提升

对于各个题型的讲评，通过自主纠错、合作释疑后，根据学生的情况，对没有解决的问题进行点拨、纠正、总结。试卷讲评的重要一点是培养学生“举一反三”“触类旁通”的能力。所以，试卷讲评就是让学生在今后的学习过程中，以读书为依据，循序渐进进行积累，分析解题策略，运用答题技巧，达到高效学习的目的。同时，教师除了针对试卷本身作出具体指导外，更要不失时机地对学生进行思想的引领，选择对学生有影响的寄语。

课后作业

针对高频错题，培养学生在错题本上进行整理的好习惯，并且要求学生们及时复习，避免再次犯错；英语的学习也是一个积累的过程，让学生将试卷中喜欢的句子读一读、写一写、记一记，有助于丰富学生的词汇量和信息量，让学生学会思考是提高学生能力的渠道；阅读题中的文章引导学生体会作者的写作意图，或者说说自己的读后感，目的在于提高学生分析、思考的能力，养成“阅读”并“理解”的习惯。

十、结束语

在“三段·六重 ”教学理念的引领下，试卷讲评的过程注重学生习惯的养成；注重知识的有效输入和输出；注重学习方法的指点；注重学习过程的参与和过渡；注重培养学生的学习和生活信念；注重学生在英语学习过程中的全面发展等。在每一题型的讲解中，在每一环节的操作中，尽力让学生对于知识的学习和能力的养成相辅相成，相互促进。为了实现更理想的教学效果，我会不断思考，努力前行！

2015—2016 学年九年级英语质量检测试卷讲评课教学实录

王秋辉

一、教学过程

(一)Before class——数据统计、试卷精析

Students correct their papers while the teacher analyzes the results before class.

Teacher and students greet each other!

(二)In class——合作探究、典型答疑

Teacher:Boys and girls! In this class, we'll solve the problems in the exam. You know, some students passed the exam successfully, but others didn't. however, I believe that you can do better next time through your hard work. (屏显:You can do better!)

So follow me together :Come on! Come on! Come on!

Students:Come on! Come on! Come on!

1. 数据统计、分析结果

Teacher:OK! This is our exam result. (屏显: Analyze the result)

参考人数	48	平均分	61.25
最高分	95	最低分	16
优秀率	25%	及格率	44%

I think you should work harder and harder.

In the exam, The Top Students are Liu Weiting and Geng Jianpu. Please stand up to accept our blessing. Congratulations! (屏显:各组优秀学生)

Students: These two students are standing up while the others are clapping their hands to congratulate them.

Teacher: And Study Stars are these students. Please stand up to accept our blessing.

Students: They are doing the same things as above.

Teacher: Hope Stars are these students. (Teacher and students are doing the same thing as above)

Teacher: I am proud of you. And the others should learn from them to achieve your dreams. I believe in you. Do you think so?

Students: Yes.

2. 典型探究、技巧点拨

Teacher: Well, These are our main problems in the exam. These are the kinds of the questions that we will solve in class.

(屏显)错题统计:13 题、18 题、19 题、34 题、40 题、49 题、45 题、57 题;讲评内容:基础题、阅读题、写作题 。

Students: Read the information shown in the screen.

(1)基础题

Teacher: Before class, you have corrected your problems and share your ideas about your mistakes. No. 13 题、18 题、19 题、34 题、40 题、49 题、45 题、57 题(基础题的错题采用课前自主探究,课上展示分析的形式)

Teacher: At first, No. 13

(屏显)13. The baby is always crying. He ________ be hungry.

A. can't　　B. must　　C. should　　D. would

错因:________________________________

考点:________________________________

其他:________________________________

Please share your ideas. I need volunteers.

He Yiming: (explain according to the instruction above) The baby is always crying. He must be hungry. 我认为这道题的错因是英汉的差异;考点是表推测的情态动词,这句话的意思是这个孩子一直在哭,他一定是饿了。所以应该选择 B. must; 其他表推测的情态动词表可能的有 may/might/could; 表否定的有 can't; 表肯定的有 must,所以这道题选择 must.

Teacher: Ok! Are you clear? (**Students**: Yes!) I agree with you. The right answer is B. Please pay attention to 'crying'

Teacher: Next one, No. 18. (屏显)

18. —What do you think of it?

—Oh, I think it's ______ that I have ever seen.

A. One of most moved movie　　B. One of the most moved movie

C. One of the most moving movies　　D. One of most moving movies

错因:________________________________

考点:________________________________

相似词:________________________________

Wang Yilin: What do you think of it? Oh, I think it's ______ that I have ever seen. 这道题应该选择 A. 错误的原因是没分清 moving 和 moved 的用法区别,而且不知道 one of 后面要加形容词的最高级和名词复数;考点是 one of 的用法和 move 变形容词的用法区别;和它相似的词有 exciting、excited\interesting、interested\bored、boring 等。

Teacher: OK! Good job! Can you explain 'moving and moved'? 'moved' means...

Wang Yilin: “感动的”、“人”作主语时,用 moved;“物”作主语时,用 moving.

Teacher：OK！Good！Are you clear?（Students ：Yes ）So the right answer is B.

Teacher：OK，Next one.（屏显）

19 题．No one knows ________

A. how they put these stones together

B. how did they put these stones together

C. that they put these stones together

D. where did they put these stones together

错因：______________________________

考点：______________________________

宾从三要素：______________________________

Geng Jianpu：No one knows ________．我觉得应该选择 A．这道题的错因是宾语从句的引导词没有弄清楚；考点是含特殊疑问词的宾语从句；宾语从句的三要素是时态、语序和引导词，引导词有 that、if/whether 和特殊疑问词。

Teacher：I think you did a good job. So tell me your right answer，which one to choose.

Students：choose A.

Teacher：I think so. Well，Can you translate it into Chinese?

Students：没有人知道他们怎样把石头堆放在一起的。

Teacher：Good！You need to pay attention to the meaning of this sentence.

Teacher：Well，this one.（屏显）

49 题．Look！A policeman *running after* the thief.

57 题．Could you please tell me if you have *receive* my E-mail?

错因：______________________________

考点：______________________________

牢记各时态结构：______________________________

Liu Weiting：（读题）这两题的错因是没有记清楚时态中谓语动词的结构。第一个因为题中有 look，所以是现在进行时，应该改为 is running after，第二个谓语动词中有 have，所以判断为现在完成时，应该改为 received。其他各时态的结构分别是：一般现在时，主语＋be\原形\三单＋其他；一般过去时，主语＋was\were\过去式＋其他；一般将来时，主语＋be going to \ will ＋do ＋ 其他；现在进行时，主语＋be doing ＋其他；现在完成时，主语＋have\has done ＋其他。

Teacher：I think you explained very well. Please pay attention to ‘receive’.

Students：repeat ‘receive’.

Teacher：And the right answer is ‘is running after’ ‘received’. Are you clear?

Students：Yes.

Teacher：Look at these exercises. Can you finish them?（学生审题、做题，个别学生讲解）

【追踪拓展 合理迁移】

①It ______ be Mary's. Her name is on it.

It ______ be Mary's. She isn't at school.（改成否定句）

②Everyone was ________ (move) by the girl's story.

③ Mary, You ________________ (pass) the exam! Congratulations!

④Mom ____________ (make) dinner. It smells nice.

He Yiming: It ______ be Mary's. Her name is on it. 它是 Mary's，她的名字在上面。根据题意，这道题考查的是表示推测的情态动词的用法，may\might\could 表示可能；must 表示肯定；can't 表示不可能。所以第一个空填 must；第二个空填 can't.

Wang Huiying：根据题意，她不在学校，所以它不可能是 Mary's，填表否定推测的情态动词 can't.

Lun Huiying：Everyone was ____ (move) by the girl's story. 每个人都被女孩的故事感动了。这道题主语是人，所以填 moved，考查的是 move 变形容词的用法。

Teacher：'moving'Can you explain 'moving'? 请举一个例子，"最感人的电影之一"

Lun Huiying：'moving'是令人感动的，修饰事或物；one of the most moving movies.

Teacher：Good job! Do you agree with her? (Yes)

Geng Jianpu：Mary, You ____ the exam! Congratulations! 玛丽你已经通过了考试，祝贺你！因为 Congratulations 是祝贺你，说明 Mary 已经通过了考试，所以用现在完成时，谓语动词的结构是 have\has+done，即 have passed.

Teacher：Congratulations! 说明考试已经通过了. I agree with you.

Wang Huiying：Mom ________(make)dinner. It smells nice. 妈妈正在做饭，它闻起来很香。因为后半句是它闻起来很香，说明饭没做好，所以妈妈正在做饭，用现在进行时，即 is making.

Teacher：Good job! Pay attention to 'is'(总结：这几道题中，No. 3 和 No. 4 是中考题。近年来，根据题意推断时态的题型是重点，所以要学会分析语境，熟记各种时态谓语动词结构)

Teacher：(屏显：基础题答题技巧)我认为记忆是学会语法知识的前提。So I think if you want to do these exercises well, you must remember the grammar 学生倾听，体会。

Teacher：Now, I will give you two minutes to review these exercises to avoid the same mistake next time.

Students：Review and memorize what they learned.

Teacher：(2mins later) Got it? I think you can solve the problems like this next time. So much for this.

(2)阅读题

Teacher：Next, pay attention to reading. Reading is more difficult for you. Do you think so? And look at the main problems in the exam. (屏显高频错题，采用合作探究的形式)

阅读 A. 32、33、34

任务型. 41、42、43

题型：细节题

失分原因：语法欠缺，断章取义。

Teacher：这些题主要涉及细节题，失分原因主要是语法知识欠缺，断章取义，所以通过学习，将这些问题解决掉。Now, look at your papers, read the passage again and discuss the problems with your partners. Please turn around.

Students: read again and discuss the problems in the groups. (10 mins)

Teacher: Are you ready? Let's share your ideas about your mistakes. (屏显任务型阅读的高频错题)

41 题. All the teachers write the important things on the blackboard. (T)

题目线索句:________________

关键词:________ 句意:________________

Han Xueyi: All the teachers write the important things on the blackboard. 译为"所有的老师都将重点写在黑板上"线索句是第二段最后一句 different teachers do things differently …关键词是 differently,所以答案是 F。

Teacher: That's right. You explained so well! (屏显)

43 题. If you missed some important points in class, you can don't be afraid to ask your teacher to repeat what you missed.

错因:________________

线索句:________________

关键词:________ 句意:________________

Chen Yushi: (read the question) 错因是没有注意到 can,线索句是第四段的第三行 don't be afraid of...;同时 can 后加动词的原形;关键词是 don't be afraid of asking… 句意是如果你课上错过了一些重点,你可以让老师重复你错过的知识。

Teacher: 这道题的关键之处就是注意句型的转换,学会提炼信息,不能盲目抄写。这道题的正确答案是 ask the teacher after class (屏显)。

45 题. Note-taking is a skill that can help you do well in all your schoolwork. (译)坚持记笔记能帮助你所有功课做好。

关键词:________________

是________从句,句意:________________

Fei Jiayu: 这道题的关键词是 note-taking\a skill that\schoolwork\do well in ,

Teacher: Chinese meaning.

Fei Jiayu: 记笔记\一项技能\ 做得好\ 任务,是含有定语从句的复合句,所以最好将从句部分翻译到先行词前,译为记笔记是一项能帮助你学好所有功课的一项技能。

Teacher: Do you agree with him? (Students: Yes!) I don't agree with him "schoolwork" means …

Students: 功课、学业。

Teacher: Well done! 这句话的意思是记笔记是一项能帮助你学好所有功课的一项技能,我们需要注意的是这是含有定语从句的复合句,翻译时最好将从句部分翻译到先行词前面。

Students: Write down the right answer.

Teacher: 我们刚才分析的题或者说我们本次考查的题型多为细节题,也是我们容易出错的题,一马虎就出错,那么这些题主要是对某个细节用同义结构转换后进行考查。所以,下面的两个方法相信对你们会很有用,第一个是"关键信息定位法";第二个是"同义定位法"。(总结 屏显)

【题目归类——细节题】

【解题技巧】

细节题,主要是对某个细节用同义结构转换后进行考查。

关键信息定位法、同义定位法

追踪拓展、合理迁移

Teacher:Now,work by yourself and deal with your problems (32 33 34) in Reading A in the ways above.

Students:(自主探究)

Teacher: Please share your ideas.

Three students: Explain each question one by one.(读题、找线索句、分析)

The other students:(倾听、思考)

Teacher:Good jobs! Do you agree with them ?(Yes) Now ,give you 5mins to memorize the sentences you like in these two passages.

Students: Read and remember the sentences.

Teacher: Stop here! And I think we should memorize as many sentences as we can in our daily lives to learn English well. Do you think so ?(Yes) So much for this!

(3)书面表达

Teacher: Let's go into the writing. 写作是一项考查综合能力的题。所以要在平时记忆运用的基础上,才能有效地输出。那么我们在平时的写作训练中一定注意以下几点(屏显写作技巧—把握人称和时态、确保要点不能丢、精选短语句式、把握关联助通篇)

Students: Read the writing skills together.

Teacher:Please remember them. (**Students**: read and memorize.)

Teacher:大家记住了这些技巧,再多积累足够的词、短语和句子,相信大家能写出好的作文。这次考试中的作文题目是 house rules. 在看到这个要求时,我们最好在头脑中构建一个mind map,类似这样的(屏显分析思路图的结构,提示可能用到的表达),也就是这个作文中,第一段简单概述在我家有许多规则,接下来具体介绍各个规则,最后总结自己的观点和看法,这就是一个简单的思维导图。写作中,还需要很多的表达来润色我们的文章,比如以前学过的 I can/I can't/I have to... 最近新学的被动语态 I am allowed... (Students: Recall the expressions with the help of the teacher)。

Teacher: At first, analyze a passage from a student. Please find out what is good and what is wrong.(屏显一名学生的考场作文)

Students:Read the passage and think about it.

Several students: Talk about something good about the passage(我认为好句是...因为...)

Teacher:这篇作文是刘向磊同学的,请他自己说说。

Liu Xianglei: I think I should be allowed to choose my own clothes.

Teacher:同学们都想选择自己的衣服是吗? It's fun! 那么,有毛病的句子你们能看出来吗?

Students: Help to correct something wrong one by one while the teacher correct something on the screen according to students' opinions.（师生共同修改，解决共性问题）

Teacher：I think with the help of other students, the passage is excellent. Do you think so? OK! Now if you want to write a good passage about your house rules, you can use these expressions.（屏显可用句式、日常活动）Please read together.

Students：Read the expressions together and memorize them.

Teacher：Now I believe that you can think of as many expressions as you can. If you want to talk about your ideas, you can write them down like this. I think if you can memorize these expressions, you can write a passage well. Please remember these expressions on your papers.

Students：Read and memorize.

Teacher：If you memorize these expressions ,please write the passage again.

Students：Write the passage again.

Teacher：I think if you want to write a good passage, you must memorize so many expressions and sentences. And about your passages, Let's share them after class or in the next class.

3. 教师寄语

Teacher：To learn English well, I want to say something to you.（屏显）

Students：Read the sayings together.

(1)Nothing is too difficult if you put your heart into it. 世上无难事，只怕有人。

(2)Where there is a will, there is a way. 有志者，事竟成。

(3)Practice makes perfect! 熟能生巧！

Teacher：I think you should memorize these expressions. And please do like this! I believe that you must be top students. I believe in you! Come on !

Teacher：Today's homework.（屏显）

(三)After class —归纳总结、全面提升

Homework

(1)将错题写在错题本上，标注失分原因、考查重点和努力方向。

(2)摘抄喜欢的词句，熟记于心。

(3)谈谈任务型阅读和写作中的话题给你的启示。

Teacher：I hope you can do better next time! Come on! Class is over!

2015—2016学年九年级英语质量检测试卷讲评课教学反思

王秋辉

本节课出发点是通过对第二次质量检测试卷的分析、讲评、总结，逐渐提高学生完善的审题能力、答题思路以及对知识的掌握和融会贯通地运用知识的能力。培养学生善于思考，冷静答题的学习品质。对于面临中考的九年级学生来讲，试卷讲评课是英语教学评价体系中的一个重要组成部分。

根据学生的错题统计表的反馈，为了使讲评满足学生需求，讲评内容为基础题、阅读题和写作三方面。学生从错题归因、考点和相关知识拓展三个角度进行做题方法和知识运用的训练，不断提高能力。

基础题，学生的正答率比较高。所以采用小组互评的方式，解决错题本上的疑难问题。这个环节中，探究合作有利于提高优等生对知识的再现能力。同时，提高中等及以下学生的参与度。教师总结性地说明此类基础题的考查特点并加以拓展，起到触类旁通的效果。但是在学生展示讲解典型题时，方法的引导上有些欠缺，主要由于时间紧没能进行更大范围的提升训练。

阅读理解题的讲解采用归纳法。本节课主要讲解“细节题”的做题思路和技巧的指导。阅读反映了学生的基础水平，也反映了学生运用知识的能力，考察的是学生综合运用知识的能力。为了能让学生冷静分析与思考，这节课将任务型阅读中的典型错题集中解决，归纳题型，培养学生整合信息的能力。同时，学以致用，解决 A 阅读，让学生看到自己在阅读方面的希望。阅读题的讲解中，将文中难句进行分析，养成深入分析的习惯。在此，将阅读中常见的问题类型加以概括，解决一部分学生无从下手的问题。

由于学生在课下已经进行了改错，所以让学生通过题型分析及方法指导来重新解决问题，对于大部分学生来说，能灵活应对，其中预习不好的同学可能有些吃力，时间安排上有些紧张。在阅读的拓展练习中，教师解释过多，束缚了学生的思维。此外，对于阅读题中普遍出现的词汇量问题，没能当堂记忆解决。今后的教学中，仍要加强词汇量的记忆和运用。

写作题的讲评中，对于大部分学生存在的语句、语法问题加以强化，培养学生写作方法和写作思路。重点放在词、短语和句式的积累运用方面。但是，对于中等偏下的学生来说，由于基础知识和语法欠缺问题，不能在短时间内解决根本问题。

总之，英语的学习除了方法的指导外，更重要的是强化学生的词汇量。词汇量是答好英语试题的保障和先决条件，只有基础知识牢固了，才能很好地运用答题技巧，才会在解题思路上有所突破。九年级处于复习阶段，平时意在渗透答题思路和复习方法。英语又属于日积月累的学科，所以在以后的复习过程中更加注重知识的积累、能力的养成，达到学以致用的良好效果。

2016年七年级英语素质教育质量检测试卷讲评课教学设计

何晓红

一、教学目标

(一)知识目标

在自我纠错和反思中强化基础知识,提高分析归纳能力。

(二)能力目标

通过典型试题剖析、点拨、巩固答题策略,学会迁移拓展,掌握复习方法。

(三)方法情感目标

养成勤于思考,注重积累的好习惯,培养持之以恒的精神。

二、教学重点

通过典型试题剖析、点拨、巩固答题策略,学会迁移拓展,掌握复习方法。

三、教学难点

阅读和写作方法策略的指导。

四、教学时数

1课时。

五、教学过程

(一)自主纠错、正确归因(课前)

(二)共性错题、质疑答疑,试卷下发后先自主纠错,将错题改正(课前)

1.分析基础题型

自查试卷基础题,提出存在的疑问,老师或同学给予讲解。

2. 共性答疑

题号为 3、10、11、12、15、30、31、73、74。

3. 考题方向总结

(1)名词常考名词复数,不可数名词,名词所属格,变形容词。
(2)动词常考时态 ing 形式,to do,do...。
(3)形容词常考语意填写变副词。
(4)代词常考人称代词、物主代词。
(5)基数词写法、时间顺读法、时间逆读法。

4. 变式练习

(1)The old man always ________ (cross) the road carefully.
(2)There are sixty big ________ (bus)in the bus station.
(3)I usually go to Beijing ________(乘火车),and I ________(骑自行车)to school.
(4)It's good for the parents ________(散步)after supper.
(5)It takes them half an hour ________(go)home every day.
(6)What's the time? It's ______? A. five past twenty-five B. twenty-five past five
(7)Tom is ________ boy. A. an eight-years-old B. an eight-year-old
(8)When does your sister ______ a shower?
A. takes B. to take C. taking D. take

(三)分析阅读题型(课前)

1. 共性答疑

题号为 A52、B5、B60、C64、C65。

2. 默读全文,正确归因

并且在小组中解决问题。

3. 阅读理解答题策略

(1)通读全文,了解大意。
(2)带着问题,复读原文。
(3)理解识别,推断归纳。
(4)复核检查,确保无误。

4. 阅读在线,能力提升

B 篇变式练习
(1)Does Mr. Chen live in school?

____

(2) The students' home is near to school. (F or T)
(3) How long does it take them to go to school ?

____

C 篇变式练习

(4) What can Alice's mother do?

____

(四) 书面表达 (课前)

1. 作文巧妙构思

回顾 Unit 1 重点句式,用 she 做主语改写。

I like to play basketball. I can play the guitar.

I can sing. And I can also dance.

回顾 Unit 2 重点句式,用 she 做主语改写。

I get up at six thirty.

I take a shower at seveno'clock.

I go to bed at half past nine in the evening.

回顾 Unit 3 重点句式,用 she 做主语改写。

I take the bus to school.

I get to school by bike.

It's about two kilometers from my home to school. = My home is about two kilometers from my school.

It takes me about fifteen minutes to get to school.

2. 考场作文赏析

My name is Mary. My good friend is Lisa. She likes to play basketball. She can play the guitar. She can also sing and dance. We all like her.

She gets up at six o'clock. And then at seven, she goes to school by bus. Sometimes she rides a bike to school. Because it's two kilometers from her home to school. She has lunch at twelve at school. At half past four in the afternoon, she goes home. She goes to bed at ten o'clock. So she's very busy every day.

3. 修改病句

勾出有错的地方,并改正。注明考点。(Work in groups)

(1)She can plays the guitar.

(2) She also can sing and dance.

(3) She leaves home two kilometers from school.

(4) She by bus to school.

4. 书面表达策略

(1)人称对单复数要一致;

(2)细分析要点全能发挥；
(3)句子对写后查合语法；
(4)单词对字数够书写美。

5. 作文重写

____.

(五)Homework (课后)

将错题写在错题本上(标注错因、考点)。
摘抄你喜欢的句子。
及时复习看错题,下周五测验错题。

2016年七年级英语素质教育质量检测试卷讲评课说课

何晓红

试卷讲评课是我校探索的高效课堂新课型之一。“三段·六重”原则，即课前、课中、课后三个阶段，重归因、重典型、重过程、重方法、重迁移、重激励六原则，我和全体学生对本次试卷从基础知识、阅读理解、书面表达进行了深入探讨。

一、课前自主分析，积极请教

试卷发下之后，根据试题统计表和具体的试卷分析，我做好有关的统计工作。

除了平均分、最高分、优秀率等分析数据外，重点对学生答题情况进行统计、汇总，尤其是高频错题的统计，同时鼓励学生自主分析错题原因。

二、课中纠正错误，总结经验，拓展练习，提高能力

本节课的讲评重点是九个基础题，阅读题和书面表达的解题技巧以及由此展开的拓展迁移练习。既要增强中等生及待优生的信心，又要增强优等生的难题正确率。同时针对本次试卷中出现的考点知识进行考点指导、技巧点拨。锻炼学生发现问题、分析问题、解决问题的能力。

(一) 展示考试整体情况，激励为主

公布年级班级的最高分、平均分、优秀率以及高频错题的答题情况，让学生明白自己的优势和不足。公布学习之星、潜能之星名单，进行激励。

(二)小组合作，分析基础知识高频错题

对于大部分学生来说，基础知识题出错主要因为记忆不牢，加强记忆就能在下次避免再次犯错。同时，A、B类学生犯错较少。在课堂上，我将高频错题进行呈现，对错误率较高的内容进行当堂消化巩固，具体做法如下：

(1)小组讨论，人人参与。

(2)将不能解决的问题作好记录，留待质疑。

(3)各小组进行深入分析，做到读题认真仔细，发现问题，答题准确。各小组展示讨论的结果。

(4)总结错题原因，制定改进措施。

(5)师生总结基础知识考点规律。

(6)进行迁移练习,当堂巩固。

(三)策略指导,巧做阅读题

由于学生对阅读内容有了一定的了解,所以我重点指导了阅读理解答题策略:

(1)通读全文,了解大意。

(2)带着问题,复读原文。

(3)理解识别,推断归纳。

(4)复核检查,确保无误。

学生在阅读策略的指导下,对做阅读题有了自信心。然后在学生自主纠错的前提下,将错误率较高的题和本次试题,进行题型方面的归纳(呈现答案)和解题技巧的指导。随后进行变式练习,展示阅读成果,巩固阅读技巧。这样通过教师引领,阅读技巧的点拨,突破了阅读能力培养这个重难点。最后学生摘抄有用句子和自己认为优美的句子,将其写在笔记本上,为以后的写作奠定基础。

(四)循序渐进,引领书面表达题

学生易受汉语式思维的影响,不会表达自己的观点,只是词语的简单堆砌,也就是我们所说的汉语式英语。所以,首先教给学生学会审题,紧扣单元重点句式,学会发挥,并注意优美句子的运用,为写作增色。而在写后注意检查这一项上,多数学生写完作文后,就认为完成了任务,不会检查。针对这种现象,我又总结了作文审题检查顺口溜,作为指导学生书面表达策略。即:“人称对,单复数细分析,要一致,要点全,能发挥句子对,写后查单词对,核语法,字数够,书写美。”为更好地练习写作技巧,我又安排了回味作文,即重写考试作文和迁移作文,提供给A、B类学生练习,从而巩固写作技巧。通过这种引领的写作方式,写作技巧的指导与训练,突破了写作能力培养这个重难点。

三、课后作业——整理错题,温故知新

为巩固本节课所学方法技巧,我留的作业是:

(1)将错题收入错题本。

(2)摘抄试卷上的好词好句,写在笔记本上。

(3)及时复习错题,一周后测验错题。目的是让学生重视错题,定期温习,达到温故知新的效果。

总之,这节课通过师生对各个题型的讲评,学生自主纠错、小组讨论,共同对出现错误的试题进行点拨、纠正、总结、迁移练习,培养了学生“举一反三”“触类旁通”的能力,并探讨解题方法技巧、寻找解题的思维规律,巩固知识的同时对知识再整理、再综合、再运用,从而达到高效练习的效果。

2016年七年级英语素质教育质量检测试卷讲评课案例分析

何晓红

一、教学背景

试卷讲评课一直是老师们头疼的问题，传统做法是老师一讲到底，结果是老师累，学生无趣，没有课堂效果。那有没有更好的方法让学生觉得既有趣，又有收获，老师又能省力呢？答案是肯定的。我校在张彩虹校长的带领下结合众多教师的教学经验，经过两年的探索，逐步走出了"三段·六重"试卷讲评课教学模式，并受到广大师生的认可。

以七年级英语下册第一次质量检测试卷（原创）作为案例分析如下：

二、案例片段

片段（一）：试卷成绩出来之后，我对全体同学说："现在分发试卷，你们要在下节讲评课之前改正错题，查找错题原因和错题考点。如果你们不能解决，可以向同学、老师请教。I believe you can all do better."

片段（二）：展示典型错题15题。It takes us ten minutes take a shower（洗淋浴） every day.

Teacher：请看15题，多数同学会写这个短语，但是没有得分，错在哪里？为什么？

Student：15题考查句型："It takes ＋ sb. sometime ＋ to do sth."

正确答案是 to take a shower. 我很马虎，做题不仔细。今后我会记好短语和句型。

Teacher：Well done. Thank you.

片段（三）：

Teacher：通过这些典型的基础错题查因，我们做这一类题失分的原因是什么？以后我们应该怎样做？

Student：单词，词组记忆不牢，句型掌握不熟；今后我们应该背熟基础知识，多动脑，学会灵活运用。

Teacher：我们就是要在学习中不断总结经验，让我们的能力不断提高。老师也为你们总结了七年级英语基础题知识点考点。我们一起来看一下，名词常考可数名词、不可数名词、名词所有格、名词变形容词...... 你们记住了吗？我来考查一下，请做以下6个习题。限时5分钟.

片段（四）：这节课同学们积极思考，认真发言，都有不同的收获。最后我送给同学们一句话共勉："Nothing is difficult if you put your heart into it."

今天的作业是:①将错题收入错题本。②摘抄试卷上的好词好句,写在笔记本上。③及时复习错题,下周测验错题。Come on!

三 、教学反思

每一位学生都是有思想、有个性的,再用一讲到底或对答案的传统做法,很显然知识掌握效果不好。在试卷讲评课堂上,我始终坚持激励学生,给学生以充分的信任。我以学生为主体,让他们自主学习,合作探究,充分调动学生学习的积极性。让学生对在考试中所犯的错误有一个清醒的认识并总结分析为什么错?错在哪里?今后应该怎样做?老师适时点拨这类题型的考点,做题规律及注意事项,并给出对应习题进行巩固、拓展、提升。从而在课上让学生做到知其然并知其所以然。学生在逐渐掌握答题的基本方法和技巧时,建立更清晰、更完善的知识网络,提高自己的答题能力。

授人以鱼不如授人以渔,这就是我秉承的教学原则。

2016年七年级英语素质教育质量检测试卷讲评课课后反思

何晓红

通过这节试卷讲评课，我对我校的“三段·六重”讲评课模式有了更深刻的认识。“三段”：“课前、课中、课后”。即：试卷成绩出来之后，在讲评课之前做什么；讲评课过程中做什么；讲评课之后做什么，要全盘考虑。“六重”：重归因、重典型、重过程、重方法、重迁移、重激励。每一重不是单独存在于某一阶段，或某一个环节，老师要根据讲评课的步骤，侧重“两重”或“三重”或“四重”。所以，在备课环节上，不仅要备学生，还要备试卷、备知识经验、备技巧方法的传授。

一、课前

我提前下发试卷，老师学生都做准备，老师统计优秀率、及格率、平均分及错题率，抓典型错题，为讲评课做铺垫；学生小组或个人解决错题归因，总结做题方法，准备课堂交流。

二、课中

讲课过程中我从试卷中的基础题、阅读题、书面表达三方面入手，抓住试卷中的典型错题，组织小组讨论知识点、考点、错题原因、补救措施，组内能解决的就组内解决。典型错题先请学生讲解，我给予点拨或补充。及时总结基础题、阅读题、书面表达的答题经验和策略，以达到“授人以鱼不如授人以渔”的目的。每个题型后面都要进行变式练习，锻炼学生触类旁通、举一反三的能力。

三、课后

课后，我要求学生将错题收入错题本，标注考点，巩固课上所学。摘抄试卷上好词好句，写在笔记本上，为以后的写作积累知识。布置作业，及时复习错题，及时测验错题。让学生温故知新，从而熟练掌握重要知识要点。

总之，这次试卷讲评课，以学生自主探究、小组合作为主线，并以多媒体教学作为辅助手段，调动了学生积极主动的探究错题，合作学习的能力。教师从中指导答题技巧、阅读写作和书面表达策略，及时进行迁移训练，既巩固了知识又对知识进行了再整理、再综合、再运用，从而达到高效练习的效果。

2016年3月七年级英语素质教育质量检测试卷讲评课教案

秦玉珍

【教学目标】

1. 通过典型试题剖析、点拨及策略提示，强化基础积累，巩固答题策略，掌握复习方法。

2. 提高分析、归纳能力；在反思交流中学会迁移、拓展。

3. 养成勤于思考、注重积累的良好习惯；培养持之以恒的精神。

【教学重点】

1. 针对典型失分题，给予有效策略和解题方法指导。

2. 引导学生学会深入理解问题，准确把握考点，合理迁移变通。

【教学难点】

1. 针对典型失分题，给予有效策略和解题方法指导。

2. 引导学生学会深入理解问题，准确把握考点，合理迁移变通。

【教学方法】

Pair-work，小组合作学习

一、课前准备

学生提前修改好试卷，并将有问题的试题做好标注。教师提前做好试卷各项数据分析，并选出课上讲评的典型题目，同时做好练习题的筛选。

二、课中引导

(1)出示考试各项数据，让学生对号入座，找好自己的位置，并做出表扬

(2)典型试题处理

A. 词汇部分：提示词汇考查的切入点迁移和拓展练习：(温馨提示：一定要注意各词性之间的转化，同时注意审题认真，要满足题目细节要求。)

(　　)6. I think drinking milk every morning is good ______ our healthy.

A. to　B. with　C. at　D. for

【考点解析】be good for/at/with 的区别

(　　)12. Cathy always gets up early, ______ she is never late for work.

A. so　B. why　C. But　D. or

根据语境及词义确定答案，此类为常考题目，单选11题也是如此。

(　　)16. —______ does it take to get to the school?

—About 10minutes.

A. How far　　B. How much　　C. How many　　D. How long

【考点解析】易混短语的区分

高频错题:完形填空,题号为 23、26、28;阅读,题号为 32、35、40

任务型阅读,题号为 41、42、43、45。

细节题失分原因:语法欠缺,断章取义

work in groups and deal with your problems.(再读任务型阅读,探究正确答案)

41. Mr Jones goes to the bank(银行)by bus every day(判断正误)(　　).

【题目线索】Mr Jones takes a bus

42. Where do the Jones live?

Mr Jones and Mrs Jones live in Paris. / They live in Paris. /In Paris.

【判断依据】the Jones 指琼斯一家人为复数形式

43. What time does Mrs Jones come home in the evening?

【题目线索】He often…comes back in the evening.

(　　)17. It takes me half an hour ______ my homework.

A. do　　B. doing　　C. does　　D. to do

【考点解析】It takes sb. some time to do sth. 句型的考查.

(　　)18. ______ is it from his home to school?

A. how often　　B. how much　　C. how far　　D. how long

【考点解析】It is +距离+from A to B,提问距离用 how far.

(　　)19. They cross the river ______.

A. by a ropeway　　B. in a ropeway

C. on a ropeway　　D. at a ropeway

【考点解析】by+交通工具; in\on +a\an\the +交通工具

【追踪练习】

1. Tom rides his bike to school.(改为同义句)

Tom gets to school ________ ________.

2. It takes me about two hours to get to my grandma's home.(对画线部分提问)

3. ________ ________ does it take you to get to school?

It is ten kilometers from my home to school.

4. ________ ________ is it from your home to school?

__________ do you think of Zhang Yi xing ?

He is very handsome(帅).

44. Mr Jones'job is ________.

【题目线索】He is a clerk.

45. He often goes out in the morning and comes back in the evening.(翻译汉语)

他经常早上出去,晚上回来。(英译汉时要符合语言习惯)

自主探究

work by yourself and deal with your problems（32 题、35 题、40 题）in the ways above.

书面表达

把握人称和时态，确保要点不能丢，精选短语句式，把握关联助通篇。

Homework

(1)将错题整理到错题本上。

(2)将作文进一步完善。

(3)尽可能多地积累词汇，写在笔记本上。

2016年3月七年级英语素质教育质量检测试卷讲评课说课

秦玉珍

这节课通过指出答题中普遍存在的问题及典型错误，分析答题错误的主要原因及防止答题错误的措施，并帮助学生学会对一些重要的、典型的题目从不同角度进行解答，总结出答题的规律与方法，从而拓宽答题思路，使学生能够触类旁通，举一反三，提高分析问题、解决问题的能力。

第一步：数据统计与试题分析

为了做到对成绩、对试卷、对学生心中有数，课前我做了精准的统计。除统计整套试卷的平均分，班级的最高分、最低分、优秀率、及格率、低分率之外，每个学生每一题以及每一个版块的得分情况也进行了统计，其目的是利用好试卷的检测功能，对得分率较低的试题，认真分析失分原因，及时发现教学中的漏洞或是薄弱环节。

根据每题出现的典型错误，揣摩学生的答题思路，归纳造成学生考试错误的主要原因：心理、审题、书写、语言表达、知识积累等多种因素。

第二步：纠正错误 解决难点

本节课选择有针对性的题目，让学生巩固和练习，检验一下是否真的明白了，若又错了，仍需继续找原因，这样的训练，既是解题方法和技巧的归纳小结，更是引发学生积极性，提高课堂效率，拓展思维空间的有效途径。

讲评前将讲评的试卷提早发给学生，并在课前安排一定的时间让学生自己先独立去纠错。事实上，很多出错的问题学生都能独立自主纠正，具体讲评如下。

第一，这次试卷中尤其单选，词汇，连词成句大都是课本上的目标语，对于部分学生来说，出错主要因为记忆不牢，加强记忆就能在下次避免再次犯错。同时，A、B类学生犯错较少。课上，将高频错题进行呈现，学生自主纠错，分析错因，并适时进行知识点的延伸和拓展。这次试卷中笔试基础题侧重讲解题目(题号为12、16、17、18、19、20、23等)。

形式如下：

追踪练习

1. Tom rides his bike to school.(改为同义句)

   Tom gets to school ______ ______.

2. It takes me <u>about two hours</u> to get to my grandma's home.(对画线部分提问)

   ______ ______ does it take you to get to school?

3. It is ten kilometers from my home to school.

   ______ ______ is it from your home to school?

4. —________ do you think of Zhang Yi xing ?

—He is very handsome(帅)

记忆是学会运用语法知识的前提。对错误率较高的内容进行当堂消化巩固,要求:人人参与,高效讨论。将不能解决的问题作好记录,留待质疑。各小组进行深入分析,做到读题认真仔细,发现问题,答题准确。各小组展示讨论的结果。

第二,阅读题一直是初中学生的一大难题,由于学生对阅读内容有了一定的了解,所以在自主纠错的前提下,将错误率较高的题进行统计并针对本次试题,进行题型方面的归纳(呈现答案)和解题技巧的指导。本次试题细节题居多,故在讲解的过程中重在侧重方法和答题信心的培养。

针对错误率较高的题,再次默读文章找到答案线索,并展示阅读成果。同时,用相同的方法去自主完成其余阅读的纠错,达到学以致用。

第三,书面表达题中,首先采用纠错的形式,将两篇典型的范文进行展示,全体学生一起剖析,学生根据提示的关键词表述自己的观点,但是大部分学生写作都容易词穷,而且语言多不符合语法规范。所以,在此用一个比较老套的翻译方法进行引导。即由关键词到短语再到句子的方法,加以强化训练。引导学生使用关联词使文章更通顺,引导A类学生大胆尝试连接词语的使用,为写作增色。这样引导以使今后的写作中学生也能从头脑中搜寻所学的句子表述观点,而不是为所欲为的进行不符合语法的单词的罗列,也就是我们所说的汉语式英语。

第三步:回归教材,变式训练

各个题型的讲评中,在自主纠错、小组讨论、自主探究后,根据学生的情况,对没有解决的问题进行点拨、纠正、总结。试卷讲评的重要一点是培养学生"举一反三""触类旁通"的能力。所以,试卷讲评就是让学生在今后做任何题型时,都以读书为依据,都能有的放失的通过解题策略减少错误,达到高效练习的效果。

2016年3月七年级英语素质教育质量检测试卷讲评课案例分析

秦玉珍

一、教学背景

2012年12月,在我县迎接四年一度的"省教育教学督导评估"拉练中,我们听试卷讲评课,发现教师就是带着学生将试卷从头到尾对答案,中间有流于形式的无效讨论。这种单调的课堂结构,学生们只是知道对错,多做几道题,可是题是永远做不完的,学生们需要通过纠错过程分析得失原因,拓宽解题思路,提高掌握和应用知识以及分析和解决问题能力。于是我校开始着手讲评课的研究。经过一年来的反复实践,在市教研室和县教研室的指导与关心下,以及各兄弟学校的友情参与和帮助下,我校在高效课堂建设中,以讲评课课型为依托,进行高效课堂教学模式研究,探索了一条符合我校实际的讲评课教学模式,逐渐形成了"三段·六重"讲评课模式,并在全市加以推广。

二、"三段·六重"

"三段",就是课前、课中、课后三个阶段。"六重",就是重归因、重方法、重过程、重激励、重典型、重迁移。

三、案例片段

课前准备:学生提前修改好试卷,并将有问题的试题做好标注。教师提前做好试卷各项数据分析,并选出课上讲评的典型题目,同时做好练习题的筛选。

课中引导:

(1)出示考试各项数据,让学生对号入座,找好自己的位置,并做出表扬。

(2)典型试题处理。A.词汇部分:提示词汇考查的切入点,迁移和拓展练习。(温馨提示:一定要注意各词性之间的转化,同时注意审题认真,要满足题目细节要求。)

(　　)6. I think drinking milk every morning is good ______ our healthy.

A. to　　B. with　　C. at　　D. for

【考点解析】be good for\at\with 区别,然后追踪练习。

1. Tom rides his bike to school.(改为同义句)

Tom gets to school ________ ________.

(3)分析高频错题的失分原因:语法欠缺,断章取义。合作探究,work in groups and deal with your problems,再读任务型阅读,探究正确答案。

43题. What time does Mrs Jones come home? In the evening 题目线索：He often…comes back in the evening.

(4)书面表达：把握人称和时态，确保要点不能丢，精选短语句式，把握关联助通篇。

Homework

(1)将错题整理到错题本上。

(2)将作文进一步完善。

(3)尽可能多地积累词汇，写在笔记本上。

2016 年 3 月七年级英语素质教育质量检测试卷讲评课反思

秦玉珍

本节课主要出发点是通过对试卷的分析、讲评、总结，逐渐提高学生完善的审题能力、答题思路，以及对知识的掌握和融会贯通地运用知识的能力。培养学生善于思考、冷静答题的学习品质。

根据对学生的错题统计表的分析，为了使讲评课更贴近学生心理。讲评内容为高频错题阅读 A、B 中的部分题目和任务型阅读书面表达。本节课完成的较好的方面如下。

重情感：在试卷讲评课的开始，针对本次考试的基本情况进行分析，评选出学习之星和潜能之星并适时加以鼓励和鞭策。这样，既让学生受到优秀学生的榜样影响，又能激发学生学习英语的兴趣和自信。同时，对本次考试中表现失误的同学加以督促和鼓励。这一环节在试卷讲评课中必不可少，它对学生考试心理有疏导的作用。

重归因：在高频错题的讲解过程中，注重分析错题的失分原因，以及不同学生的失分原因，明确考试中的不足现象，并将失分原因标注在错题本上。以便在下一次的同类试题中避免出现相同知识点的错误。

重方法：阅读是学生的一大难题，所以在本次讲评中重点讲解了任务型阅读，同时针对阅读题常见的题型进行分析总结，并将本次试题的阅读题型进行分类核对，为学生增添阅读的自信心和方法的指导。写作环节的方法引领，让学生理清思路，挖掘头脑中已有的知识，并能够和所学的内容进行匹配连接，达到学以致用。

重迁移：试卷讲评的目的是让学生增加词汇量，熟记知识点，增强阅读理解能力。在讲评的过程中，通过讲解起到举一反三的效果。我通过追踪练习来了解学生的理解情况，同时，也要求学生学会做题的方法。

重典型：试卷讲评课的讲解应避免千篇一律地核对答案，这对于有些题来说是浪费时间，所以选择错误率较高的题进行剖析解决共性问题。

不足之处：这次试卷讲评课以自主探究，小组合作，老师点拨指导作为主要授课方法，多媒体教学作为辅助手段，调动学生积极主动探究错题、合作学习，总结学习方法、学习技能，再有老师指导答题技巧、阅读写作策略，及时进行迁移训练，锻炼举一反三的能力，达到巩固知识并达到对知识的再整理、再综合、再运用的目的，达到高效练习的效果，并使学生在此次考试中查找自己的优缺点，努力学习为以后的英语学习指明了方向。

另外，在“重过程”这一点上还有欠缺，主要体现在阅读环节，由于大部分学生失分是词汇量不足的原因，所以在课上应解决词汇量的问题，将文中出现的生词加以记忆等。

今后的课程中要多动脑筋，解决学生的实质性问题。

2015年12月七年级英语素质教育质量检测试卷讲评课教案

张雪慧

一、教学目标

(1)通过成绩分析和小组评价,激发学生学习热情,促进各小组竞争学习和督促学习。

(2)通过自查自纠、小组互纠,教师进行点评。让学生找出自己丢分的症结,理清答题的基本思路,逐步掌握答题的基本方法,提高自己解决问题的能力。

(3)积极主动,锲而不舍。

二、过程与方法

“三段·六重”模式。“三段”:课前、课中、课后三阶段;“六重”:重归因、重方法、重典型、重迁移、重过程、重激励。这节课我主要采用讨论与练习相巩固的方法进行教学,重在让学生自查自纠、思考、发现,再进行相关拓展练习,从而对所学知识进行巩固。

三、教学重点

帮助学生解决试卷中出现的难题,逐步掌握解决问题的方法,提高学生在英语学习过程中解决问题的能力。

四、教学难点

通过帮助学生提高阅读能力。

五、学法

通过教师引领,小组合作,学生进行探究学习。

六、教学过程

课上首先对成绩进行总体分析,由师生共同分析,并对成绩突出的学生进行照片展示,掌声鼓励。

预习导航纠错:自查自纠,小组互纠。

合作探究

1. 合作探究一(本环节重点体现的是重归因、重方法、重典型)

(1)单选正答率低的题目:考查什么语言点?

①____________________________

②____________________________

⑨____________________________

⑩____________________________

(注:①②⑨⑩为单选题号)

(2)总结失分原因及存在的问题。

____

____

(3)说一说:收获了哪些好词好句?

2. 合作探究二(本环节重点体现的是重归因、重方法、重迁移)

(1)再次阅读,并找出(阅读理解易错题、难题 A4、A5、B2、C2、C3、C5)正确答案的依据。阅读理解检测同学们哪些能力?

(2)学生口头归纳每篇文章的内容。

A 篇变式拓展练习:

1. Does the writer(作者) think playing basketball is boring?

____

2. Jim and Tim play basketball every afternoon. (F/T)

3. How many balls does Mary have ?

B 篇变式拓展练习:

4. Who likes strawberries and some chicken for dinner?

____

C 篇变式拓展练习:

5. Her mother wants to buy some food for dinner. (译汉)

____

Wonderful Sentences:读一读,记一记

a. Mary is a nice girl.

b. It's relaxing for her to play volleyball.

c. She plays it very well.

d. So every day, he has two eggs ,an apple,a cup of milk and some bread for breakfast.

3. 合作探究三(本环节重点体现的是重归因、重过程、重激励)

书面表达

(1)出示高分人数及学生名单,使高分学生有成就感,激励学生敢说敢写。

(2)病句重现。

a. He like soccer ball and basketball.

b. He don't like play basketball and tennis ball.

c. I don't like carrot and milk.

d. He likes strawberry and salad. He think it's very healthy.

(3)赏析本班陈明菁同学的考场作文。

Hello,I am Mike. I have a good friend. He is Tom.

I like strawberries and salad. Because I think they're healthy. But I don't like carrots or milk. Tom likes tomatoes and oranges. Because he likes all fruits and vegetables. But he doesn't like hamburgers or bread. For sports,I like volleyball. Because it's relaxing for me. And I like tennis ,too. I think it's fun. I don't like basketball or soccer. I think they are boring. But Tom likes playing soccer and basketball. They' re interesting for him. He doesn't like ping-pong or volleyball. He thinks they're difficult.

What do you like? Can you tell me?

教师点评:本文主要训练 like 和并列连词的用法及 healthy,easy,exciting,boring,fun 等形容词的灵活运用,切记重复相同的句型。该生思路清晰,表达准确,过渡自然,具有较强的语言组织能力,是一篇很好的考场作文。

修改并完善自己的作文,读给同学们听。

课堂小结

教师寄语:Practice makes perfect,熟能生巧。

家庭作业

1. 将错题收入错题本。
2. 归纳整理自己的答题方法和解题策略。
3. 摘抄试卷上的好词好句,写在笔记本上。

2015年12月七年级英语素质教育质量检测试卷讲评课说课

张雪慧

先简单介绍“三段·六重”试卷讲评课的发展历程。2012年12月，我校张彩虹校长作为“省教育督导评估县直组组长”听了两节县直的试卷讲评课，发现典型的问题：一是教师从第一题对答案到最后一题；二是无效的小组活动。随后张校长在我校召开了试卷讲评课探究会。自2015年4月以来，我校组织了四次试卷讲评课现场会。2015年12月，有幸邀请到了市县教研员来我校参与教研活动并对试卷讲评课进行专业指导。首先宋主任融入了“三段”，即“课前，课中，课后”；县教研员熊老师肯定了我校的“四重”，又增加“两重”，即“重过程，重激励”。最后我校以“三段·六重”作为试卷讲评课理念。三段：课前，课中，课后。六重：重归因、重方法、重典型、重迁移、重过程、重激励。

结合我的一节七年级的试卷讲评课来介绍“三段·六重”理念。（呈现PPT）

一、课前阶段

（一）试卷分析

课前做好试卷分析和数据分析：试卷分析有教师分析和学生分析。

1. 教师分析

我从基础知识、语言综合运用和占分比例等角度进行分析。

2. 学生分析

由各组长从各小题的得分率和失分率进行分析。比如：单项选择题：9、10、13出错率较高，阅读题A(4)、A(5)、B(2)、C(2)出错率较高，词汇题得分率高，这样我就清晰地把握了复习方向和考试方向，做到有的放矢，重点突破。

（二）数据分析

请看学生的错题统计表。

班级	姓名	考号	一、词汇															二、课文填空										三、单项选择															四、补全对话										五、阅读理解															六、基础写作										
																																											A					B					A					B					C					A					B					C
			1	2	3	4	5	6	7	8	9	10	11	12	13	14	15	16	17	18	19	20	21	22	23	24	25	26	27	28	29	30	31	32	33	34	35	36	37	38	39	40	41	42	43	44	45	46	47	48	49	50	51	52	53	54	55	56	57	58	59	60	61	62	63	64	65	66	67	68	69	70	71	72	73	74	75	76
1	白文卉	001																																																																												
1	吴子涵	017																																																																												
1	顾颖佳	019																																																																												
1	李红鑫	021																																																																												
1	耿振涛	025																																																																												
1	柴胜润	036																																																																												
1	耿春妹	054																																																																												
1	闫佳艺	056																																																																													
1	张祎	062																																																																												
1	张森	071																																																																												
1	周美晨	092																																																																												
1	刘鹏帅	119																																																																												
1	黄承业	133																																																																												
1	纪萌	149																																																																												
1	李洋	166																																																																												
1	田雨浩	168																																																																												
1	王文宇	180																																																																												
1	郑硕	186																																																																												
1	张珺	202																																																																												
1	郝芳莹	208																																																																												
1	蒋欣桥	235																																																																												

PPT 出示成绩统计，在课中环节给学生分析

参考人数 50	满分 100	90～99	80～89	70～79	60～69	50～59	50 以下	平均分
各分数段人数	0	17	15	7	4	4	3	82(分)
三率统计	优秀率(32 人)			及格率(43 人)		未及格率(7 人)		
	64%			86%		14%		

二、课中阶段

(一)整体分析

课上我首先对考试情况做整体分析，上面这张成绩统计表是对各分数段人数及三率的统计，看到这张表学生很快找到自己的位置，认识到自身与他人的差距，明确努力方向。我根据学生的进步情况前进 15 名以上评为学习之星，前进 5 名以上评为潜能之星，对成绩暂时落后的同学不做数据分析，这样既表扬了进步学生又保护了学困生的自尊心，这也体现了重激励。(请看视频)

(二)有效讲评

有效讲评环节我从基础题型、阅读题型、书面表达进行讲评。

1. 基础题型

基础题涉及动词时态的变化，关键短语，单复数等，考查了学生对句子的整体认读能力，但多数学生眼高手低，失分较多，所以我分四步进行讲评：

第一步，小组讨论；第二步，小组展示；第三步，总结错因；第四步，拓展练习。

首先让学生小组讨论自主学习不能解决的问题，经小组互纠互评，相互学习，再通过小组展示解决错题，这样不仅培养了学生的语言表达能力而且增强了学生的合作意识。学生在小组讨论的过程中，对于自己的失误进行再次认识，重过程和重方法。为了避免再犯同样的错

误，我让学生自己总结错因，重归因。拓展练习环节，使学生能够触类旁通，举一反三，提高学生分析问题、解决问题的能力，重迁移。

2. 阅读题型

此次讲解分为出示错题、小组讨论、小组展示、总结答题方法与技巧、拓展练习(PPT 展示阅读环节)。

阅读题历来是学生失分较多的题型，阅读能力及阅读习惯的培养也一直是我的教学重点。典型错题主要集中在推理题和归纳题，针对典型错题，80%的学生都能正确归因，但对文章整体及细节的把控能力方面还有所缺失。为了弥补这一不足，我按照出示错题→经小组讨论→小组展示解决错题步骤进行。这一环节为的是尽早培养学生阅读题的解题能力。在拓展练习环节，习题来自试卷中阅读材料的二次加工，经整合而成。重点是训练学生阅读题的答题技巧。阅读环节设计意图重归因、重方法。

3. 书面表达

书面表达谈论的是 Tom 和我的喜好，典型错误集中在动词的“三单”、连词的使用、理由的叙述等，为了纠正以上错误我按以下步骤进行。

(1)出示高分人数及学生名单。

(为的是激励学生敢说敢写)这一环节体现了重激励。

(2)出示例句(PPT)。

例句来自学生的高频错句，先让学生读一读，是否语句通顺，如果不通顺怎样修改，为的是让学生自己分析原因，找到出错的症结，再通过小组展示小组点评，解决例句中的错误。本环节重归因和重过程。

(3)赏析范文(PPT)。

这是本班学生的一篇考场作文，连词的使用，喜欢与不喜欢的理由恰到好处，为学生起到示范的作用。学生欣赏、选出他们喜欢的句子并读一读。(体现了重过程)

(4)学生再次修改自己的作文。

在修改的过程中，学生体会到自己的写作能力有明显提高，通过小组展示，小组点评提升学生的成就感，设计意图体现重激励。

三、课后阶段

(1)将错题收入错题本。

(2)归纳整理自己的答题方法和解题技巧。

(3)摘抄试卷上的好词好句写在错题本上。

这一环节为的是培养学生养成积累、归纳、总结的好习惯。

本节课注重学生的主体发挥，以激励为主线将知识学习与能力培养为重点，使学生多参与、多思考，“六重”在每个环节都能充分体现。

2015 年 12 月七年级英语素质教育质量检测试卷讲评课案例分析

张雪慧

书面表达(10 分)

下面是我和我的朋友汤姆喜欢和不喜欢的食物、颜色和运动。请按照表格内容写一篇短文,并就其中一项说明为什么。要求 60 词左右,有适当发挥,字体清晰工整,包含所有要点,语法正确。(共 10 分)

人称	I			Tom
喜好 / 类别	喜欢	不喜欢	喜欢	不喜欢
食物	草莓 沙拉	胡萝卜 牛奶	西红柿 橘子	汉堡 面包
颜色	白色 蓝色	红色 绿色	蓝色 绿色	棕色 黑色
运动	排球 网球	篮球 足球	足球 棒球	乒乓球 排球

书面表达:(PPT)

首先,教师总结本次考试书面表达的优势与劣势。

师:本次书面表达,部分同学取得了优异成绩。(大屏幕展示高分学生名单,激励学生敢说敢写)

全班鼓掌对其鼓励。

师:细致分析同学们的试卷,总结出错率高的题目:书面表达谈论的是 Tom 和我的喜好,典型错误集中在动词的"三单"、连词的使用、理由的叙述等,为了纠正以上错误,同学们首先看例句。

1. 出示例句

例句来自学生的高频错句,先让学生读一读,是否语句通顺,如果不通顺怎样修改,为的是让学生自己分析原因,找到出错的症结,再通过小组展示、小组点评,解决例句中的错误。

2. 赏析范文

这是本班陈明婧同学的一篇考场作文,作文中连词的使用,喜欢与不喜欢的理由恰到好处，为学生起到示范的作用。请同学们欣赏、选出喜欢的句子并读一读。朗读作文，重复喜欢的句子。

3. 拓展提升

请同学们再次修改自己的作文，在修改的过程中，同学们是否体会到自己的写作能力有明显提高呢？

4. 小组展示作文

一位同学读本人改写的作文，小组点评，从而提升学生的成就感。

教师对以上同学做出综合评价。

2015年12月七年级英语素质教育质量检测试卷讲评课反思

张雪慧

根据我校“三段·六重”试卷讲评课模式（三段：课前，课中，课后。六重：重归因、重方法、重典型、重迁移、重过程、重激励），我对本节课进行如下反思。

一、课前准备环节（课前环节）

课前我做到三个精心准备：试卷分析（教师认真研读试卷）；数据统计（引入难度系数，完善错题统计）；习题精选（精心选编巩固性拓展练习）。针对知识面的典型问题选编题目制成投影且印成小篇子，供上课使用。针对学生出错的地方选两三个同类的或变式的题目课上练习，综上三点确定讲评的要点。

二、教学目标

（1）通过自查自纠，让学生认识到自身与他人的差距，找出自己丢分的症结，厘清答题的基本思路，逐步掌握答题的基本方法，让不同层次的学生均有提高。

（2）通过成绩分析和小组评价，激发学习热情，培养学生的合作精神，提高学生语言综合运用能力。

（3）在学生试卷讲评过程中体验成就感。教学方法这节课我主要采用讨论与练习相巩固的方法进行教学，重在让学生自查自纠、思考、发现，再进行相关拓展练习，从而对所学知识进行巩固。

三、教学过程（课中环节）

整体分析—有效讲评—贵在得法。

整体分析：教师宣布本次考试的总体情况，如难度系数，年级成绩，班级成绩等，让学生找准自己的位置。

有效讲评：这是讲评课最核心的部分，我校以“六重”：即重归因、重方法、重过程、重激励、重典型、重迁移为指导原则，逐题进行考试情况分析和讲评。先点评某题的整体情况，再通过学生读试卷、质疑、答疑、变式巩固等环节完成一道题目的讲评。试卷分三部分进行讲评：基础题、阅读题、书面表达。

贵在得法：在“六重”模式下要敢于探索灵活多变的课堂结构与教学方法。

四、课后整理（课后环节）

重视错题整理与定期测试作业。

(1)将错题收入错题本。

(2)归纳整理自己的答题方法和解题策略。

(3)摘抄试卷上的好词好句在错题本上。

本节课通过讲与评，学生将获得的零散的英语知识进行分析、归类，通过写作有机串联起来，起到了帮助学生理解、增强记忆的目的，使所学知识系统化，从而使学生达到融会贯通的效果，在此基础上形成综合语言运用能力，最终让不同层次的学生均有收获。在今后的教学中，根据教学信息的反馈，适当调整教学策略，更高效地提升教学效果。

英语教研组教学教研活动剪影

英语教师何晓红讲授试卷讲评课

英语教师王秋辉讲授试卷讲评课

英语学科组教师进行集体教学研讨

英语教师张雪慧讲授试卷讲评课

第四篇　观摩体会

学习三中经验心得体会

何庄中学　唐春玲

2016 年 4 月 15 日，在吕校长的带领下，我校 8 人参加了在三中举行的“滦县初中高效课堂推进暨精细化教学管理现场会”。这次现场会，让我耳目一新，收获颇丰。

在听课环节，我听了八年级李存秀老师和九年级屈海娟老师的课。这两位老师都对学生的成绩进行了分析，李老师整堂课环节紧凑，原题——变式练习相结合，通过讲评，不仅让学生掌握了知识，还总结了方法。屈老师语言精炼，随时激励学生，讲评环节层层深入，学生积极参与。这两位老师的课，有以下共同点：

1. 精心安排知识链接环节

知识链接，对当堂教学起到了很好地铺垫作用，并为解决本节课的讲评试题提前做好了知识储备，从而降低试题难度，让学生易于接受。

2. 典型题和迁移变式相结合

不仅仅是解决试卷上的典型错题，还要举一反三，进行跟踪练习、变式练习。

3. 教学风格朴实、高效

虽然课堂中没有热烈的讨论，但学生的思维一直在高速运转，做到了气氛上的静而有序，过程上的活而有效。

4. 课前对学生答题情况做细致分析

李老师安排了“晾晒成绩，对号入座”环节，屈老师安排了“群星璀璨”环节。

总之，通过这两节课，我对三中试卷讲评课的“三段”(课前、课中、课后)和“六重”(重归因、重方法、重典型、重迁移、重激励、重过程)有了深刻体会。

听完三中教科研室王春平主任介绍试卷讲评课的发展历程，我知道了三中对这一模式的探究只是起源于副校长张彩虹的一次听课，这让我想了很多，我打心眼里佩服张校长的魄力，佩服她积极课改的精神。我们不是缺少发现问题的慧眼，而是缺少勇于改革的勇气。如果我们每一位教学干部都能像张校长那样，勇于改革，勇于创新，我们的学校教育一定会蒸蒸日上！

高效课堂：离我们到底有多远

——参加“滦县初中高效课堂推进暨精细化管理现场会”心得体会

何庄中学　崔国秋

刚刚参加了唐山市教育局组织召开的初中语文高效课堂展示会，2016 年 4 月 15 日，我又有幸参加了县教育局组织召开的“滦县初中高效课堂推进暨精细化教学管理现场会”。会议安排紧凑，贴近实际。一天下来，我的确感到收获满满……

7:40—8:35，我参观了三中档案及教学管理资料。从 2008 年起，我除了担任两个班语文教学及班主任，还兼任着学校档案管理工作，所以这 50 多分钟，我参观得很用心。我觉得三中的档案做得很细、很真、很有特色，记录了学校领导、师生们踏实工作及成长的足迹，这的确值得我们学习和借鉴。

8:45—12:15，观摩讲评课、分学科研讨以及参观大课间。我分别聆听了颜丽婧、高东香两位老师的月考讲评课。我本来以为她们仍然会像以往听过的许多老师的公开课那样：“小组成员脸对脸，各个都是小神童”“无实事求是之意，有哗众取宠之心”。但是我错了，原来她们的试卷评讲课创造了一套自己的模式，即“三段·六重”讲评模式。这种教学模式不求花样，不图热闹，讲求实效，适应学情，充分考虑学生实际，有的放矢，学生掌握牢固，理解深刻。

下午 1:30，便开始了“高效课堂精细化管理汇报会”。三中校长佟明晶的《抓好三支队伍、奠定高效基础》的发言给了我们很大启发。首先，佟校长强调高效课堂改革不能乱改，因为学业才是硬道理，改革可以失败，但贻误了孩子们的学业就再也无法弥补了！然后，他强调了抓好三支队伍，尤其是中层领导队伍。他强调，中层领导不是摆设，而要德才兼备，既要密切联系群众，又要冲锋在前。

三中，这所学子向往、教师敬仰的阵地，的确有太多值得我们学习的地方。在教研教改的进程中，有领导的率先垂范，有教师的潜心钻研，有自上而下的齐心协力，有科学管理的细致入微。

下午的总结会上，市局初中教研室副主任宋仲元和县教研室主任董文江分别总结讲话。他们强调全县教育领导和教师要点燃激情不懈怠，精细管理不粗放，坚定课改不“走秀”，给我们指明了教改的发展方向，令人振奋，催人奋进！高效课堂离我们到底有多远？有领导的大力支持与鼓舞，有三中教育同仁的一路引领，我们每一位教师一定会以此为契机，扎实推进，努力拼搏！高效课堂，近在咫尺！

“滦县初中高效课堂推进暨精细化管理现场会”学习心得体会

雷庄中学　高丽辉

2016 年 4 月 15 日，今天在滦县第三中学（以下简称“三中”）观摩了“三段·六重”高效课堂示范课，以试卷分析和讲评为中心的教学内容。三中在张彩虹副校长的领导下，各学科教研组经过多次集体备课和反复课堂实践，探索出一套成功的试卷分析与讲评课模式。我听了一节青年教师的英语课，整堂课教师一口流利的英语口语，亲切的教态，体现出教师扎实的基本功。特别是在试卷讲评过程中，对教学重难点的讲解句句切中要害，对典型题目解析恰到好处，并且能够举一返三且条理清晰，给所有听课教师留下了深刻印象，值得年轻教师好好学习。

课后，在三中领导班子的组织下，由市教研员宋仲元老师和县英语教研员熊文利老师共同带领全县所有英语听课教师进行总结学习。宋仲元老师贴切的比喻和专业的评价，让人受益匪浅，他将学习比喻成写字，有“临帖，入帖，破帖”三个过程，并且告诉教师，一定要多读书，读好书，本次在三中听到的讲评课，就值得大家临帖。

下午，在三中的阶梯教室，进行了高效课堂暨精细化管理现场报告会，整个会议进行了三个多小时，可是全体与会人员并没有感到疲惫和厌倦，局领导的讲话更是语重心长，发人深省！高效课堂改革一定不能只流于形式，一定要见成效，高效课堂改革必须要从初中扩展到高中和小学。成绩说明一切，事实胜于雄辩！

不忘初心，方得始终

雷庄中学　靳小星

从踏上教育征途起，我心里始终谨记这句话——不忘初心，方得始终。2016年4月15日我到滦县第三中参加了“滦县初中高效课堂推进暨精细化教学管理现场会”，可以说，来时满怀期待，走时收获满满，一天的时间，我被滦县教育工作者的敬业、创新的精神感动着，我被三中同仁们务实进取的脚步感动着……

感动——教育人。在物质生活极大富有的今天，当名利与诱惑充斥整个社会的时候，仍然有一群甘守清贫、敬业创新的教育工作者，在课改之路上默默探索，艰难跋涉。无论是高瞻远瞩、引领方向的县局教研室领导，还是默默无闻，手握粉笔的一线教师；无论是不顾长途跋涉、外出学习的学校领导，还是立足课堂、讲好每个知识点的教师；他们都把自己的身心紧紧地与教育事业联系在一起。这一切的一切，都诠释了滦县教育工作者坚守的职业情操。

感动——三中人。课改之风吹遍了祖国大地，当我们还纠结于课改利弊之时，当我们还困惑于如何课改之时，我们的同仁——三中人已经探索出了一条思路清晰，方法有效的讲评课路子，即“三段・六重”讲评课模式。这种模式的产生不仅提高了课堂效率，而且更加关注学生能力的提升及思维方式的养成，更重要的是为我们这些面对课改犹豫彷徨、不知所措的教师，树立了榜样，增强了信心！

“滦县初中高效课堂推进暨精细化管理现场会”学习心得

李兴庄中学　张月丽

2016 年 4 月 15 日，我有幸参加了“滦县初中高效课堂推进暨精细化管理现场会”。

上午听了两节数学试卷讲评课，给我感触最深的是：两位教师的课不是就题论题，而是对学生容易失误的试题从多角度、多层面引导学生思考；同时，注意知识的拓展与深化。通过讲评帮助学生进一步理解知识、弥补缺漏、熟练技能、总结经验，最终提高能力。通过这次听课，让我认识到讲评课既要分析试卷所覆盖的知识点、考查目的、答题情况，又要注意解题归因、方法总结、知识能力的迁移等问题。讲评过程中，教师引导学生总结规律性的解题思路和方法，比较出新颖、简练的最优解法，从而拓宽学生解题思路，使学生学会寻找解题捷径；寻找解题中普遍存在的问题及典型错误，分析错题原因、归纳预防措施，使学生今后不再出现类似的解题错误；帮助学生学会对一些重要的、典型的题目从不同角度进行变式思考，总结出解题规律与方法，使学生能够触类旁通，举一反三，不断提高分析问题、解决问题的能力。

讲评课中的“迁移”处理，给我留下了很深印象，教师针对试卷中具有较大灵活性和剖析余地的典型试题，进一步“借题发挥”，促使学生发散思维。教师从以下三个方面进行了发散引导。

(1)对试题的解题思路和方法进行发散引导“一题多解”。讲评时，启发学生如何从不同角度进行思考，提出不同的解题思路，在达到正确认识的同时发展求异思维。除了指出常规的解题方法外，教师对学生的解题技巧也给予了有效指导。提出了一些简单、明了、巧妙、富有创造性的思路和方法，巧解、快解数学题，达到优化思维方法的目的。

(2)对试题的条件或结论进行发散引导“一题多变”。讲评时，通过改变或添加试题的条件或结论，由浅入深、由易到难、层层递进，既满足了不同层次学生的不同需要，又使学生加深了对同类题型的理解，形成规律性的认识，从而收到触类旁通，举一反三的效果。

(3)对试题本身进行发散引导“一题多拓”。在分析完某一道试题后，根据学生的实际需要，就同一个知识点提出更深入的问题，使学生在掌握了本题知识的同时，从一个领域的问题向具有相似性的另一个领域的问题进行拓宽，使学生对所研究的问题有更加深刻的认识，从而提高学生的学习效率和解决问题的综合能力。

当天下午市教研室宋仲元主任从教师要学习、反思、交流、研究、实践五方面对与会教师提出了具体要求，使我们明确了今后教学的工作方向。三中在课堂教学改革的进程中根据自己的实际情况探索着自己的教学路子，也给我们上了生动的一课。课改，需要我们坚持不懈，求真务实。

课改无止境，永远在路上

——参加“滦县初中高效课堂推进暨精细化管理现场会”活动心得

榛子镇中学　李秀华

2016 年 4 月 15 日，在翟立柱校长和杨勇副校长的带领下，我校十几位教师一起参加了在滦县第三中学（以下简称“三中”）举行的“初中高效课堂推进暨精细化管理现场会”活动，历时一天，收获颇丰。

7:40 签到后，我们首先参观了三中的教学档案，档案管理细致规范，通过查阅档案，发现三中的教学活动有声有色，并且善于积累、善于归纳，浩浩档案如同一部教学史书，令人感叹，值得我们学习，真不愧是省级素质教育示范校！

8:45—9:30，我听了九年级高晓红老师的一节试卷讲评课，是关于县摸底考试的 24 题，二次函数的平移问题。针对学生答题情况重点讲解二次函数的平移，教师的导学案设计合理，注重学生能力的培养，并采用多媒体教学，展示二次函数平移的动态过程，形象直观，易于学生理解，效果极好。

9:30—10:00，我们参观了大课间，操场上学生动作规范整齐，口号洪亮，尤其是 2 000 多名学生，在 400 米跑道内进行跑步，利用有限的场地让每一位学生跑起来，有规则有秩序，值得我们借鉴。

10:05—10:50，我听了屈海娟老师的试卷讲评课，是关于县摸底考试的 23 题，一道关于几何探究的题目。首先课前热身，复习本节课用到的知识点，接着针对本次考试评选出优秀之星和进步之星，对学生进行激励。对于 23 题处理，主要让学生来展示，两个填空和证明都让学生讲解答题过程，教师适当加以点评指导。根据本题又设计了类似的题目，加强训练的同时也进一步拓展，达到了层层深入的目的。今天听的这两节讲评课，让我受益匪浅，也让我看到了自身的不足。

11:00—12:25，我参加了数学教研组的教研活动，由三中的数学教研组长王淑娴老师主持。首先由讲课的四位教师说课，然后外县的教师代表和我县的骨干教师进行了点评，评价的客观公正，对三中讲评课给予了很高的评价，同时也提出了中肯的建议。随后三中教科研主任王春萍对三中的讲评课的课改经验进行了详细的介绍，最后教研室商老师对数学教师提出了中肯的建议。

13:30 开始，我们进行了高效课堂精细化管理汇报会，由教研室牛学仓主任主持。首先郑庄中学的校长李宝存做汇报，介绍了该中学的课改经验。接下来，三中佟明晶校长做汇报，阐述三中的发展历程。他作为一名老校长，践行着毛泽东革命信仰与红色教育的理念，为滦县的教育事业鞠躬尽瘁，值得全县的领导学习。然后，三中的张彩虹副校长和王秋辉老师进行了发言。张彩虹副校长汇报的《创新模式抓落实精细管理促发展》，从三中的高效课堂模式与教学管理两个方面进行了介绍。对三中的“三段·六重”讲评课模式进行了详细解读，对教师们如何上好讲评课具有深刻的指导意义。教研室的董文江主任、市教研室宋仲元主任先后做了重要讲话。董主任结合前几天西峡之行的深刻感受，为滦县的课改之路提出了明确的方向。宋仲元主任对滦县的课改给予了高度评价，特别是对滦县三中在教研教改中的真抓实干、科学严谨的态度和教研氛围给予了高度评价。课改，向哪里改？最终是以培养学生为目标，本次的现场会，三中推出的讲评课就是紧紧围绕学生能力培养为核心，进行了“三段·六重”的探索，给我们滦县教育工作者在课堂教学研究的进程中开启了一个新的里程。随着时代的发展，人才培养的重要性日益突显，所以，我们的课堂究竟如何更有效地培养人，这是个永恒的话题，课改永远在路上！感谢三中的同志课改给我们的启迪！

今后的工作中，我们遇到的困难会不少，碰到的问题也会很多，我一定把追求课堂教学的高效率作为自己孜孜不倦的追求。只要我们面对问题和困难，冷静思考、勇于实践、善于总结，终会取得高效课堂教学改革的成功。

课堂上调动学生积极性的必要性

中山实验学校　郑秀娟

2016 年 4 月 15 日，我在滦县第三中学参观高效课堂现场会推进活动，学生在书法、绘画和手工方面的成绩让我惊叹，让我感慨，更让我振奋，让我感受到国家赋予教师的那份沉甸甸的责任。

高效课堂是我学习的重点，听课中让我感触最深的就是课堂上教师调动学生积极性的方法策略。本次听课的内容是讲评月考试卷，这也是教学中的主要内容。听课过程中，我深感调动学生积极参与课堂教学是非常必要的。

学生是学习的主体，是学习的主人。学生掌握知识，获得知识的多少是衡量课堂是否高效的标准。可见课堂上调动学生积极性，为学生营造轻松、愉快又充满竞争和挑战的情境是培养学生学习兴趣、提高学习效率的重要手段。

在这次听课中，教师采取的提高学生积极性的方法很多，其中一项是灵活运用多媒体，有效地吸引学生注意力。教师用课件展示月考中优秀学生、进步学生名单，并让这些学生起立，接受其他同学的掌声，这是对学生莫大的鼓励和肯定。教师还充分利用小组加分的方法，激励各学习小组积极参与。这种竞争机制的创建，不断引发同学们抢答的高潮。

下午的教研中，与会教师对教学中的“抢答环节”进行了热烈的讨论，最后大家一致认为：抢答虽然对促进优等生效果最好，但我们可以靠组间合作提高其他参与的机会。例如，可以通过控制抢答时间、组间互相提问等方式加以改进。

总之，课堂要想高效，学生参与很重要，而学生参与需要多种激励手段。本次讲评课上，教师所呈现的激励方法形式多样，极大地调动了学生主动参与的积极性。

留份感慨在心中

——记三中听课有感

李兴庄中学　张美玉

又是周五，这一天我有机会走进三中观摩、听课，并参加滦县初中高效课堂推进精细化教学管理现场会。几多欢喜几多愁，最终留下几多感慨在心中！

高兴的是可以到外边感受另一个教学世界，感受别样的教学氛围：展厅中精美的绘画、手工制作、书法无不彰显着三中师生的多才多艺；课堂上教师的讲解所站的高度让我望尘莫及……同时为自己的教学现状而担忧！

我感慨三中语文老师的团队力量，三十多位老师的精诚合作、群策群力决定了老师们所站的高度！“一滴水怎样才能不干涸，只有把它放到大海里”说的就是这个道理吧！我更没有想到三中会把讲评课这块教学公开课中的处女地开发出来，而且把实践上升到理论高度。讲评课我们平时都不可避免地要讲，但相比较三中的老师而言讲得太简单、太随意了！讲评课背后需要老师付出更多的努力，整合多种材料，提取必要的信息，才能真正发挥讲评课的激励与查缺补漏作用！

我感慨三中语文老师的高素质！讲评课时出口成章，头头是道，让我佩服！尤其是讲课教师崔秋霞老师的作文课，让我感慨颇多！尽管崔老师声音沙哑，但仍遮掩不了崔老师的才华！她从语言的具体化、精细化、个性化入手，教会学生改作文，她用自己的范文为学生引路，教会学生从自己的生活中选素材，我手写我心！听着崔老师的范文，我意识到自己在这一方面的欠缺。听课后我向崔老师要了作文讲评课的课件，崔老师说：“我们的资料可以共享！”她给我的印象就是平易近人和虚怀若谷！

下午座谈会的内容更多的是从学校管理者的角度来谈，让我感慨的一句话就是：“教师是职业的读书人，是终生的学习者！”回首往昔，如果只见自己年龄增长，而不见学术业务有多大提高，也是一种悲剧！唯有读书来弥补了。我找到了差距，在自己的教学实践中还应该再接再励！

三中讲评课学习心得

榛子镇中学　郁翠红

周五去三中参加了“滦县初中高效课堂推进暨精细化管理现场会”，感觉受益匪浅。

作为一名普通的语文教师，我着重参观了三中七年级语文教师宋红云和景秋玲两位老师的试卷讲评课。可以说两位老师的课各有千秋，向每位观课教师展示了三中高效课堂的风采，把三中“‘三段·六重’试卷讲评课模式”毫无保留地传递到了每位与会教师的心中。边听课，边感慨，三中语文教研组团结协作的精神，积极教学与科研的态度，使三中语文教学始终站在全县教改的前沿，为全县兄弟学校树立了榜样。

考试是一项必不可少的常规教学工作。试卷讲评是考试工作的延续和深化，一直以来我都在困惑试卷讲评课该如何上，今天聆听了两位教师的试卷讲评课后，我要在今后的试卷讲评课教学中，通过以下做法来达到高效课堂的要求。

一、试卷讲评课可以分为三个阶段

即课前准备阶段、课堂讲评阶段、课后巩固阶段

(一)课前准备阶段

这一阶段很重要，它是课堂讲评的基础工作。主要做三项工作。

1. 分析试卷数据

数据不是学生成绩的全部，却是透视学生学习状况的重要依据。教师通过平均分、及格率、优秀率等数据分析，来审视学生知识掌握上的不足。

2. 分析答题情况

一方面通过数据，分析学生的掌握情况；另一方面从知识点的层面分析学生的答题情况。按照基础知识、现代文阅读、文言文古诗阅读、写作四大板块进行定量分析，看哪一部分得分较多，哪一部分得分较少，为下面的分析做一个知识点方面的准备。

3. 归纳出错类型

造成学生出错的原因是多方面的，心理、书写、表达、知识本身及灵活运用知识的能力，这些因素都可能是导致学生在考试当中出现错误的原因。

做好以上分析，在讲评时，哪些内容该精讲，哪些内容该少谈，哪些内容该重点讲，就能做到心中有数。

（二）课堂讲评阶段

这一阶段要求教师做到以下几个环节。

1. 找错例、析错因，做到讲评有的放矢

有一种说法叫“最有效的学习是从自己的失误中学习”。试卷讲评的目的，就是要解决学生在答题时暴露出来的问题。作为试卷讲评的主导者，教师必须做到知己知彼，要全面而深入地认识学生做题中出现的错误。讲评前教师首先要做好发现学生错误的工作，要广泛地收集错题，找出错误的病根，这样讲评才能有的放矢。每次试卷阅卷后、讲评前，都要认真检查每位学生的答题情况，分析各题的错误率，细致诊断学生的解答，找出错误的症结所在，看学生是因为知识掌握不牢失分，还是因为审题不清或答题不规范失分，然后针对不同病症，对症下药。在讲评时精讲、细讲、讲深、讲透，加深讲评的印象，提高讲评的效果。

2. 突重点、破难点，做到讲评有针对性

语文试卷讲评分析中，难点不一定是知识重点，也不一定是能力培养的重点，因此讲评时没有必要面面俱到。而应针对学生在答题中存在的主要问题、难点问题以及要求学生掌握的重点知识和技能进行精讲，做到讲评的针对性。在试卷讲评时，也可以先讲主要的部分后讲次要的部分；也可打乱试题原来的顺序，按知识点分类讲评；还可以先讲学生失分较多的题目。总之，结合试卷实际，怎么处理更具条理性就采用哪种思路。讲评时更应重视学习能力、解题能力的培养，重视解题技巧的指导。教师应引导学生总结失分的原因，是知识欠缺，如答不出或答错，还是能力欠缺，如分析不透或表述不清；是审题失误，未看清题意和答题要求，还是技术性失分，如错别字或卷面问题等。

3. 讲思路，觅规律授以答题技巧

知识的掌握和落实固然重要，但答题的方法、做题的规律等应试技能的培养也同等重要。教师在这方面要做的事情是将题目按题型归类，针对某一种题型，提出解答的一般思路和方法。例如，碰到某一类题目，从什么角度去思考，用哪些方法去解决，从而达到以不变应万变的效果。例如，散文的阅读是学生感觉最棘手的，因为它在考试中往往是高难度，低得分。而要做好现代文阅读考题的题目，首先是要快速读懂文本，即理解文章基本内容，领会作者在文中的主旨情感，清楚作者的观点态度，才能正确解答题目。那么怎样才能在考场有限的时间内快速读懂文本呢？通过研究历年中考散文试题，总结出抓五段（领起段、中心段、过渡段、归旨段、结语段）、看五句（总括句、总结句、过渡句、解说句、照应句）、盯五词（时间词、空间词、情感词、标志词、反复使用的同义词）的阅读方法，使学生对散文的阅读不再望而生畏。

4. 看变化讲发散，做到讲评举一反三

讲评时不能就题论题，应该根据原有题目寻找出错的原因，在题目的深度和广度上延伸，让学生在试题讲评的过程中有所发现，有所提高，并找出规律，提高学生触类旁通的能力。达到解一题、学一法、会一类、通一片的目的。因此教师讲评时应从“点”出发，把“面”带出来呈现给学生，尽可能地构建知识间的广泛联系。例如，在复习古诗意境型试题时，一般的提问方式是“这首诗营造了一个怎样的意境氛围？表达了作者怎样的思想感情？”应对它作发散提问“这首诗歌展现了一幅怎样的画面？表达了诗人什么样的思想?"或"这首诗描写了什么样的景物?抒发了诗人怎样的情怀?"让学生在试卷讲评中去探索、去发现这类试题的解题思路和技巧，达到对此类题举一反三的效果。

5.教为引，学为主，切忌讲评一言堂

教育家苏霍姆林斯基曾经告诫我们:"希望你们要警惕在课堂上不要总是教师在讲，这种做法不好……让学生通过自己的努力理解东西，才能成为自己的东西，才是他真正掌握的东西。"有些错题是因为学生一时疏忽导致，有些是自己的知识不够牢固，经过自己的学习是可以自己解决的。有些问题经过学生自己的再思考是可以自己解决的，像这一类的问题完全可以学生自己处理好，让学生自纠，对于较难部分同学难以解决的题，让学习小组中会做的同学通过讨论、讲解解决，组内都不会的问题教师适当补充、引导、评价。在整个过程中，给予学生表述自己思维过程的机会，教师起组织、引导和个别答疑的作用。这有利于学生学习的积极性，有利于提高试卷讲评效率。

(三)课后巩固阶段

学生试卷中反映的问题，大多是教学过程中的重点和难点，不大可能一次讲评后他们就完全掌握。因此每次讲评后，要求学生对错题加以订正，做好错误记录，建立错题档案并注明正确答案及解题思路，以便学生在下次考试前有的放矢，及时复习。教师还要选出试卷中出错率较高的问题和知识点，如可变换题设部分的某一条件，变换问题情境，变换设问方式，还可以把几条题目进行重组综合，这实际上是给学生创造一个"再练习""再提高"的机会，对某一知识点从多角度、多侧面、多层次地进行合理的思维发散。可以充分调动学生解题的积极性，拓展他们的思维，加强思维的变通。通过反复强化，巩固讲评效果，以帮助他们真正地掌握。

二、试卷讲评要重视激励

学生考试不是为了一个分数，试卷讲评也不仅是为了知道一个答案，而应当让学生明白"为什么这样做"。试卷讲评课应该能体现"诊断功能、改进功能、激励功能"以及利用考试结果"诊断教学、改进教学"的要求。情感是课堂教学中必不可少的一个非智力因素，在试卷讲评中教师更应关注学生的情感。考试结束"有人欢喜有人愁"，考得好的兴高采烈，考得差的愁眉苦脸。而到了试卷讲评时，不当的做法有可能对学生造成情感上的伤害。教师要充分利用情感的教化功能，以情优教，以理服人。主动关爱学生，尊重学生，以厚实而真诚的情感去疏导学生，化解学生的过度焦虑等不良情绪。让师生在互信、和谐的课堂气氛中进行交流与合作。如果教师咄咄逼人，学生胆战心惊，在这样的学习环境中，试卷讲评的效果可想而知。

考场作文虽然时间紧任务重，但是每次考试都会有不少的佳作脱颖而出，总有些同学为自己的大作而"自鸣得意"。我上学的时候作文就曾被老师印发给全班同学，人手一份，我为此也得意过。这也激起了我对于作文乃至语文的喜爱。为此我受到启发，也将在考场中的学生佳作打印出来张贴在教室后面，极大地激励了同学们的写作热情。另外，还可以将讲评试卷上的文章制做成录音资料，通过实践，也收到了意想不到的效果。

三、在讲评试卷中要注意培养学生的几种意识

(一)要有得分意识和高分意识

我们要注意复习到位,基础题目要求得全分,能力型题目最大限度地得分。

(二)要端正学习态度

有些学生不重视语文学习,认为语文学不学都可以及格,平时只要多看点书,考试一定没问题的。这种错误思想的形成不仅是语文学科本身的问题,还取决于学生高分意识不强烈。学习态度决定一切,在讲评试卷中要培养学生的得分意识,规范他们的答题行为,培养他们良好的学习品质。

(三)要培养学生的自信意识

相当一部分学生在复习备考中确实在语文学科上投入了大量时间和精力,可是在考试中失败了。于是在讲评试卷中露出浮躁的情绪,在语文课堂失去了兴趣和信心。对学生表现出来的这种心态,老师要耐心地给学生做思想工作,帮助学生分析试卷的成功与失败,要做好个别学生心理的辅导工作,让他们从中重拾信心,投入更好的学习状态中。

总之,试卷讲评是语文教学不可忽视的一环。试卷讲评课也和新授课一样,需要许多艺术技巧。教师必须发挥自己的聪明才智,从多方面、多角度讲评,这样才能达到讲评的目的,提高教学的效果。

三中试卷讲评课学习心得

郑庄中学　臧秀敏

2016 年 4 月 15 日，我参加了在滦县三中召开的全县高效课堂现场会，听了三中老师的讲评课后很有感触，对我今后的讲评课教学提供了新的思路和方法，现将体会简要梳理如下。

试卷讲评课不同于一般的课堂教学，除一般的教学规律和原则外，还有自身的教学特点，那就是要有目的性地进行讲评，从而提高讲评课的效率。

一、讲评要有针对性

教师要准确分析学生在知识和思维方面的薄弱环节，找出复习中出现的具有共性的典型问题，针对导致错误的原因及解决问题的方法进行评讲。对内涵丰富、有一定背景的试题，即使这个题目解答未出现严重错误，也应以它为例，对它丰富的内涵和背景进行针对性讲评，以发挥试题举一反三的作用，并拓展学生的视野。只有这样有针对性的讲评，学生才会认识到自己的学习薄弱点，从而有的放矢地复习，提高教学质量。

二、讲评要有层次性

讲评是师生的双边活动，不同学生存在的问题不尽相同，因而要调动各层次学生都积极参与讲评活动，使每一位学生都有所收获。这就要求教师从整体上把握讲评内容的层次性，使内容层次与学生层次相吻合。

三、讲评要变式灵活

讲评课涉及的内容都是学生已学过的知识，但讲评内容绝不应是原有形式的简单重复，必须有所变化和创新。在设计讲评方案时，对于同一知识点，应多层次、多方位加以解剖分析，同时注意对所学过的知识进行归纳总结、提炼升华，使试题以崭新的面貌展示给学生。在掌握常规思路和解法的基础上，教师要不断启发新思路，探索巧解、速解和一题多解，让学生感到讲评内容新颖，学生学有所思，思有所得。通过讲评训练学生由正向思维向逆向思维、发散思维过渡，提高分析、综合和灵活运用的能力。

四、讲评要有激励性

学生的情感，经常表现出强烈的两极性，一场考试后常会引出一些意想不到的结果，因而试卷讲评时，不可忽视各类学生的心理状态，要用好激励手段。对各种优点的表扬要因人而异，让受表扬者既有动力又有压力，对存在的问题提出善意批评的同时，应包含殷切的期望，使学生都能面对现实，找到自己努力的目标，振作精神，积极地投入到下一阶段复习中去。

五、讲评方式多样性

讲评的方式是由试题的内涵和外延所决定的，设疑引导的诊断性讲评，主要针对考试中出现的有共性的典型错误，通过讲评查“病情”，找“病源”，从而达到提高学生辨析能力的目的。在讲评方法上强调学生的积极参与，教师通过提问、设疑，帮助学生弄清楚错误根源。对试卷中具有较大灵活性和剖析余地的典型试题作进一步“借题发挥”、深入剖析，引起学生发散思维，开拓思路。典型题的发散性讲评倡导一题多解，倡导从多角度思考、分析问题，重视解题技巧和方法，巧妙地在学习过程中完成知识迁移。

总之，通过观摩滦县三中的高效课堂现场会，对于讲评课有了全新的认识。感谢在教育阵地上有这么一批执着的先锋，在课堂教学这个育人阵地上，教师育人有责，教学有法，教无定法，贵在得法。愿所有教育人齐心协力，潜心教研，精心育人。

后 记

教育的终极目标,就是培育人才。“培养什么人、怎样培养人、为谁培养人”这是习近平同志对全国高校思想政治工作提出的要求,值得所有教育工作者深思。教育,首先是为党和国家培养人,中华民族伟大复兴的梦想需要一代又一代人共同努力接力完成,所以今日学校培养的是未来的人才;同时,教育又是为每个家庭培养人,只有每个孩子都能健康成人、成才,才能实现“人民满意”的教育目标。“培养什么人?”《中国学生发展核心素养》明确了全面发展的人的三方面六要素十八个基本点,概括为一句话,就是教育方针中的“德智体美劳全面发展的社会主义事业的建设者和接班人。”“怎么培养人?”这是学校要具体解决的问题,学校课堂教学与德育管理是育人的主要途径,涉及的内容与方法也是复杂多样。在落实人才培养的问题上,我们在课程构建、课堂教学、管理评价、师资队伍等诸多方面做了尝试,本书重点对以讲评课模式探究为主的教学模式研究、以班改课改一体化促进学生自主学习自主管理能力培养的自主能力研究进行了总结,旨在以反思促提高。

在课堂教学研究工作中,我们探索了“三段·六重”讲评课模式,“六会一课两检查”的考试课程化管理模式,开创了诸多新颖有效的教学活动,在三中自主招生、中考、区片联考中取得了令人瞩目的教学成绩,这些成绩的取得,凝结着每一个三中人的智慧和劳动。密集的教学活动,常常让我们的工作处于奔跑状态,处于以校为家的忘我状态,但我常常和教师们说,真正的勇敢者不是没有眼泪,而是含着眼泪却仍然坚持奔跑的人!很庆幸,在佟明晶校长的领导下,三中打造了一支团结奋进、事争一流的教师队伍,有那么多的三中教师愿意和学校领导一起奔跑,我们奔跑在教学工作的高速路上,执着并快乐着!我们像珍惜春天一般,珍惜我们的职业生涯。在三中,有这样一群想干事的人在奔跑,三中一定能干成事;在三中,有各级领导、专家、学者的关心和支持,并与我们一起奔跑,我们一定能干好事。

近几年的名师培训过程中,我结识了一大批教育专家和优秀的教育同仁。在交往中,我除了学习也在不断进行印证、反复比较,很多地方我们已经找对了方向,但我们也有差距。今后,我们将在学生自主学习和自主管理的自主能力培养方面狠下功夫,争取形成可操作性更强的研究成果;在新授课、复习课课型探索上狠下功夫,以学生自主学习和自主管理的能力培养为三中教育发展的增长点;在“三段·六重”讲评课模式的基础上以新授课、复习课课型模式研究为着陆点,走出一条三中人自己的课改之路!

希望各位专家、学者、同仁多提宝贵意见,希望各位能与我们携手同行,让我们一起创造一个更加灿烂辉煌的明天!以高昂的姿态迎接我们教育人课改的春天!以多育人才、育好人才回应入职时“忠诚党的教育事业”的初心,不辱“办好人民满意的教育”的历史使命!

张彩虹

2018 年 1 月